JN122838

縁起の基礎法学入門

松岡伸樹 著

萌書房

凡　例

1　本書で引用した文献は脚注に掲げたが，入門書として適切な範囲の引用にとどめている。なお，巻末の参考文献にはこれと重複するものも含まれている。参考文献は直接的なもののみを掲げ第1講から順に講別の一覧とした。

2　本書で引用および参考にした欧文の文献の邦訳が存在する場合，原則それを付記しているが，それらは必ずしも（版などを含めて）完全に対応したものとは限らない。

3　本文および脚注で表示した人名については巻末に人名索引を設けた。ただし，文献の編者名および外国語文献の翻訳者名についての該当頁は含んでいない。

4　本書で取り上げた判例については巻末に判例索引を設けた。

5　略語・略号例（参考文献や判例等にかかわる主要なもの）

p., pp.　頁
S.　頁
ff.　この頁以下
Ibid., ibid.　同じ文献
éd.　版
Aufl.　版
vol.　巻，号
Bd.　巻
ch.　章
§，§§　節
ed.　編集（者）

最大判　最高裁判所大法廷判決
高判　高等裁判所判決
地判　地方裁判所判決
刑集　最高裁判所刑事判例集
民集　最高裁判所民事判例集
行集　行政事件裁判例集
下刑集　下級裁判所刑事裁判例集
U. S.　United States Reports
U. S. (How.)　United States Reports Howard
S. Ct.　Supreme Court Reporter
F. Supp.　Federal Supplement
L. Ed.　Lawyer's Edition

6　その他の名称において，（最高裁判所を最高裁，日本国憲法を憲法と略記する場合など）一般的な略称を用いる場合がある。

はしがき

本書は基礎法学の入門書である。入門書といっても体系的に叙述したものではない。あくまで特定のテーマだけを取り上げているにすぎない。私の専攻が法哲学なので，主としてこの観点からのものとなっている。一般的に宗教や哲学については比較的関心が高いにもかかわらず，法哲学についてはそうではないというのが私の所感である。哲学との深い繋がりを有していながらも，さして関心がないというのは，この分野にふれることを困難にするようなイメージがその背景にあると思われる。したがって，初学者を対象としながらも，ある程度一般の読者も想定した内容となるように努めてみた。中心となるのは法的コミュニケーションの考察であるが，それをとおして自己について，そして他者について，さらに他者との関係について，あるいはまた普遍的なものについて考えるということを目指している。

本書の元になっているのは，大学での基礎法入門講座のためのノートである。私が所属する大学において「コミュニケーションと法」という名称が付されたその基礎法入門講座は，かつては法学部に配置されていたが，組織（学部）の再編によってそうではなくなった。それに伴い，講義の内容も実用法学と理論法学のあいだを意識したものから，法学と哲学のあいだを意識したものへと若干変化した。しかし，本書が法学部生だけでなく一般の読者も対象とするのならば，むしろ，そうした意識の下で再構成したことは有意義であったかもしれない。

本書を記すに当たっては小畑清剛先生の『魂のゆくえ――〈人間〉を取り戻すための法哲学入門――』を参考にさせていただいた。ご著書は，先生が前任者としてこの講義をご担当の際，教科書とされていたものである。したがって，そういう意味では，本書は「『魂のゆくえ』読解」という側面をもっていることにもなる。ただし，十分にその成果を活かした発展的なものになっているのかについては心許ない。私の問題関心によって異なる見解を表明している部分もある。内容における誤りや不整合などがあれば，それは私の責任である。なお，小畑先生は元の講義ノートについて丁寧に目をとおして下さり，細かなところまで問題点をご指摘下さった。出版することを強く勧めて下さったのも先生である。また，石田裕敏先生，髙橋克紀先生，永田泰士先生からは，それぞれのご専門のお立場から多大なご助力を賜った。本書で扱った内容には私の専門外の領域も含まれているということもあって，ご意見を頂戴したくお願いしたところ，丹念に原稿を見ていただき，数多くの貴重なご指摘やご助言をして下さった。あらためてお礼を申し上げたい。

もちろん，学会や研究会などでお世話になっている多くの先生方や諸先輩方のご助力にも大きく支えられてきた。本書の内容は，先学たちの膨大な研究の恩恵を受けていることはいうまでもないが，累年の受講者とのコミュニケーションの中で形成されてきたものでもある。萌書房の白石徳浩氏は企画の段階から熱心にサポートして下さった。こうしたすべての支えによって本書は成立している。何一つとしても欠くことはできない有難さである。私にかかわって下さったすべての皆様に心から感謝申し上げる。本書が基礎法分野への関心の一助となれば，この上ない喜びである。

2022年5月

著　者

目　次

縁起の基礎法学入門

第1講　基礎法学とは

本講の目的　学問の性質や法の理論的基礎研究の意義を考える。

材料の創出

基礎法学（基礎法）とはどのような学問か。「基礎」という字面からすれば，この学問は法学の基礎，すなわち入門のようなものであると受け取られるかもしれないが，そうではない。この場合の「基礎」は基礎研究という意味での「基礎」で，医学でいえば基礎医学に当たる。基礎医学には解剖学や生理学，病理学，細菌学などが含まれるが，それらは人体の構造，病気のメカニズムや原理などを研究するものである。一方，実際の診察や治療の研究を行うのが臨床医学である。法学でこれと同様の位置にあるのが，憲法や民法などの実定法を研究する憲法学や民法学で，そこでは法の解釈の可能性などが検討される。一方，こうした実定法学・法解釈学の理論的基礎を研究する学の総称が基礎法学である（**【板書1】**参照）。したがって，理論法学といういい方もされる。法哲学，法社会学，法史学，比較法学などがこれに含まれている。基礎研究の必要性は昨今の社会情勢を見るに明らかであろう。これもまた医学の喩えであるが，例えば，新たなタイプの病気が発生した場合を考えてみよう。当然であるが，その状況は最新ゆえに現状の医薬において対応するものがない状態である。その開発が切望される。しかし，そのためには，まず病気のメカニズムが明らかにされなければならないだろう。あるいは，細菌やウイルスが原因の場合には，その特性を知ることが必要である。

ところで，そうした開発には途轍もない困難と労力が必要であることは容易に想像できるだろう。それが成功するかどうかもわからないし，また成功して

【板書 1】

基礎医学 ▶ 解剖学など
臨床医学 ▶ 内科学など

基礎法学（理論法学）▶ 法哲学・法社会学など
実定法学・法解釈学 ▶ 憲法学・民法学など

【板書 2】

組み合わせ＝可能性の増大こそ新たな発明に必要なもの

材料の構成要素

多くの材料（知識や方法）の組み合わせ
↓
実験・観察による発見や発明 ＝ 副産物（無駄）の発生

ここ（直接必要な存在）しか見ていないと，
副産物は「無駄」や「役に立たない」という観点となる

もかなりの時間を要するに違いない。そこには失敗や不完全な産物が付きものである。つまり，効率が悪い。というよりも効率といった考え方が馴染まない。そして，当然ながらそれはその過程で役に立たないもの＝無駄を生み出す。しかし，にもかかわらず，誰も開発を制止したり無駄であるといったりはしないであろう。むしろ，たとえそうであっても開発がなされることをわれわれは切に願っているのではないか。開発には様々な材料が必要である。もちろん，それは物質という意味だけでなく，様々な知見のことでもある。開発や新たな発明は，そうした今ある材料を組み合わせなければならない。そのとき，今ある材料の種類が少なければ，組み合わせのパターンは当然減少することになるだろう。逆にいえば，組み合わせの材料を増やすことは可能性を増やすことである。であるならば，途中で出てきた副産物はそうした材料としての知見とはならないだろうか（**【板書2】**参照）。

【板書 3】

〈役に立つ／役に立たない〉
〈役に立たせる／役に立たせない〉

二つの二分法的思考

ここで，「役に立つ」とか「役に立たない」ということについて考えてみることにしたい。例えば，次のような場面があったとする。「先生，この授業は何の役に立つのですか」とある学生が問い掛ける。いかにも高校や大学などでありそうな一コマである。この場合，質問者は〈役に立つ／役に立たない〉の二分法を前提としている。しかも，ある授業が役に立たないとの立場で質問している（そもそも役に立つことがわかっていたら，こうした質問をすることはないのである）。しかし，これは質問者の思い込みにすぎないのではないか。その原因は，〈役に立たせる／役に立たせない〉の二分法の観点を捨象し，〈役に立つ／役に立たない〉の二分法を（無意識的にかもしれないが）選択したことによる（**【板書3】**参照）。いい換えれば，役に立たないということを，自らが決めているということである。

実際，われわれは，例えば因数分解のような中学レヴェルの数学でさえ，それを社会に出てから使う状況にまず出会うことはない。とすれば，それは直ちに無駄なのだろうか。そういう意味では，この質問者の問いはわかりやすいものである。しかし，別の見方もできる。つまり，講義を完成品ではなく，材料として捉えるのである。材料を組み合わせて役立つようにするのは，自分自身である。〈役に立つ／役に立たない〉の二分法は，受動的・消極的であり，〈役に立たせる／役に立たせない〉の二分法は能動的・積極的である。完成品＝商品として捉えるから，劣化や陳腐化が生じると使えなくなると感じる。材料として捉えるならば，組み合わせ方は無限にあることになる。そうすると，より多くの授業や講義を受講することには意味がある。このことは，材料を増やし，自らの様々な可能性を増やす。仕事をする場合においてもヒントになる可能性が高まるかもしれない。今ある商品をつくるだけならば，それに関する物質＝材料の知識だけで十分であろう。しかし，新しいものを生み出す場合，これでは足りない。例えば，和菓子職人が新しい菓子をつくろうとしたとする。その場合，日本の風物や文学から何かしらのアイデアを引き出そうとするだろう。しかも，大抵の場合は，すでに引き出されて商品化されている。ならば，引き出したものをどう組み合わせていくのかを考えなければならない。会社に就職したとしても，われわれはそういったアイデアを出すことが求められ続けるのではないか。しかも他人とは違った独特のアイデアを。そうであるならば，組み合わせの材料を沢山準備しておくことが必要となる。

ラグジュアリーの意味

この点に関して，イギリスの哲学者D. ヒューム（David Hume 1711-1776）の論理が参考になるので，それにふれておきたい。彼には「Of Luxury（奢侈（しゃし）について）」という論文がある（『政治論集』（1752年）に所収）。これは後（1760年）に「Of Refinement in the Arts（技芸における洗練について）[1)]」と改題されたが，ラグジュアリーというのは，贅沢品がそうであるように，必要以上のものを意味している。すなわち必要ではない，つまり無駄である。では，われわれはなぜ必要なもの以上の贅沢を望むのか。もし，あなたが〈役に立つ／役に立たない〉の観点を貫徹するならば，あなたは一切の贅沢はしていないはずである。ファッションや身の回りの道具は最低限度のものしか所有しておらず，また食べ物も最低限度のものしか摂取していないはずである。しかし，本当にそのような生活をしているのだろうか。もし贅沢をしているならば，あるいは贅沢をしたいのならば，なぜそう思うのか。それは，それによって快楽が得られるからである。

18世紀のヨーロッパ思想においては幸福論が盛んに論じられた。奢侈の是非も議論された。例えば，贅沢や放蕩は恥ずべき行為として慎むべきであるという道徳論や，これとは反対の，奢侈は産業の進歩，技術上の洗練や富の増大に寄与するがゆえ社会の発展に必要なものであるという経済論である。あるい

1） David Hume, 'Of Refinement in the Arts', in David Hume, *Essays, Moral, Political, and Literary*, The Philosophical Works, edited by Thomas Hill Green and Thomas Hodge Grose, vol. 3（Aalen: Scientia Verlag, 1964）, pp. 299ff.（田中敏弘訳「技芸における洗練について」『ヒューム　道徳・政治・文学論集〔完訳版〕』（第2刷）（名古屋大学出版会，2012年）221頁以下）参照。なお，同書はreprint of the new edition London 1882。

は趣味論なども論じられたが，趣味というものは余裕がなければできない。もっとも，われわれ個人のレヴェルで考えた場合，奢侈や趣味の理由は，通常経済の問題としてというよりも，おそらくは快楽の問題として捉える方が自然であろう。それがおいしいから，身体の維持に必要な量以上のカロリーがある料理を食べるのではないか。楽しいから，息抜きになるから，趣味をもつのではないか。したがって，〈役に立つ／役に立たない〉の観点は，もちろんラグジュアリーなものではない。いい換えれば，〈役に立つ／役に立たない〉の観点を前提にした知識はラグジュアリーではなく，（必要最低限の）単なる手段や道具としての知識である。前述の質問者は，学問についてそういう捉え方をしたのである。

ラグジュアリーとしての学問と習慣

ここで，われわれは，何かに気付かないだろうか。それは，「ラグジュアリーとしての学問」の存在である。ヒュームが敷衍していい換えたように，arts（諸学芸，諸技術）の洗練は奢侈である。〈役に立たせる／役に立たせない〉の観点は，その意味で洗練である。もちろん，一方で（〈役に立つ／役に立たない〉の観点を取るのであれば）「無駄」である。大学での学問は，そういう性質を含んでいるものなのである。むしろ本質であるといってもよい。ある特定の職業についての技術を習得する学校ではない。だから，ある意味で学問をしているということは，贅沢をしている。昔であれば，ここまで多くの人々が学問にふれることができなかった。一部の特権階級にしか許されていなかった領域が開放されて，その環境に身を置きながら，〈役に立つ／役に立たない〉の観点しかないというのは，あまりに寂しいことではないだろうか。

では，これを「無駄」にしないためにはどうすればよいのだろうか。〈役に立つ／役に立たない〉ではなく，〈役に立たせる／役に立たせない〉の観点を取るにはどうすればよいのだろう。それには，そこに「奢侈」のもつ積極的な意味を与えることである。それは，「幸福」であり「快楽」である。（実際，luxuryを辞書で引くと，豪華や贅沢以外に楽しみや快楽の意味を見掛ける。[2]）そのためには，

2）　小稲義男編集代表『研究社　新英和大辞典〔第5版〕』（研究社，1980年）1269頁参照。

学問をする喜びと快楽，学問ができる幸福を感じ取れる感覚が必要である。しかし，そのような感覚を手に入れることは難しいのではないか。いや，必ずしもそうではない。われわれは，おいしい食事や美しい音楽やかわいい服を選択する力や感覚をどうやって身に付けたのかを振り返ってみればよい。そのために何か特別な努力をしたのだろうか。それはヒュームを援用すれば，結局のところ習慣による。学問を習慣にするためには時間が必要である。じっくりと進めなければならない。しかし，学問を習慣にするのは大変なのではないか。昔の貴族（特権階級）も学問好きな人ばかりではなかったはずである。もっともな意見である。しかし，例えば，学生であれば在学しているという事実を少し考えてみてはどうか。学生であるというリアルには，それを支えてくれている人のリアルが対応している。そういう人たちのリアルな思いを想起することは，誰にでもできるだろう。そうした支えによって，昔でいう特権を手に入れ，あるいは与えてもらったとするならば，それを安易に放棄することなく十分に行使していこうと思えるのではないだろうか。もちろん，これは学生ばかりではない。学問に向き合えるチャンスを他者の支えによるものと受け止めながら，地道に実践してみる。それが習慣化されたとき，上記のような感覚を具えていることになるのである。と同時に，特権を行使できる時間の尊さをリアルに感じることにもなる。

無駄と自己の可能性

ちなみに，18世紀啓蒙思想における理想的な人間像は，しばしば「完成可能性（ペルフェクティビリテ）」という言葉によって象徴されるが，そこには，人間には永遠不変の本性などなく，自分自身を変えることができるという理想が込められている[3]。（ということは，堕落することもできる。）直接的に必要なものではなく，自らの可能性を高めることこそ，洗練であり，教養であり，最高の贅沢である。（バロック文学から古典主義文学への過渡期に現われた）17世紀前半のフランスの「オネットム（Honnête homme）」（イギリスでいうジェントルマンに相当）や17世紀中頃の「プレシューズ（précieuse）」という理想的人間像も，それぞれ「徳の高

3）赤木昭三／赤木富美子『サロンの思想史　デカルトから啓蒙思想へ』（名古屋大学出版会，2003年）63頁参照。

い」人間や「価値の高い・貴重な」人間を表現した言葉である[4]。B. パスカル(Blaise Pascal 1623-1662) は,『パンセ』において,それを「普遍人（オム・ユニヴェルセル）」と呼んだ[5]。これは自らの存在の仕方において,「○○の専門家として」や「○○の技術者として」ではなく,「人間として」あるということを意味する(といいながら,実際はここでの「普遍性」はヨーロッパ的な人間性である。比較文学者であるP. アザール(Paul Hazard 1878-1944) によれば,ヨーロッパ的人間性の特徴は「決して自らに満足することのない精神（パンセ）」,「尽きることのない真理への渇き」である[6]が,それは今はおいておこう)。そういう普遍的な存在として振る舞うということである。そういう普遍的な存在として考えるということである。そういう立場から人間にとって普遍的なことを考える。ということは,それはまさに哲学することである。普遍的な事柄——例えば,他者や社会,生や死,愛情や慈しみ——に向き合うならば,自らは「他でもあり得る」ことに思い至ることになるだろう。「自らは他者の可能性であり,他者は自らの可能性である」という命題に気付くのではないか。何れにせよ,「専門家や技術者としての」ではなく,「人間としての」可能性をこそ高めるのがarts＝教養＝洗練＝奢侈(＝無駄)なのである。

法哲学は可能か

話を戻すと,無駄には可能性の増大という側面があり,それは進歩の基礎となる点において意義深いものであり,基礎研究というものはそこに最も関係がある領域ということなのである。さて,ここからは基礎法学の中でも,特に法哲学に踏み込んで言及していきたい。法哲学とは,「法」とは何かを考える学問であるから,それを定義したり,説明したりすることを期待されている。前述のような人間にとって普遍的なことを考える哲学の立場からすれば,これは「法は人間にとって普遍的なことに当てはまるか」という哲学的問題となる。しかし,ここではこの問いそのものを直接扱うことはできない。したがって,

4)　赤木(昭)／赤木(富)『サロンの思想史』(前出注3) 98,113頁参照。
5)　赤木(昭)／赤木(富)『サロンの思想史』(前出注3) 102頁参照。
6)　Paul Hazard, *La Pensée européenne au XVIIIe siècle, de Montesquieu à Lessing*, Tome Ⅱ (Paris: Boivin & Cie, 1946), p. 261 (小笠原弘親／小野紀明／川合清隆／山本周次／米原謙訳『十八世紀ヨーロッパ思想　モンテスキューからレッシングへ』(行人社,1987年) 468頁) 参照。

【板書4】

法哲学……「法」とは何かを考える／定義する／説明する学問
「法とは○○である」
言葉 → rechts 法／gesetz 法律
→ dharma 法――「保つもの」
規範，真理，法則（法律，宗教的義務）

【板書5】

①法と道徳の比較・区別（法と法以外の区別）
②法の種類（制定法・慣習法・裁判官法＝判例法の共通点や相違点）の検討
↓
③法の中身や法的価値の問題

一応人間にとって普遍的なものであるということを前提にして話を進めたい。ただし，その言葉から見てもある程度は普遍的なことは想像できる（**【板書4】**参照）。

具体的に，「法とは○○である」と定義することは困難であることは，過去の歴史を見ても明らかであるし，あるいは，これからもそうであることは想像に難くない。では，この学問は成立するのだろうか。全く不可能なのではないか。①しかし，例えば，「法は道徳とは△△の点で異なっている」というようなかたちで説明することは可能ではないか（法と道徳（法と法以外）の比較・区別）。②あるいは，法の種類（制定法・慣習法・裁判官法＝判例法の共通点や相違点）を検討することにより，法の特質を探ることで，定義付けに繋げることは可能ではないか。③ところが，（一般的なイメージに近いかたちで）法とは正義や公正を保障するものであると定義したとしても，そこからさらに「公正」や「正義」概念についての検討が必要になってくる事態が現われる。例えば，形式的正義／実質的正義のどちらをその概念の内容とするのが適しているのか。後者を保障しようとした場合，自由と競合する可能性が出てくる（アファーマティヴ・アクションの是非の問題など）。そうすると，自由を擁護する法の役割とぶつかることになる。つまり，法の内部での価値の対立が生じることになる。この結果，背景にある「法的価値」の問題を扱うことになるだろう（**【板書5】**参照）。そうした問題を考えざるを得ない。逆にいえば，法哲学はそうした問題を考える学問なのである。

法哲学が生み出すもの

では，定義については諦めるのか。そのとおりである。そういってしまえば，そっけないが，そこは逆説的に捉えてみる必要がある。法の定義が要求されているから，それを示すというのは，確かにわかりやすい。しかし，法はわれわれがその定義（得られたとしてであるが，それ）に従ってゼロからつくるものなのだろうか。しかし，すでに存在しているこれが法でなければ何なのか。ここが法哲学の興味深いところでもある。（抽象的な概念で構成されているがゆえに）誰も法を定義することができない。しかし，存在している。これは，まさに存在するにもかかわらず定義不可能とされた中世の神を想起させる。法とは何かをダイレクトに定義できないのは否定神学の場合と似ている。ということは，これがこの学問の意義を示してくれるヒントになる。定義できないにもかかわらず，そうしようとすることは，定義の材料をつくり続けているということになる。この材料を蓄積するならば，これを組み合わせていける。解釈学において新しい場面が発生したときに，この組み合わせ材料の蓄積は貢献する。そういう役割を担っているのであると考えることができる。そうすると，医学と同様，基礎研究としての法哲学のイメージはより鮮明になる。単に出口のない抽象的な議論をし，現実世界に関係ないところにある問題を扱っているのではないことがわかってもらえるだろう。思えば，中世の神学の発展もこれと同じだった。神は定義できないゆえに，神についての多くの言説や深い洞察が得られ蓄積されたのである。例えば，新プラトン主義をキリスト教思想に注入し，キリスト教哲学をつくり上げたディオニュシオス文書の存在[7]もそうであるし，あるいはその翻訳や註解を行ったヨハネス・エリウゲナ（Johannes Scotus Eriugena 810頃-877頃）などは，肯定神学と否定神学は矛盾するものではなく，互いに包含し合い両立できるものとして解釈した[8]。そういうふうにして，今ある法の定義の

7）今義博「偽ディオニュシオス・アレオパギテス」『哲学の歴史　第3巻【中世】神との対話　信仰と知の調和』（中央公論新社，2008年）参照。
8）R. L. シロニス『エリウゲナの思想と中世の新プラトン主義』（創文社，1992年）参照。

可能性を増大させることは，定義そのものではないが，解釈の可能性を増大させることである。これは，学問として十分に意義を有している。

二様に現われる法哲学

ところで，われわれはこうした法哲学的思考には馴染みがないかもしれない。それゆえ，哲学という言葉に何となく「難しい」というイメージをもつのかもしれない。あるいは非日常的で現実の生活とかけ離れたようなイメージや，一部の専門家がやることで，われわれとは関係のないどこか別の世界のことのように思うのかもしれない。しかし，広い意味での探究学的思考は，普通の人なら誰もが行っている。理屈っぽい人ならば，なおさらである。あらゆる事象に「なぜ？」というふうに，一瞬立ち止まるならば，それはたちどころに探究学的に考えるチャンスである。この地点から，解釈学的思考と探究学的思考のどちらの方向へ行くか。自らの考えの枠組みに沿って，その枠組みの中で考察を深めていくならば，それは前者となり，その枠組み自体を問い直せば後者となる。その意味で，後者はスケールの大きな話になる。抽象的な話になる。一般的な話になる。ということは，専門家でなくとも，すなわち素人にも可能な話になるということである。法そのものを考える，法の根本を問う法哲学は法学の究極であるが，一方で素人にも可能な話であるがゆえに，その理解において「難」と「易」の両極に同時に存在する学問である。深めていけば，底なしに深く，しかし表層レヴェルでも扱えてしまう奇妙な性質がある。実は，これが「普遍性」である。「普遍」とは誰にでも当てはまるものであるが，他方で，それゆえに非常に難しい。われわれはそのような「普遍」を扱う学問に楽しみを見出すことができるであろうか。願わくは，学問を習慣にしてその快楽と幸福を享受してもらいたいものである。

「普遍性」の概念とその意識

先に述べたように，実は，そうした「普遍」はヨーロッパにおいて「発明」された。彼らは普遍的な人間の観念をつくり上げた。作家の吉田健一は，こういう意味での「ヨーロッパ」は18世紀に完成したといっている[9)]。その性格は成熟から来る「優雅」であり，自分たちはヨーロッパ人であるという自覚を含んだ「人間という観念の普及」であり，あるいは知識の増進や価値の累積といった漸進を意味する「人類の進歩」などである[10]。もちろん，漸進のためには絶えず修正を行っていくことも含まれている。何より精神の正常な働き＝精神の自由な働きがあるから，「ヨーロッパ」は文明といえるのである。そこには，自由がある。

これに対し，19世紀では様々な観念が神聖なものとされた。獲得された各種の観念が神聖なものに祭り上げられた。吉田は，精神が拘束を脱する状態にあった18世紀と比べて，19世紀のヨーロッパでは確立された観念に対する奉仕が増え，自由に批判することが許されないものの数が増えた窮屈な時代であるとして，人間を不自然に縮小し，歪めることになったと診断している[11]。したがって，18世紀と19世紀において起こったことは，普遍的なものを獲得したと思いきや，それが反転したということである。自由の範囲が限定・制限されたということである。いい換えれば，自らの意識の中で，ある一定の枠組みの中でしか（精神の）自由が認められなくなったということである。

ここで，何かに気付かないだろうか。それは絶えず修正を行っていくこと，見直しを行っていくことの重要性である。しかも根本的な地点からである。つまり，枠組みそのものを問うということである。吉田の指摘は，確立した観念に対する根源性が忘却されてしまうことの危険性を示唆するものである。こうした懸念はすでに早くから存在していたし，実際そういった警鐘はすでに何度となく西洋思想の中でも鳴らされてきた。例えば，E. フッサール（Edmund Husserl 1859-1938），G. ヴィーコ（Giambattista Vico 1668-1744）（第2講参照）などである。根源性を見失うことはリアリティを失うことである。観念は誰がつくったのか。もちろん，人間である。長期に亘って形成されたにしても，それが人間によるものであることには違いはない。不完全な存在である人間がつくったものが，完全に時空を超えることなどできない。可能であるのは超越ではなく継続であるが，それさえも容易ではない。維持していくということは，つくり続けていくということである。つくるという行為は，現実の中で遂行される。

9）　吉田健一『ヨオロッパの世紀末』（岩波書店，1994年）7頁参照。
10）　吉田『ヨオロッパの世紀末』（前出注9）29-31，42-43頁参照。
11）　吉田『ヨオロッパの世紀末』（前出注9）49，73，76-77頁参照。

自分たちはヨーロッパ人であると自覚し，自分たちが生み出した「普遍」であって他の諸民族が生み出した「普遍」ではないことを意識し続けるならば，この観念は無批判的に適用されることはないであろう。他の諸民族が考える「普遍」と調和させる視点が出てくるはずである。しかし，そうした自覚を欠いた状態であるならば，この観念の無批判的適用が安易に遂行されることになる。普遍性は，普遍であるゆえにその根源が忘却されやすいものでもある。それゆえ普遍的な諸観念――例えばフランス革命の自由・平等・博愛――は，普遍であるからどこででも通用するのであり，どこにでも適用させるべきものであるがゆえに，世界中の至るところに普及させようとする発想が発生する[12)]。19世紀には，こうした観念に対する奉仕が植民地に対する態度にも援用されてしまうのである。

翻って，こうした普遍的といわれる諸観念の中身を考えたとき，それは明らかにヨーロッパ的な内容である。「正義」という普遍的観念をいう際にも，その中身まで考えるならば，東洋と西洋では異なるだろう。だからこそ，その自覚が必要である。根源を忘れてはなるまい。初心を忘れてはなるまい。法哲学はそうした根源に目を向ける。常に常にその根源を問い直す学問である。この時代，局所的視野に陥っていた。綜合的にものを考える精神の機能を失っていた。普遍の獲得＝普及によりヨーロッパの価値が浸透し，ヨーロッパの特殊性がなくなり価値や審級が一元化されていく。それはアメリカであっても同じことである。ある一つの価値が全面化されていく時期こそ，その根源に目を向けるときである。だからこれは逆説的になるが，冒頭の話においても開発や発明，つまりは科学ですべてを解決しようという「科学万能主義」的な態度とは一致しない。科学は社会の真理の全体を覆うものではない（真理性と真実性については，第3講参照）。ガリレオ・ガリレイ（Galileo Galilei 1564-1642）やパスカルも明らかにそうした科学の一面性を直視していた。さらにいえば，科学の形而上学性を見抜いていた。I. ニュートン（Isaac Newton 1642-1727）にもそうした形而上学性が指摘される。

12）　吉田『ヨオロッパの世紀末』（前出注9）79頁参照。

【板書６】

哲学：論理実証主義，後期ウィトゲンシュタインや日常言語学派の言語分析

言語論的転回

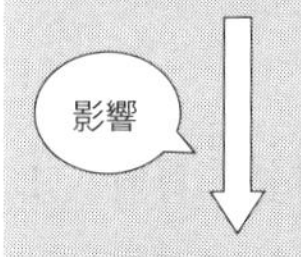

（J. L. オースティン）

「真」でも「偽」でもない言明（遂行的言明）の発見 ▶〈適／不適〉

法哲学：ハートの『法の概念』

言語論的転回の影響

さて，次回の内容にもかかわるが，それとの関連で少しだけ予描しておこう。言語哲学の分野で「言語論的転回（Linguistic Turn）」という動きがあったことはよく知られている。日常生活で使用する言語の分析を中心に据えるならば，ある命題や言明について，「遂行されているのが何であり，どのように用いられてそうなっているのか」という理解の仕方が重要になる。従来では，ある命題や言明が「真」であるか「偽」であるかの区別が重要であった。それは「である」という命題や言明，前述の「法とは○○である」というのもそうであるが，まさに何かを定義しているこの言明は，事物の説明や記述に関する言明である。こうした事実確認的な言明に対し，J. L. オースティン（John Langshaw Austin 1911-1960）やH. L. A. ハート（Herbert Lionel Adolphus Hart 1907-1992）は言明の行為遂行的側面に着目した[13)]。この場合，〈適／不適〉の区別が重要になる（**【板書６】**参照）。先に見たように，法の定義において「法とは○○である」というかたちで定義できないことが前提となっていた。これは，普通に考えればわかるように，時代・場所によって法は全く異なるのだから，一般的なかたちで（あるいは普遍的なかたちで）完全に定義できることはあり得ない。その定義は時代や場所にある程度，いや，かなりの程度制約されていることになる。（それでも普遍的な価値はあると考えられるかもしれないし，実際にあるだろう。ただ

13）　中山竜一「第10章　戦後の法理論」中山竜一／浅野有紀／松島裕一／近藤圭介『法思想史』（有斐閣，2019年）218-223頁参照。

し，それでも，その共通項だけが法ということにはならない。）例えば，モンテスキュー（シャルル=ルイ・ド・スゴンダ，　ラ・ブレードおよびモンテスキュー男爵 Charles-Louis de Secondat, Baron de la Brède et de Montesquieu 1689-1755）　の『法の精神』やヴィーコの著作もそういった内容を含んでいる。『法の精神』は三権分立で有名だが，法は各国の風土や住民の宗教や生活様式，富裕の程度や商業などの諸条件[14]に合致しなければ適したものとはいえないことを示唆している。したがって，この意味において，〈真／偽〉という視点で法について叙述することは難しい。

一方，〈適／不適〉の区別は，まさにその言葉が用いられた場面に関係する。というよりも，それと切り離すことはできない。ゆえに個別具体的である。ここでは，言葉や命題は背景や文章全体のコンテクストに照らして理解されなければならないのである。〈真／偽〉の判断はそういう意味では難しいが，そうすると〈適／不適〉の判断はそうでもないのかというと，もちろん，そんなことはない。差し当たり，ここでは，文脈を考えることや背景を考えることが，法哲学の思考とも繋がることが確認できればよいだろう。

次回は，文脈に関係するレトリックの重要性についてお話しすることにしたい。

14）法の精神とは，このような「諸条件の総和」であり，これによって，恣意的な立法の可能性を抑制しようとする。川出良枝「モンテスキュー」『哲学の歴史　第6巻【18世紀】知識・経験・啓蒙　人間の科学に向かって』（中央公論新社，2007年）384頁参照。モンテスキューによれば，『法の精神』の主たる目的は，立法者における「中庸の精神」の必要性を説くことである。Montesquieu, *De l'Esprit des Lois*, Tome II (Paris: Éditions Garnier Frères, 1973), p. 281（野田良之／稲本洋之助／上原行雄／田中治男／三辺博之／横田地弘訳『法の精神　下巻』（岩波書店，1988年）182頁）参照。

第2講　レトリックについて Ⅰ

——レトリックとトポス——

本講の目的　ヴィーコの議論を中心にレトリックとトポスの意義を知る。

他なる言明

前回は基礎法学の意味と重要性を中心に述べたが，それを少し振り返りつつ今回のテーマに繋げていくことにしよう。ある概念を定義する場合，それは〈真／偽〉，すなわち事実にかかわる。例えば，「権利」という概念の説明や「人権」という概念の説明などがそうである。こうした概念の説明については，解釈学との関係でも基礎となるものであるから，これが明確でないと解釈ができなくなるおそれがある。一応，解釈学のレヴェルでも，ある人に権利があるのかないのかという問題は処理できるのかもしれないが，完全な意味でいうと，やはり権利の中身が明確でなければならない（**【板書1】**参照）。このような事実確認的言明に対して，行為遂行的言明というものがあることについてはすでに述べた。事実的（記述的）な言明以外に遂行的言明の重要性が指摘されると，法哲学でもこれを考えないといけない。具体的には，この分野ではハートがそのような仕事に先鞭を付けており，そこでは「いかに使用され，何を遂行しているのか」という理解の仕方が重要であるとされていた。もちろん，事実に関する言明も引き続き重要であることには変わりない。ハートは日常言語，すなわちコミュニケーションにおける行為遂行性に着目したわけであるが，法の言葉はどうであろうか。日常的な言語といえるだろうか。もちろん，それはレヴェルにもよるし，それが話されている場所や背景によっても異なってくる。それゆえ，その言葉は文章全体のコンテクストに照らして理解されなければならないものとなる。

【板書 1】
「△△とは〇〇である」という言明……事実確認的な言明

誰に，権利がある／ないの問題

（例）権利とは〇〇である
人権とは〇〇である
} 概念が明確でなければ解釈学は成立しない

レトリックとは何か

今回はレトリックについて論じていきたい。実は，こういった問題とレトリックというテーマは非常に関連が深いのである。それゆえ，〈適／不適〉に関する命題および遂行的言明に着目する必要がある法的コミュニケーションにおいても，レトリックは重要なテーマとなる。

「レトリック（rhetoric）」という言葉の意味は一般的には修辞法や修辞学であるが，説得術や雄弁術という意味も含まれている。古代ギリシアでは，弁論や説得の技術というものが非常に重要視されていた。例えば，民主政を確立した古代ギリシアのアテナイでは，その社会の中心に，民会，法廷，劇場といった公的空間が位置していた。そこで会話＝議論するには，説得や弁論ができなければならない。そうした能力がなければ，そうした能力をもった人間の意見に賛成か反対かを表明するだけの選択肢しかなくなるのである。つまり，人間は二つのタイプに分けられることになる。ポリス文化の担い手となるか否か。当然，大多数の人間は後者であり，大衆であり，聴衆である。市民の中でも裕福な者はソフィストを家庭教師として雇い，子弟に教育を施すほどであった。なぜ，そこまでして文化の担い手になりたいのか。現在のわれわれからすれば，あまり想像できないが，当時の価値観においては名誉ということは，それほど大きな位置を占めていたのかもしれない。

とはいえ，この文化の担い手は技術者＝専門家とも異なる。職業的知識人としての弁論の専門家とイコールではない。文化の担い手に相応しいのは，文化という普遍的な価値（善・美・正）などについての知者という位置付けなのである[1)]。この点で，説得術はあくまで技術にすぎない。しかし，普遍的な価値についてどうやって語るか，あるいはどうやって聴衆に効果的に伝えるかなど，どのように説得するのかの，その技術がなければならない。この手段がなければならない。説得のためには，説得力があるように見えることも大切である。極端ないい方をすれば，そのようにさえ見えればよい。ここから，ソフィストというと何かマイナスのイメージがつき纏うことになる。哲学者の納富信留によれば，当初「ソフィスト」という語は，知者とほぼ同義であったが，報酬を受けて教育を行う職業人を指すようになったという[2)]。もっとも，当時はそうした存在は歓迎されており，否定的なニュアンスはない。家庭教師として重宝されたのである。

レトリックをめぐる評価

古代ギリシアの話になったので，ここでレトリックの歴史における二つの系ついて概観しておこう。前述のように，レトリックはソフィスト・弁論家によって隆盛したが，アリストテレス（Aristotelēs　前384-前322）もまたこれを重要視し，学問分類上も重要なものと位置付けた。アリストテレスは学問の対象領域を三つに区分している。理論学，実践学，制作学である。それぞれ，存在者，人間の行為，人間の制作物を対象とした分類である。弁論術は，このうち制作学の領域に入る。なぜなら，弁論は優れた作品――この場合，究極的にはポリスの文化――の制作を可能にするための技術だからである。したがって，弁論はそれ自体が目的ではないのである。他の二つについても，こうした目的別に区別される。（それぞれ，認識そのものを目的とする数学や自然学は理論学に，正しい行為の実現を目的とする政治学や倫理学は実践学に配置されている。）ギリシア同様，その後のローマにおいてもレトリックは重要であり続けた。例えば，キケロ（Marcus　Tullius　Cicero前106-前43）は弁論家から執政官にまで上り詰めたことでも有名である。

このようにレトリックが高く評価される反面，否定的な評価も存在する。むしろ，そちらの方がヨーロッパでは主流という見方もある[3)]（**【板書2】**参照）。レ

1）　栗原裕次「第7章　ソクラテスとギリシア文化」伊藤邦武／山内志朗／中島隆博／納富信留責任編集『世界哲学史1――古代Ⅰ　知恵から愛知へ』（筑摩書房，2020年）194頁参照。

2）　納富信留「第1章　哲学の世界化と制度・伝統」伊藤邦武／山内志朗／中島隆博／納富信留責任編集『世界哲学史2――古代Ⅱ　世界哲学の成立と展開』（筑摩書房，2020年）24頁参照。

3）　以下のレトリック派，反レトリック派についての説明は，廣松渉／子安宣邦／三島憲一／宮本

【板書2】

レトリック派　対　反レトリック派の対立

▶ ソフィスト，イソクラテス（Isokratēs 前436-前338），キケロ，クインティリアヌス（Marcus Fabius Quintilianus 35頃-100頃），（ルネサンス時代の）ヒューマニスト，ヴィーコ，ペレルマン（Chaïm Perelman 1912-1984）ら

（レトリック派の真理＝言語観）
①「豊かな語り」という発想
② 個人道徳と親和的な「語り」に対し，「豊かな語り」は，人を説得するもの＝真理に値するものにかかわるから，社会倫理へと展開可能。

（反レトリック派の真理＝言語観）
①「論証」という言語形式
② 命題・記述・言明・発語行為の重視

トリック派と反レトリック派とでは，その真理観，言語観を異にする。レトリック派においては，①「豊かな語り」という発想が中心にある。つまり，語りは常に具体的文脈の下に置かれているのであるから，話す主体が，誰かに向って，話す行為であることが根本的に重要である。もちろん，「語り」以外も重視し，言語を単なる「語り」に還元することには反対する。②「語り」は，内面の道徳性を強調する個人道徳と親和的傾向にあるが，「豊かな語り」は，さらに人を説得するもの＝「真理」に値するものにかかわるから，社会倫理へと展開可能なものなのである。

一方，反レトリック派においては，どうであろうか。こちらの方は，①「論証」という言語形式が中心となる。②もちろん，命題・記述・言明・発語行為という面においては，「語り」も重視される。したがって，分析的理性・計算・形式主義・真理の二値性・認識と感情の対比の重視に繋がる。ただし，この「語り」とは，具体的な背景と切り離されたそれである。つまり，いつ，誰が，語ったかという事実を離れても意味をもつような語りである。ここに見えるのは，「真理とは無人称的かつ超時間的なもの」という真理観である。一体

久雄／佐々木力／野家啓一／末木文美士編集『岩波 哲学・思想事典』（岩波書店，1998年）「レトリック」の項目中，1730頁による。

【板書3】

「レトリック」＝説得術・修辞学　　「トピカ」＝論点の発見術
「トポス」＝論拠・命題　　「クリティカ」＝真偽の判断術

どちらの真理観が「真理」たるに値するのだろうか。このように，「真理」の相違から来る二つの系譜が存在するのである。

トピカとクリティカ

さて，このレトリックの中核に位置するのは「トピカ」である。これはトポスの術を意味する。では，「トポス」とは何か。議論の論拠や命題のことである。ついでにいえば，「クリティカ」は，真偽の判断術を意味する語である（**【板書3】**参照）。法的コミュニケーションにかかわらず，コミュニケーションを行う場合，そこには何らかのテーマがある。そして，そのテーマについて意見を表明するとき，あるいは主張をするとき，われわれは何らかの論拠によっていることが多い。思い付きや無意識的にであっても，潜在的な価値観が反映されているのではないだろうか。そういったとき，トピカ＝トポスの発見が説得術としてのレトリックにとって重要となる。なぜなら，それは相手の価値観の発見だからである。相手の価値観に訴え掛けなければ，説得は効果的ではない。

ヴィーコの時代

反レトリック派の流れが有力だったころには，まさにクリティカが重視されていた。ナポリの思想家ヴィーコは，「論点の発見（トピカ）が真偽の判断（クリティカ）に先行」するとして，クリティカ偏重のデカルト的学問方法を批判したのである。彼は，なぜクリティカを批判したのであろうか。ここからは，ヴィーコの議論について少し詳しく立ち入って検討したい。これは，単に説得が効果的か否かの問題ではない，もっと深い，すなわち価値の問題でもある。ヴィーコの主張自体が，ある特定の価値に強烈に依拠しているのである。

ヴィーコの思想の背景にはイタリア・ナポリにおける自然主義の伝統があり，

このルネサンス期からの伝統を継承するのがインヴェスティガンテと呼ばれる探求者たちであった[4)]。機械論者，原子論者であった彼らは，R. デカルト（René Descartes 1596-1650）の思惟と延長の二元論的方向には進まず，依然伝統的観念を保持していた。ただし，彼らはガリレイの流れを汲む科学的実験主義者でもあり，「原因による知」の観念をもっていた。原因によって知ることが知識の条件であるという考え方自体は，彼らだけでなくTh. ホッブズ（Thomas Hobbes 1588-1679）などにも見出されるものである。原因による知という場合，彼らの見方は日常の感覚を超えるものまで含む。例えば，顕微鏡を用いれば肉眼では見えないものまで観察できる。これは日常の感覚を超える原因が見えるということである。つまり，感覚的経験主義の枠にとどまらない。彼らは実験的，観察的方法によってそれを突破しようと考えていたのである。ヴィーコにもこうした「原因による知」という考え方が指摘されている。ちなみに，実験や観察によって原因たる事実を知るには道具が必要である。この時期には，様々な道具が発明されていることも，そうした考え方を可能にした背景になっている。

忘却の齎すもの

一方で，ヴィーコは，『われらの時代の学問方法について』において，自然学を自然と同一視する態度には，自然学の前提に対する忘却があることを示唆し，注意を促している[5)]。ヴィーコとフッサールが根源に対する忘却を危惧していることは，第1講でも少しふれたが，フッサールはその忘却のルーツにおいて上記のガリレイに着目している。ガリレイの特徴は，何といっても実験と観察にある。科学的実験主義者である彼は，自分の使用できる道具で接近可能な限りの最大限の正確さを追求した。正確さと経験・観測による値との隔たりは，技術の発展によって埋めることへと向けられる。彼の場合，その技術が反映さ

4） 以下のヴィーコとインヴェスティガンテとの関係については，上村忠男「数学と医学のあいだで――ヴィーコとナポリの自然探求者たち」『ヴィーコ論集成』（みすず書房，2017年）226-227，232-235頁参照。

5） Giambattista Vico, *Opere*, a cura di Fausto Nicolini, La letteratura italiana storia e testi, vol. 43（Milano e Napoli: Riccardo Ricciardi Editore, 1953), p. 183（上村忠男／佐々木力訳『学問の方法』（岩波書店，1987年）38頁）参照。

れた装置の典型こそ望遠鏡であった。ガリレイの科学には技術的な関心がある。そして，そこには量的な規則性を，自然現象の本質的性質と見なして精密な測定を行うということが基本となる。ガリレイの場合，測定のために自然を「量」として把握することになるのである。フッサールが着目するのは，この点である。もし，この根源的意味，つまり「測定のために」そうしたということを忘却するならば，本来の自然をすり替えていることになる。すり替えられたわかりやすい「真」，計量できるかたちの「真」を本来の「真」の位置に高めてしまってはいないか。

以上のように，ガリレイの自然が意味するものとは，数学的に構成され，量的に示されたものである。この点を忘却すれば，理念性が現実性をもつものとして立ち現われることになるだろう。数学（幾何学）においてもまた同じである。ここでは省略するが，幾何学においても根源を忘却すればその意味は空洞化していく。形式化による意味の忘却となる。ガリレイのアプローチは，経験（実験）と数学的思弁（法則）とを綜合するアプローチであった。したがって，幾何学化以前，すなわち幾何学的な理念的形象を生じさせるところである前幾何学的作業の意味にまで立ち返って，根源的に省察することの必要性をフッサールは説いていたのである。「そもそも，何のために量として捉えることにしたか」と。

実は，ヴィーコのクリティカ批判もここに通じている。彼は，この忘却が幾何学的方法の過大適用によって引き出されたと考えているのである。なぜ，忘却が起きるのか。もちろん，それは人間であるからなのだが，ヴィーコのいわんとしていることは，クリティカ的思考にどっぷりと浸かってしまうとその危険性があるということなのである。ある一定の枠組みや形式の中でのみ考えていると，そういうことになるといっているのである。クリティカ的思考は，真か偽かが関心事であった。どうやって，真偽を見分けるかの技術であった。明晰判明なものだけが真（あるいは偽の対象）である。そこには，ある言明が適切であるか，その場に相応しいものかどうかは関係がない。そういったものと切り離された言明である。どういった背景から出てきた言明であったのかということを切り離して考えている。根源性と切り離されている。われわれは，そうした形式の世界にのみ生きているのだろうか。もっと具体的な世界，具体的な日常を生きているのではないのか。このように考えたとき，われわれはヴィーコの主張に動かされないだろうか。説得されないだろうか。ヴィーコについては，そうした根源が切離後も意識され続けるのでなく，それが忘却されたということに対する批難という点でフッサールの先駆であるが，この時代にかかる主張が出てきたということが，その当時の忘却とガリレイ―デカルト的方法の全盛の状況をよく示しているといえる。この状況は，現代にも通ずるのではないだろうか。

真らしいものと人間の知

ところで，上村忠男によれば，新時代のクリティカ主義者たちのいわば「新しい論理学」は，「真らしく見えるもの」を明晰判明ではないものとして斥けるものであったが，これはデカルトの態度と全く照応している[6)]。しかし，明晰判明とは何であろう。計量可能な誰もが見てわかるような形式化されたもののことをいうのだろうか。だとすれば，形式的な「真」は本来的な「真」であるだろうか。ヴィーコによれば，数学的・幾何学的方法によって示された自然学の「真理」はあくまで「真らしいもの」であった[7)]。とすれば，自然学と自然との同一視は，「真らしいもの」と「真」の同一視となる。

ところが，ややこしいことに，ヴィーコは「真らしいもの」をある意味で尊重しているのである。つまり，理論的な領域と実践的な領域とに議論の領域を区別しているのである。その領域ごとに判断の方法を見極めなければならない。ものごとには目的があり，やはりそれに応じた適切な方法というものがある。これに対し，新しい時代のクリティカ主義者らは，理論的な知識の領域で用いられる判断方法を，そのまま実践的な賢慮＝見識の使用にも，もち込もうとしたのであった。だからこそ，ヴィーコは彼らを批判したのである。何れにしても本来の「真」ではない点では同じではないかとも思えるが，やはりこれは違う。ここにこだわらなければならない。議論の領域＝空間にこだわる必要がある。そもそも，本来の「真」など人間に把握できないとすれば，なおさらである。これは人間の限界，すなわち凡夫性の直視である。彼には『ラテン語の起

6) 上村忠男「ヴィーコ――学問の起源へ」『ヴィーコ論集成』（みすず書房，2017年）42頁参照。
7) Vico, *Opere*（前出注5），p. 184（『学問の方法』（前出注5）40頁）参照。

源から導き出されるイタリア人の太古の知恵』という著作があるが，そこで示そうとしたのは，人間の弱さに相応しい形而上学であった。彼は，このように人間の知の限界について深く自覚していたのである。人間は自然を丸ごと把握できない。自然を把握できるのはそれをつくった神のみである。人間が把握できるのは，自らがつくったものに限られる。自らつくることができるのは，自らが原因となっている，すなわち原因を知っているということになるからである。

ヴィーコの数学観と自然観も人間と神の区別に基づいている。数学の立てる定義や命題は，事物の真理の原因からの証明を行っているから，人は当の事物自体を完全につくり上げている。これに対し，自然の事物の場合は，そうではない。諸々の現象のそれぞれの原因があるが，しかし自分たちはそれを知っているとはいえない。それぞれの事物がつくり出される際の様式を知らないからである。神のみがそれを知るのである。ただし，実験には「なにか自然に類似するものを作り出す」ことができるという点で独自の重みが与えられている[8)]。その場合には，そのものは「自然において真なるものであると見なすこと」ができる[9)]とされ，ここには実験の普遍性という考え方も垣間見える。なぜ実験が普遍的であるのかは，自然をつくり出した神に類似した製作という行為が介在しているからである。数学も実験もそうした製作という行為を伴っている。したがって，ヴィーコの場合，製作することに重要な意味がもたされている。製作行為とその暫定性は，人間の凡夫性と同時に人間の自由を意味するからである。もっとも，いかに類似したものであろうとも人間は自然を丸ごと理解できない以上，基本的にはこの区別自体は揺らがない。このような数学的世界と自然的世界の位相差を無視して，この二つの世界を同一視したり，あるいはこれらの世界における異なる知の方法を無視して，幾何学的方法を導入したりすることは，当然人間の越権行為である。したがって，ヴィーコは人間の凡夫性に立脚し，忘却という人間が陥りやすい現象へ警鐘を鳴らしている。他方，デカルトらクリティカ主義者は，人間が論理的・合理的な判断を行わずに非論理

8)　Vico, *Opere*（前出注5), p. 255（上村忠男訳『イタリア人の太古の知恵』（法政大学出版局，1988年）45頁）参照。
9)　Vico, *Opere*（前出注5), p. 307（『イタリア人の太古の知恵』（前出注8）140頁）参照。

的・非科学的・非分析的立場に陥りやすいことを問題視するのである。両者は共にそれぞれ凡夫たる人間の異なる一面を批判しているのである。だから，この人間観の差がデカルトとヴィーコの差になって現われる。

共通感覚の生成

ヴィーコの場合，実践的な領域における格率として，蓋然性の尊重は決定的なものである[10]。それゆえ，ヴィーコにおいては，この領域で「共通感覚[11]」が重視される。この領域では，共通感覚は必ずしも「真」ではないかもしれないが，ある程度は信頼できる。「みんながそう思うなら……」というのがそれである。多分みんながそう思ったり，そうしたりするであろうことを行うのならば，その行為は受け入れられるであろう。みんなが予想していることや共通の価値観に反しなければ，自らの主張は受け入れられるだろう。すなわち，説得できるだろうということになる。だから，この共通感覚は「真らしいもの」から生まれる。もし，すべての領域で「真らしいもの」を排除すれば，共通感覚は生まれないのではないか。もっとも，もともとヴィーコのいう共通感覚とは，古代人がもっていた「人類の共通感覚」というようにもっとスケールの大きなものであって，人間誰もが生来有している願望のことである[12]。すなわち，それは，古代の諸国民が例外なく宗教を有し，神を信仰しているという事実から，神を信仰する人間の心性には共通する感覚があると考え，そこにある願望こそが共通の価値観や感覚に由来するものであると考えるのである。具体的には，それは，「永遠に生きたい」という願いなのだが……。

この内容はさておき，ヴィーコが共通感覚というとき，文字どおり，それらの共通性に目が向けられている。彼は，「野蛮な国民も文明化した国民も，諸国民はすべて，場所と時代が相互に限りなく隔たっていることから別個に創建

10） 上村「ヴィーコ――学問の起源へ」（前出注6）44頁参照。

11） 「共通感覚とは，ある階級全体，ある都市民全体，ある国民全体，あるいは人類全体によって共通に感覚されている，なんらの反省をもともなっていない判断のことである」。Vico, *Opere*（前出注5），p. 439（上村忠男訳『新しい学（上）』（中央公論新社，2018年）167頁）参照。

12） Giambattista Vico, *La Scienza nuova prima con la polemica contro gli《Atti degli eruditi》di Lipsia*, a cura di Fausto Nicolini, Scrittori d'italia, G. B. VICO OpereⅢ (Bari: Gius. Laterza & figli, 1968), p. 9（上村忠男訳『新しい学の諸原理［一七二五版］』（京都大学学術出版会，2018年）13頁）参照。なお，同書はristampa anastatica dell'edizione 1931。

されておりながら，いずれもつぎの三つの人間的な習俗を遵守しているのが観察される」として，宗教，婚姻，埋葬を「永遠かつ普遍的な習俗」と位置付けている[13]。つまり，これらの習俗に共通の真理動機にこそ，万民の自然法，すなわち諸国民の普遍的かつ永遠の原理となるような法の本質があると考えるのである。それゆえ，共通感覚と法は分かち難く結び付いている。共通感覚に反する法はつくり難く，仮につくったとしても，それは維持できないだろうということになる。もちろん，現代のわれわれからすれば，それが楽観論であることは明白である。しかし，議論の方法として，共通感覚に訴えることは有力であることは否定できない。ヴィーコが着目するのは，レトリックに関するこの点なのである。

トピカ→クリティカ

長くなってしまったが，最後にヴィーコのレトリック論の主張の最も特徴的な点を確認しておこう。それは，クリティカに対するトピカの先行性の主張である。彼は論点の発見が真理性の判断に先立つと考える。弁論においても，クリティカは真理について述べる技法であるが，トピカは言葉豊かに述べる技法である。弁論家が聴衆のあらゆる心を捉えようとするならば，論点のあらゆるトポスを通覧する必要がある。弁論の論点となるのは，聴衆が何を大事にしているか，何に価値を置いているかにある。そういったことを感じ取らなければ，説得はできない。言葉豊かに述べるということは，そういった大切にされている価値に関連して述べるということである。

われわれに，こういう経験はないだろうか。例えば，自分が正しいと思って自信をもって主張したことが，意外とわかってもらえなかったという場合である。もちろん，伝え方が悪かったのかもしれない。しかし，それはおそらく聞き手の価値観と自分の価値観のあいだの齟齬にある。単に，正しいからとか真実であるからということだけで，それが受け入れられるとは限らないのである。相手がどんな価値観をもっているか，何を大切にしているのかを想像しなければならない。想像力，というと硬い表現になるが，思いやりをもたなければな

13)　Vico, *Opere*（前出注5), p. 480（『新しい学（上）』（前出注11）251-252頁）参照。

らない。相手の身になって考えなければならないといい換えてもよいだろう。さらに，当時の若者の教育についてもクリティカのみがもてはやされ，トピカが無視されていることを彼は憂いている。若者の教育でも，トピカ→クリティカの順番が大事なのである。トピカの育成は，共通感覚の育成であり，想像力や思いやりの心の育成でもある。

以上，クリティカ主義者への批判や自然と自然学との同一視に対する批判，およびクリティカに対するトピカの先行性の主張を特徴とするヴィーコの態度には共通感覚を基盤としたものが見られることが確認できたと思う。

ペレルマンとトポス

ここからは，ヴィーコと同じくレトリック派であるベルギーの哲学者Ch. ペレルマン（Chaïm Perelman 1912-1984）の議論の内容を見ていくことにしよう。彼も理性という観念がコモン・センスという観念と明白な関係があると指摘しており，アリストテレスの分析した「共通のトポス（*lieu commun*）」という観念に注目する[14]。トポスとは，議論を支え，根拠付ける場所，すなわち論拠のことである。共通のトポスは，人々に受容されているがゆえに議論の出発点となり得る。話し手は，共通のトポスから自己が行う説得に応じた利用可能なトポスを選択し，その重要性を強調することで，聞き手に対し「事実や価値などに現在感（*présence*）を与える」のである[15]。この共通のトポスには，「量に関するトポス（より多くの人人にとってより有用なもの，より長続きのするものの方が，すぐれている）」や「質に関するトポス（ユニークで比類のないもの，稀少かつ困難なものの方が，すぐれている）」，「順序（ordre）に関するトポス（原因となるものは，結果にすぎないものより，すぐれている）」や「優位性（supériorité）に関するトポス（存在するものは，可能であるにすぎないものより，すぐれている）」などがある[16]。ここでは，「量のトポス」と「質のトポス」の二つに絞って考えてみたい[17]。

14） Chaïm Perelman, *Logique juridique: Nouvelle rhétorique*, 2e éd. (Paris: Dalloz, 1979), p. 118（江口三角訳『法律家の論理――新しいレトリック――』（木鐸社，1986年）209頁）参照。

15） Perelman, *Logique juridique*（前出注14）, p. 118（『法律家の論理』210-211頁）参照。

16） Perelman, *Logique juridique*（前出注14）, p. 118（『法律家の論理』210頁）参照。

17） ちなみに，ペレルマンはすべてのトポスが質あるいは量のそれに帰すること示唆している。Chaïm Perelman/Lucie Olbrechts-Tyteca, *Traité de l'argumentation: la nouvelle rhétorique*, 4e éd. (Bruxelles: Editions de l'Université de Bruxelles, 1983), p. 125参照。

量のトポス

量のトポスは，効率的とか，費用対効果とか，合理的だとか，そういった面での主張の論拠となる。たしかに，このトポスは力強いものであり，なるほど「そうだ」と思う人も少なくないだろう。これは，先に見たヴィーコの共通感覚に依拠した主張であるということが想像できるのではないだろうか。ただし，真実とそれが受け入れられることとは違っていた。つまり，真は必ずしも説得に有効ではないということなのであった。逆にいえば，説得に有効なものが真実ではない可能性がある。みんなの価値観にあったものを規範として採用する。実際，ヴィーコのイメージでは，古代人の共通感覚によって諸国民の自然法は構成されていた。われわれは，真実でないものを規範にするということについて，どのように考えればよいのだろうか。その是非が問われる。量のトポスに依拠して規範をつくったならば，それは「正常（通例）なるものは規範である」という命題として表せる。この命題は，しかし，ここでも確認したように，真実ではないものが含まれている。つまり，「〇〇である」という真実かどうかの事実に関する記述と「〇〇すべきである」という当為に関する記述が，ごちゃ混ぜになっているのである。しかし，議論の軸としては強力であることには変わりない。つまり，科学的・客観的な真理ではないにもかかわらず，量のトポスは議論の基礎として有力なものとペレルマンは考えている。

質のトポス

他方の，質のトポスはどうであろうか。これは量のトポスに対抗するトポスとして，稀少性・唯一性を強調するトポスであるから，例えば，「命は尊重すべきである」という命題を考えてみればよい。生命は唯一無二である。だからこれを尊重すべきである。この唯一性が強調されている命題を見たわれわれは，これもなるほど「そうだ」と思うだろう。しかし，何れにせよ，本来，科学性・客観性による「事実」は，「当為」を導出するものとしては根拠付けられ得ない。しかし，現実には有力に機能している（**【板書4】**参照）。実践の領域と理論の領域は違うのだとヴィーコがいっていたことを思い出してほしい。これはヴィーコの方法論の区別に該当するのではないだろうか。ヴィーコによれば，「真らしいもの」であっても，当然トポスとしては成立する。むしろ，共通感

【板書4】
（議論の軸としての「量のトポス」と「質のトポス」）
本来，科学性・客観性による「事実」は，「当為」を導出するものとしては根拠付けられ得ないが，現実には有力に機能している。

覚に依拠するとはそういうことである。では，われわれはどう考えるべきなのか。ヴィーコに従うのか否か。ヴィーコに従うにしても，質のトポスか量のトポスか，どちらが重要なのか。もっとも，質か量かの選択の問題は具体的な場面による。この点は，今後の講義で取り上げる具体的な場面設定（判例）の中で，シミュレーションしてもらいたい。

概念の分割

さて，ペレルマンによれば「論証が明確に定義された体系内部で展開されるものであるのに対し，議論は不備不完全な限定しかされていない漠然とした総体（corpus）から出発するものであって，議論を支える諸命題は部分的諒解や暗黙の諒解しかないものでも構わない」という。つまり，論証においては，「結論は前提から絶対的必然性をもって演繹され得る」が，議論の場合には，〈強い／弱い〉の違いがあるのであって，「その主張を必然的な形で含意し得るものでは決してない」のである[18)]。こうした観点から議論法の厚み（ampleur）や議論の順序に着目するペレルマンは，「結合（liaison）」と「分割（dissociation）」という議論の型について分析していく。前者は，「前提に対して認められている同意を結論にも及ぼそうとする型」であり，後者は「言語や一般的伝統によって互いに結びつけられてきた諸要素を切り離そうとする型」である[19)]。話し手は，これらの型を用いて効果的に表現していくことになる。「それまで同じ資格で見られていたものを，実在と現象とに分割することが，常識的実在観に対立する哲学的実在観を打ち出す[20)]」ものであったとして，ペレルマンは後者の意義を

18） Chaïm Perelman, *L'empire rhétorique: rhétorique et argumentation* (Paris: J. Vrin, 1977), p. 64（三輪正訳『説得の論理学　新しいレトリック』（理想社，1980年）83頁）参照。
19） Perelman, *L'empire rhétorique*（前出注18）, p. 64（『説得の論理学』84頁）参照。

【板書5】

現実	→ 実在に対応した現象⊕	}	この評価を行うために
〈現象＝実在〉	→ 実在に対応しない現象（見かけ）⊖		〈現象＝実在〉を分割

強調する。分割によって，現象に実在の表現と見かけという二重の性格が見出されるのである。われわれは，「実在に対応する現象と，実在に対応しておらず単に見かけであるに過ぎない現象とを，現象の中で区別する[21]」のであり，これは議論法にとっても大きな意味をもっている。すなわち，「分割の出発点では不明瞭不明確であったものが，第一項と第二項とに分割され，この分割により第二項に属するとされた様相が価値あるものとなり，それに対立する様相が無価値なものとなる[22]」からである（**【板書5】**参照）。

ペレルマンによれば，「独創的哲学」として新しい世界像を打ち立ててきた西洋の哲学者たちに共通するのは，現実在と考えられていたものが仮象であることを示した点である[23]。しかし，ペレルマンが指摘するように「実在に関するある見方が人々の承認を得，もはや論争の対象にならなくなった場合には，人々は，この見方は実在の忠実な表現であると考えてしまうので，その背後に隠れている価値判断には気づかない[24]」状態，すなわち根源の忘却に陥るのである。フッサールやヴィーコらの警告も，まさにそうした西洋的伝統を押さえたものなのである。

対概念における基準

こうした概念を分割して新たな見方を提示してきた西洋哲学の伝統においては，分割された概念の価値関係に関する一般的な見解の合致がある。つまり，何れを第一項とし，何れを第二項とするかについての見方が存在するのである。現象（第一項）と実在（第二項）という対のうち，後者には前者の基準が含意され

20） Perelman, *L'empire rhétorique*（前出注18）, p. 67（『説得の論理学』87頁）参照。
21） Perelman, *L'empire rhétorique*（前出注18）, p. 140（『説得の論理学』186頁）参照。
22） Perelman, *L'empire rhétorique*（前出注18）, p. 141（『説得の論理学』187-188頁）参照。
23） Perelman, *Logique juridique*（前出注14）, p. 130（『法律家の論理』235頁）参照。
24） Perelman, *Logique juridique*（前出注14）, p. 132（『法律家の論理』237-238頁）参照。

【板書6】
（西洋哲学の対概念——ペレルマンによる）

手段／目的　帰結／事実または原理　行為／人格　偶然／本質　機会／原因　相対／絶対
主観的／客観的　多数／単一　普通／規範　個別的／普遍的　特殊的／一般的
理論／実践　言語／思想　文字／精神

質のトポスの観点　量のトポスの観点

現象を分割することで生み出された現象（第一項）と実在（第二項）という「対」

後者が前者の基準

ている。例えば，次のような各種の対がある[25)]（**【板書6】**参照）。

ここで注意すべきは，この区別が「第一項に関連づけてのみ理解される[26)]」ということであるが，それは，われわれの住む現実の世界＝現象世界を前提としているからである。それゆえに，現実の世界＝現象世界における価値あるものや無価値なものを指し示し，説得に役立てようとする意図と関連付けることができる。「第二項は単に与えられてそこにあるものでなく，第一項を分割するにあたってその諸様相間に上下関係を設定することを可能にする規則の決定のための構成物（construction）」であり，「何が実在であるかを決定する第二項の規則に合致しないものが，見かけのもの，誤っているもの，悪い意味で現象的なもの」ということになる[27)]。要するに，第一項の世界である現実世界を変えるための判断の帰属点となるもの（審級）として投影されたもの（分割されたもの）が第二項で，その地点から第一項の意味付けが行われるのである。これは，第一項が生み出した（第一項の分割から生じた）基準によって第一項の諸相の価値を弁別するということであり，ある意味で自己言及的なものである。例えば，「真の正義（justice réelle）」と「見せかけの正義（justice apparente）」，「真の民主主義（démocratie réelle）」と「見せかけの（形だけの，法律の上だけの）民主主義（démocratie apparente（ou formelle ou légale））」というような区別[28)]もこれと同様

25）　Perelman, *L'empire rhétorique*（前出注18），p. 143（『説得の論理学』190頁）参照。
26）　Perelman, *L'empire rhétorique*（前出注18），p. 140（『説得の論理学』187頁）参照。
27）　Perelman, *L'empire rhétorique*（前出注18），pp. 140-141（『説得の論理学』187頁）参照。
28）　Perelman, *Logique juridique*（前出注14），p. 131（『法律家の論理』235-236頁）参照。

【板書７】
（当為と価値の問題）
事実／当為の区別……法哲学の伝統的な基本的問題
「ある法」と「あるべき法」（自然法論と法実証主義の論争）

現実に有力に機能しているレトリック
（例）「多くの人がいうから正しいこととして尊重せよ」
「唯一のものだから価値があることとして尊重せよ」

の方法であり，それまでの概念を再構成するのである。

二つのトポスと法哲学の基本的問題

こうした哲学の伝統を踏まえたペレルマンの考え方を援用すれば，どうなるだろうか。これによれば，質のトポスと量のトポスに関する観点も見えてくる。多数／単一という対では質のトポスが，個別的／普遍的，特殊的／一般的という対では量のトポスの観点が現われているように思われる。なお，普通／規範という対が気になるところではある。「普通」というのは，「通例」のことである。この対によれば，規範が通例の基準であるから，必ずしも普通（通例）が規範そのものではない。

さて，事実／当為の区別は，法哲学の伝統的な基本的問題でもある。「ある法」と「あるべき法」の問題である。今，ある法はあるべき法なのか。「あるべき法」から「ある法」は導き出せるのか。様々なヴァリエーションが考えられる。自然法論と法実証主義の論争もそうした存在と当為の問題が深くかかわっている。この点については，今は深入りしない。

何れにせよ，一方で現実に有力に機能しているレトリックがある。「多くの人がいうから正しいこととして尊重せよ」とか，「唯一のものだから価値があることとして尊重せよ」というのは，そういうレトリックである（**【板書７】**参照）。当為の次元では価値の問題が入ってくる。このことは，当為の次元での対立が価値の対立と結び付くことを意味する。価値の対立は，トポスの対立でもある。二つのトポスは相克すると考えられる。では，これはどうか。「唯一のものだから価値があることとして尊重せよ」については多くの人がそう思うだろう。つまり，この観点は多くの人の共通感覚に合致しているといえる。ということは，量のトポスが質のトポスを支えていることになる。この場合，最終的に質のトポスは量のトポスに還元されてしまわないだろうか。この点を考えてもらうことにして，今回は終了するとしよう。

第3講　レトリックについて Ⅱ
——真実性とパラドクス——

本講の目的　1. レトリック論における真実性の意義を理解する。
　　　　　　2. レトリックと社会的パラドクスのかかわりを知る。

レトリックにおけるトポス

ペレルマンのように二つのトポスを重視して議論の軸にした場合，実はそのレトリック論は究極的には，「正常なるもの」により「唯一なるもの」が否定されてしまう可能性がある。つまり量のトポスが優先され，その範囲でのみ質のトポスが尊重されるおそれがあるということだ。質のトポスの重要性を認めながらも，いつの間にか質のトポスの問題を量のトポスの問題として構成しようとしてはいないだろうか。われわれは常に量のトポスに引きずられやすく，そのような無理なことを行おうとする可能性がある。質のトポスを量のトポスが支える理由が，唯一性・稀少性の尊重＝質的であったならば，それは質をトポスとするものであるから，量のトポスとは無関係である。ペレルマンも認めるように本来両者は還元不能である。したがって，（真に質的なものを）量のトポスと結び付けて考えてはならない。前回の最後に課題としたのはそうした点に注意を促す趣旨であった。

このような無理な構成が惹起するのは，レトリックのパラドクスという事態である。それは，つまりレトリックの実践が政治権力に抑圧されることをレトリックが正当化する事態があるということである。この問題を研究課題としたのが法哲学者の小畑清剛である。その結果，ペレルマンのレトリック論に対し，新しいレトリック論を示すことになった。今回，着目するのは，この新しいレトリック論なのである。こうした観点から，レトリックにおける真実性とパラドクスについて考えてみることにしたい。

ケルゼンの認識と科学

さて，まずは前回確認したポイントを思い出してもらいたい。そこでは，事実と当為に関する区別を一緒にするのは誤りだとしていた。こうした区別は，法哲学の領域でも伝統的な問題として重視されている。例えば，20世紀を代表する法哲学者であるH. ケルゼン（Hans Kelsen 1881-1973）の法学は，純粋法学と呼ばれるが，その法の分析手法は存在と当為の区別によって主観的な要素を排したものであった。彼は純粋な，すなわち客観的な法の認識を目指そうとしたのである。ここには，客観的＝科学的という考え方が見える。ある意味，われわれが通常考えているような科学に対するイメージと近いので，わかりやすいかもしれない。数学や物理学と同じく，客観のイメージをもちやすい法学もそうした科学である。ただ，彼の著作は非常に大部なものが多く，われわれが手に取って読むには尻込みしてしまう[1)]。

ケルゼンの客観性認識は，彼の相対主義に対する考え方から来ており，それは究極的には彼の人間理解と結び付いている。すなわち，人間は完全ではないというものである。もし，完全な人間がいるとすれば，その者の価値観において主観的につくった法で十分であるということになる。しかし，価値は多様である。われわれの価値観は皆違っている。すなわち，「あるべき法」について絶対的な完全な認識に至ることなど，誰ひとりできないのである。したがって，「ある法」と「あるべき法」は区別されなければならないし，われわれが認識対象にするのは現に存在している「ある法」＝実定法ということになる。だから実定法は，相対的な存在である多くの人間たち皆によってつくられることが望ましい。この実定法を科学的に認識していく。一見，わかりやすそうだがそうでもない。なぜなら，科学的認識といっても，やはり規範科学と自然科学は異なっている。法規範の命題は「○○すべきである」という当為の形式を取っているからである。つまり，法規範の体系は当為の体系である。より高次の「べき」から低次の「べき」への重層構造である。最高次元の「べき」が根本規範である。純粋に形式的な最高規範の「べき」とは一体何なのか。これ自体，

1） ケルゼンの純粋法学については，その背景などを含め，中山竜一『二十世紀の法思想』（岩波書店，2000年）第一章が詳しい。中山竜一「第9章　Ⅲ　ワイマール期の法思想」中山竜一／浅野有紀／松島裕一／近藤圭介『法思想史』（有斐閣，2019年）198頁以下は簡潔で理解しやすい。

気になるところであるが，しかし，ここでいっているのは，現に存在する法を「べき」の体系として認識するということである。では，根本規範はどこに存在するのか。どこにも存在しないともいえるが，実定的存在ではなく仮定的存在として存在するといっておこう。敢えていえば，それは「法学的意識（juristic consciousness）」において存在する[2)]。ここだけは他の規範と同じ意味での「ある法」ではないのである。このままでは無限遡行に陥るから，論理的にはある意味当然そうなる。

客観性と合意の形成

ところで，客観的，科学的ということはガリレイやデカルトのところで言及したように形式と結び付く。前回のヴィーコやフッサールは，そうした形式化が全面化することをおそれたのだった。しかし，法の分野においては，客観性こそ重要なのではないか。そういった考えはもっともである。もちろん，ここでも客観性は形式と結び付くがゆえに，この分野においても形式化は重要となる。形式の代表的な例は「手続」であろう。そこでは，主観性は排除される。こういう立場に立てば，前回いうところの反レトリック派ということになる。これまでの講義を踏まえると，厳密な論理や客観性を重視するのか，目の前の具体的な問題解決を重視するのかで，レトリックに対するスタンスは変わってくることが予想される。レトリック派のペレルマンのレトリック論の目的も，そうした具体的な場面において共通感覚・社会通念に合致した考えをもつ人々が合意形成することにある。

ところが，興味深いことに先ほどのケルゼンも合意形成を重視し，デモクラシーや多数決の原理を擁護しているのである。これは逆説的ではないか。彼は純粋＝客観性を目指していたのではないか。しかし，この疑問はヴィーコを思い返してみれば解消する。彼も議論の領域を分けているのである。ここでは法と政治という領域が区別されている。そう見ることができる。もっとも，この領域の区別が，ヴィーコの区別より適切かどうかは別問題である。法と政治の

2）Raymond Wacks, *Philosophy of Law: A Very Short Introduction* (Oxford and New York: Oxford University Press, 2006), p. 35（中山竜一／橋本祐子／松島裕一訳『法哲学』（岩波書店，2011年）57頁）参照。

【板書1】

ペレルマンのレトリック論の目的
＝共通感覚・社会通念に合致した考えをもつ人々が合意形成すること
（コンベンショナル・モラリティー）
↓
しかし，多数の人々の意見によって合意を形成するためには，少数者の意見を抑圧・排除しなければならないという図式……ある条件下ではパラドクスとなる

領域は厳密なかたちで峻別できるのか。素朴な疑問である。法は政治の領域でつくられるのではないか。それゆえ，ケルゼンは「つくられた法」＝「ある法」しか対象にしない。「あるべき法」の話は，法の科学の領域には馴染まないと考えるのである。そして，先ほど述べておいたように，様々な価値をもった相対的な人間たちが皆でそれをつくるということに繋がっていく。何れにせよ，彼らは合意ということを非常に重く見ている点で変わりはない。すなわち，コンベンショナル・モラリティーの構築が重要となる。その意味で共通感覚はペレルマンのレトリック論の要諦である（**【板書1】**参照）。

レトリックのパラドクス

しかし，多数の人々の意見によって合意を形成するためには，少数者の意見を抑圧・排除しなければならない場面が出てくる。どうするのか。これを無視することは可能か。あるいは無視しても合意と呼べるのか。ここに意見の尊重と抑圧の同時的な現象が生じる瞬間がある。これは，簡単にいってしまえば，多数の意見と少数の意見の選択であるのだが，後に確認するように，ある意味でパラドクスである。単に，選択の問題として流してしまうことの多いこの場面に小畑は着目している。

ここには，彼の日本社会に対する鋭い眼差しがある。前回の講義で詳細に論じたとおり，西欧におけるレトリックの伝統において示されていたのは，弁論や議論の重要性であった。そして，そこでは共通感覚もレトリック実践にとっては非常に有効であると考えられて，重要なトポスなのであった。これに対して，彼は日本社会では共通感覚[3)]はレトリックを妨げる要因となることを指摘す

る。つまり，弁論や議論の抑圧・阻止の機能があり，実際にそれを果たしてきたというのである。実際にというのは，彼が幾つかの判例の中でそうした事実を見出していることによる。例えば，政教分離に関する最高裁の判決（津地鎮祭事件（最大判昭52・7・13民集31巻4号533頁））の検討では，法実践において少数者の疑問を斥ける根拠として共通感覚や社会通念が利用されていることが示されている。すなわち，「人権保障の最後の砦であるべき最高裁判所が，社会的少数者が提起した違憲訴訟において当該行為は『社会通念』や『共通感覚』に合致しているゆえに合憲であるという判決を下している[4)]」という事実である。量のトポスの議論に馴染まないはずのテーマを社会通念・共通感覚から判断することになっている。法の専門家たちでさえ共通感覚に囚われていたことを指摘しているように，これは非常に根深い問題なのである。さらに，法制度上においても「北海道旧土人保護法」のように，実質的正義・形式的平等・手続的公正という中核的な法的諸価値が看過されてきたケースがある[5)]。

小畑は，このようなレトリック理論が重視する社会通念や共通感覚によりレ

3）ここでいうところの「共通感覚」とは，専ら第2講で見たヴィーコの「真らしいもの」を重視するという立場と深い関係にある「社会通念」の意味である（以下，同じ）。なお，「共通感覚」という言葉については，中村雄二郎の「共通感覚論」の立場があり，混乱が生じる可能性があるので，少し言及しておきたい。中村は，人間の能力についていわれる「コモン・センス」という語が，「社会的に人々に共通な判断力」と人間の諸感覚（五感）を貫き統合する「感得力」という二つの意味で用いられていることに注目している。彼は，前者を「常識」，後者を「共通感覚」と呼ぶが，前者の意味は18世紀のイギリスで自覚的に使われるようになって一般化したという。後者は「sensus communis」ともいい換えられている。中村雄二郎『共通感覚論　知の組みかえのために』（岩波書店，1979年）7-8頁参照。この判断力には，いわゆる「反省的均衡」が含まれていると考えられるのであるが，「常識」という言葉が用いられる場合，しばしばそれが等閑視されている場合があり，この点を見極めることが重要である。彼は，したがって，「社会通念」という言葉をそれに当て，「常識」が惰性化した場合のことをいうものとしている。ところで，彼は，この「共通感覚」を独自の理論として展開していくのであるが，その際，「共通感覚は，諸感覚を統合するものとして統合力をもち，知覚は，おのずと選択を働かして秩序づけを行なっている」として，これに「判断や推理の基礎」という位置付けを与えているのである（同書29頁参照）。つまり，彼の「共通感覚論」は，「共通感覚」の考え方によって〈社会通念としての常識〉を捉え直そうとするところに眼目があるがゆえに，内感的な「共通感覚」を「判断や推理の基礎」に結び付けているという特徴がある。彼は，「社会通念としての常識とは，共通感覚による五感の統合の或る仕方が惰性化されて人々に共有されたものであり，知覚に際して行なわれる或る選択が固定化されて人々に共有されたもの（同書28頁参照）」といっている。しかし，この「共通感覚」に「みずからを組み換える力と可能性」があると見ているのである（同書31頁参照）。

4）小畑清剛『レトリックの相剋――合意の強制から不合意の共生へ――』（昭和堂，1994年）159頁参照。

5）小畑『レトリックの相剋』（前出注4）258頁参照。

トリック実践の抑圧が正当化されるという矛盾した事態を「レトリックのパラドクス」と呼ぶ[6]。このように，レトリックにはパラドクスの問題が深くかかわっているのであるが，彼のレトリック論は，まさにこうしたパラドクスを中心課題とするものである。その要諦は，レトリックが自己言及的・自己破壊的構造をもつということにある[7]。彼が注目し，分類しているパラドクスとしては，意味論的パラドクスと社会的パラドクスがある。この区別はパラドクスの発生に時間がかかわってくるか否かにある[8]。ここでは時間性を含んでいる後者が特に重要である。レトリックのパラドクスは社会的パラドクスの一種だからである。ちなみに，社会的パラドクスには，寛容のパラドクスや民主主義のパラドクスなどがある。寛容のパラドクスとは，不寛容を唱える立場を受け入れることによって寛容が破壊されるような場合である。パラドクスとは矛盾であるゆえに自己言及的であり，あるいは自己破壊的なのであるが，私は意味論的パラドクスにしても，社会的パラドクスにしても，どちらも人間という矛盾的存在のつくるものゆえにそうなるのではないかと考えている。

レトリックの三要素

では，そのレトリック論を見ていくことにしたいが，その前に西洋におけるレトリック論の伝統，殊にアリストテレスのレトリック論について，やや詳細に振り返っておかなければならない。前回講義では，アリストテレスが学問の対象領域を三つに分類したということまで述べた。すなわち，理論学，実践学，制作学である。そこでは弁論術は，優れた作品を制作する技術として制作学に分類されていた。彼は『弁論術』という作品で説得の技法を論じているが，そこで示されているのは，弁論の構成要素と弁論の種類である。弁論の構成要素は，レトリックの基本的な三要素でもある。弁論の構成要素としては，話し手，テーマ，聞き手の三つがあり，弁論の種類としては議会弁論，法廷弁論，演説的弁論がある。彼は目的ということを非常に重視していたのだった。彼の分類は目的別の分類である。したがって，弁論の種類についても目的が異なってい

6) 小畑『レトリックの相剋』（前出注4）161頁参照。
7) 小幡清剛『丸山眞男と清水幾太郎　自然・作為・逆説の政治哲学』（萌書房，2017年）166頁参照。
8) 小幡『丸山眞男と清水幾太郎』（前出注7）168頁参照。

る。議会弁論においては，話し手は最も有益なことを見出すことを目的に勧告や制止を行う。法廷弁論においては，話し手は，何が正義であるかを定める目的をもって告発や弁護を行う。演説的弁論においては，話し手は美醜を決めることを目的として称賛や非難を行う。このように，弁論の種類はその目的別に区別され，それぞれに適切な議論の領域が設定されている。

二つのレトリック擁護論

日本ではレトリック論はどのように展開されてきたのだろうか。小畑は，日本においてもレトリックが重視されていることを指摘し，これを擁護する立場として二つのタイプを示している[9)]が，それらは，このアリストテレスの分類と密接な関係がある。一つは，彼が「レトリック＝スピーチ擁護論」と呼ぶもので，丸山眞男（1914-1996）や福沢諭吉（1834-1901）らに共通する主張である。もう一つが「レトリック＝トピカ擁護論」で，こちらは清水幾太郎（1907-1988）やヴィーコらに共通する主張である。基本的に，前者の照準はアリストテレスの議会弁論に合わせてあり，後者の照準はアリストテレスの法廷弁論に合わせてある。自由な議論を盛んにし，いろいろな意見を出し合って，よい社会をつくり，最終的には日本が独立国家として存続できるようにすることを目的とする丸山や福沢は，スピーチとしてのレトリックを擁護する。この場合，よりよき未来のために有益なものを議論していくことになる。もちろん，ここには未来志向という時間の観点が含まれており，豊かな想像力が必要となる。一方，現実の法廷において真理を明らかにし，正義が実現されることを目的とする清水やヴィーコは，トピカとしてのレトリックを擁護する。この場合，何が正義なのかを明らかにするために様々な論点が提示されることになる。ここには，基本的に過去志向という時間の観点が含まれている。法的安定性の観点，平たくいえば，これまでに正義であると考えられてきたこと＝先例に合致しているのかどうかという視点である。

小畑によれば，こういった二つの方面からレトリックを擁護する主張が存在するのである。と同時に，それぞれにパラドクスが含まれている[10)]。前者の場合，

---

9)　小幡『丸山眞男と清水幾太郎』（前出注7）特に第2章参照。
10)　小幡『丸山眞男と清水幾太郎』（前出注7）第3章参照。

様々な意見や主張を保障しなければならないから，様々な意見や主張を抑圧するような意見も保障しなければならないというパラドクスである。これは，実際は二段階で構成されているのであるが，ここでは議論を単純化するために，一応このように述べておきたい。後者の場合，その目的のためには，様々な論点が提示されることが保障されなければならないが，これまでに考えられてきた正義に合致するようなかたちで弁論や議論がなされることを促進することになるというパラドクスである。ここには聞き手の存在がある。話し手のもつ共通感覚と聞き手のもつ共通感覚の存在によって弁論は効果的となるのだった。したがって，共通感覚に沿った正義というのも変だが，これとは別に真の正義を示そうとして論点を提示しようとしても，前提となる共通感覚の方がそうした新たな異質な主張を受け入れる感覚でなければ駄目なのである。逆にいえば，新しい主張を受け入れることを皆が容認する社会ならば，そこでの共通感覚は，新しい意見を踏まえたより活発な議論を促進する方向で機能することになるだろう。したがって，日本社会がどちらの社会なのかが問われているのである。もっといえば，われわれ一人一人はそうした異なる意見を受け入れる感覚をもっているのか，と問われているのである。

レトリックの術と学

このようなそれぞれの領域にあるパラドクスが重なってくるから，話はややこしい。レトリックという言葉は，説得術であると同時に修辞学とも訳される。小畑は，そうしたレトリックのもつ「術」的契機と「学」的契機との緊張・対立に目を向けるように促しているのである[11)]。「学」の方は理論的抽象的レヴェル，「術」の方は実践的具体的レヴェルにある。それゆえ，レトリックの問題は，理論と実践，抽象と具体の交錯地点にあるということもできる。例えば，具体的な場面を切離して抽象的に法廷弁論を行えばどうであろうか。これはアリストテレスの想定していたものであろうか。

ところで，先にふれておいたような問い掛け，すなわち日本はどちらの社会なのか，どのような共通感覚が存在する社会なのか，という問い掛けは，

11）　小幡『丸山眞男と清水幾太郎』（前出注7）141頁参照。

「術」の前提となる社会の条件件の考察を「学」に迫るものである。「学」の方は，それに応えなければならないだろう。無意識的に「術」のレヴェルにあった概念「共通感覚」は，「学」のレヴェルへと移行していく。本来のそれぞれの領域，根源を忘却することはそういったことへと繋がっていく。それゆえ，視点の往復が常に必要である。「術」のレヴェルは具体的なレヴェルである。これは行為者のレヴェルといってよい。他方，「学」のレヴェルは抽象的ゆえに，こちらは観察者のレヴェルということになるだろう。われわれは，現実の世界に生きている行為者かつ観察者なのである。つまり，両方のレヴェルでものごとを考えなければならない。もっとも，「そういった視点を併せもった人間になれ」といわれると，難しいと感じてしまうのかもしれないが，しかし，そもそも人間は皆完全ではない。そこから，スタートしたらどうだろう。完全ではないというのは自己矛盾した存在であるということである。観察者と行為者の両側面をもつということは，いい換えれば，矛盾を抱えた存在であるということである。であるならば，それはそっくりそのまま，そういう存在としてあるということである。ゆっくりと自己を深く見つめていけば，自己の矛盾と同時にそうした複数の次元や立場の存在に気付くだろう。それは，自己の展開可能性に気付くことでもある。

さて，話を戻すと，レトリック＝スピーチ擁護論は現状を変革する機能を，一方，レトリック＝トピカ擁護論は現状維持機能を果たすのであった。そして，それぞれは「学」と「術」という根源を足場としていた。ここまでは，レトリックを議論や弁論，すなわち話し言葉という枠組みの中で論じてきた。こうしたレトリックの特徴は，書き言葉との比較の中で，より鮮明になる。次は，この点から言及してみることにしたい。これによって，新しいレトリック論の意義が見えてくる。

三木清のレトリック論

ここで取り上げるのは，哲学者である三木清（1897-1945）の議論である[12)]。彼は，レトリック（修辞学）に対し，ヘルメノイティク（解釈学）を対置する。何れ

12）　以下の三木のレトリック論については，小畑『レトリックの相剋』（前出注4）227頁以下，および小幡『丸山眞男と清水幾太郎』（前出注7）第4章による。

【板書2】

〈三木のレトリック論〉　レトリック＝ロゴスとパトスの綜合

ヘルメノイティク：書き言葉・記録・表現の理解 ← 完了形，現在形の時空

レトリック：話し言葉・行為・表現の作用 ← 進行形，臨場的（その場，その時）

↓

主観かつ客観

話し言葉の「ことば」＝人間による話すという行為

↓

聞き手と話し手の存在を前提

も言葉（ロゴス）に関する「学」ということになるのだが，それぞれが中心とする課題は多少異なっている。主として，レトリックは，話し言葉・行為・表現の作用にかかわり，ヘルメノイティクは書き言葉・記録・表現の理解にかかわる。彼は，この違いに目を向けたレトリック論を展開する（**【板書2】**参照）。彼のレトリック論の要諦は，レトリックをロゴスとパトスの綜合として捉えるというものであるが，少しわかりにくい。そこで，まず彼の人間論についてふれておきたい。彼の人間論では，人間は主体的な意識（パトロギー）と客観的な知識（イデオロギー）の両方によって捉えられるべき存在である。つまり，ロゴス中心主義ではなく，パトスの重要性も説いている。この考え方をレトリック論にも援用したのである。ちなみに，従来の哲学は倫理的＝理性（ロゴス）的であった。倫理は理性と同一視され，理性に従い情念（パトス）を制御することこそ，倫理的であると考えられてきた。われわれも，少なからずそうしたイメージをもっているのではないだろうか。彼のようにレトリックを捉えるメリットは，どこにあるのだろうか。これまでと何が違うのか。この疑問に答えるには，レトリックがヘルメノイティクとは異なり，社会的実践的目的を有しているという点に再注目しなければならない。レトリックは記録ではなく，話すという行為にかかわっている。話す行為は，具体的な場面において具体的な人間が具体的な人間に対して行う。人間にはロゴスとパトスの両面があった。したがって，対話する人間のあいだにおいてこの両面を見なければならないということになる。この点を見落とすと，正しくレトリックを把握できないというのである。三木によれば，

【板書3】

人間は社会的かつ独立的存在である……矛盾的存在

共通感覚のみでは根拠としては脆弱（関係性における客観性の保証には，この人間存在の二重性を無視できない）

↓

では，どうするか？

これまでのレトリック論は，レトリックの重要な側面を見逃してきたということになる。

このようにレトリックを捉え直した上で，再びアリストテレスがレトリックの要素として掲げた，話し手，テーマ，聞き手ということを思い出してもらいたい。話し手，聞き手はもちろん具体的な人間であって，弁論はこの存在を前提としていた。そして，その人間はロゴスとパトスの二つの側面から捉えられていた。さらに，倫理においてもこの二つの側面が重要であった。当然であるが，人間は社会的であるから，個人においても倫理においても社会においてもこの二つの側面は重要となる。話し手と聞き手のパトスがふれ合い，それを共にするとき，話し手の主張はわかってもらえるだろう。あるいは，社会レヴェルでのパトス，すなわち共通感覚に合致するならば，その主張は受け入れられるであろう。しかし，それだけでは不十分である。そのことは，これまでのところでもふれた。一方で，人間は共通感覚に左右されるとは限らない，そこに解消されてしまわない独立的な存在でもある（**【板書3】**参照）。この点をどうやって保障するのか。どうやって，日本社会でそれを保つことができるのか。

弁証法的契機と真実性

これまでのところを見る限り，パトスを強調すれば，むしろ共通感覚が強調されていく方向になるのではないかというような気がする。しかし，三木によればそうではない。この二つの契機は弁証法なのである。つまり否定という契機が含まれている。（逆にいえば，この弁証法の媒介契機という観点が欠落すれば，そのトポスにはクリティカがないものとされてしまうだろう。）この否定の契機は，話し手と聞き手の双方に存する。これらの話し手と聞き手はそれぞれがロゴス

【板書4】

《自己否定的な話し手と聞き手》
「話し手」……相手の意見を聴き得る者（聞き手に対する自己否定の可能性を有するもの）
「聞き手」……自己の意見を語り得る者（話し手に対する自己否定の可能性を有するもの）

三木のレトリックの論理＝弁証法

《真実性と話し手・聞き手との関係》
根源的に社会的であるがゆえにレトリックは「真理性」よりも「真実性」にかかわる
語る者の真実性のみが聴く者の真実性を呼び起す

とパトスをもった存在である。その上で，話し手は相手の意見を聴き得る者，すなわち，聞き手に対する自己否定の可能性を有するものであり，聞き手は，自己の意見を語り得る者，すなわち，話し手に対する自己否定の可能性を有するものとして，そうした立場で存在しなければならない[13)]。ケルゼンが科学的と考え，われわれが科学でイメージするような物理学的な真理ということであれば，客観性ということがその認識においてある程度一致の根拠にはなるだろう。これに対し，人間的な行為に関する真理における客観性とは何なのか。そもそも，そんなものはないのではないか。だからこそ，ケルゼンはそれを不純物とした。あるいは，だからこそ，三木は倫理におけるロゴス中心主義を取らなかった。だからといって，パトスだけでも駄目で，やはり両方が必要なのである。この両方を具える場合，それは平面的にではなく，立体的なイメージ，すなわち弁証法的な捉え方になる（**【板書4】**参照）。

三木は，「真実性」を純粋な論理的思考にかかわる「真理性」と区別する[14)]。すなわち，「真実性」という語を人間の行為に関する領域での真理という意味で用いる。それゆえ，レトリックは人と人との関係の上に成り立つものであり，根源的に社会的であるから真理性よりも真実性にかかわるのである[15)]。（ただし，本当はどちらの真理も人間による区別だから，本当の意味での「真」ではない。物理的

13）三木清「解釋學と修辭學」『三木清全集　第五巻』（岩波書店，1967年）154頁参照。
14）三木「解釋學と修辭學」（前出注13）148頁参照。
15）三木「解釋學と修辭學」（前出注13）152頁参照。

真理も本当は客観的ではない。それは神のみが知るのである。）この真実性へ至ろうとするとき，そこに現われるべき客観性というのは物理学的なレヴェルのものではなく，彼はそれを超えたレヴェルの「客観性」を構想する。彼が弁証法によって導こうとするのはこれである。三木は，語る者の真実性のみが，聴く者の真実性を呼び起こすと考える[16)]が，それというのも双方が自己否定の可能性を受け入れているからである。

自己否定と新しいレトリック論

このように，自己否定の契機を埋め込んだかたちで「話し手」と「聞き手」を捉えた場合，法分野でのレトリックの実践は，トポスとしてのクリティカとトポスとしてのトピカに依拠した意見が闘わされるであろう。それは，現状変革的か現状維持的かの主張とも重なるだろう。小畑は，共生理論と合意理論がそれぞれトポスとしてのクリティカとトポスとしてのトピカに依拠しているとする[17)]。もちろん彼が先行させるべきと考えているのは，共生理論であり，トポスとしてのクリティカである。何れにせよ，自己否定の契機を組み込むことによって，実質的に意見を述べることができることが保障されたレトリック論の構築を目指すことになる（具体的な内容は，第4講，第5講において示される）。話し手と聞き手が自己否定の契機を有している場合，真実性の一致のチャンスがある。この場合，①基本的人権の内実について再考を促すことが可能になる（形式・手続から実質・論拠へ）。②共同体において合意をめぐる対立が今まで問題としてこなかったものを浮かび上がらせる。それは，単に「方法」としてではなく「論拠」として議論の場に設定することが可能となる（クリティカル・モラリティー）。③少数者と多数者が自由かつ対等に共生する関係性を生み出すことが可能となる。日本はしばしば同質社会と呼ばれるが，質のトポスに着目すると異質であり多質である。社会は，そうした少数者と多数者が自由かつ対等に《共生》する関係にあることが必要なのである。新しいレトリック論は，こうしたところを目指している。

小畑の新しいレトリック論，それは「学」レヴェルの方法としてのトピカ先

16）　三木「解釋學と修辭學」（前出注13）153頁参照。
17）　小幡『丸山眞男と清水幾太郎』（前出注7）216頁以下参照。

【板書5】

「学」	「術」
トピカ先行	トピカ先行（清水・ヴィーコ）
クリティカ先行（丸山・福沢）	クリティカ先行（三木・小畑）

行を「術」レヴェルのトポスとしてのクリティカ先行へ組み替えること，これを結論とする[18)]。ちなみに，福沢・丸山は「学」レヴェルにおけるクリティカ先行（現状変革），清水・ヴィーコは「術」レヴェルにおけるトピカ先行（現状維持）であった（**【板書5】**参照）。

社会的パラドクスと「空」の観点

最後に，社会的パラドクスについて，もう少しふれておきたい。社会的パラドクスの場合，その自己言及性が自己破壊的になる可能性があるが，それは価値規範の自己破壊に繋がる。つまり，レトリックのパラドクスをはじめ，自由，多数決，寛容，主権など価値規範にかかわるパラドクスは多数ある（**【板書6】**参照）。自己破壊的レトリック，自己破壊的自由論，自己破壊的多数決，自己破壊的寛容論，自己破壊的主権論……。結局のところ，人間が生み出したものに関しては，すべてそういった可能性が内包されている。人間によってつくられたのだから，ある意味，当然である。「原因による知」の観点を踏まえれば，社会的パラドクスについても理解できるはずであるが，しかし，それがわれわれにダイレクトに響かないのは，どういうわけなのか。それは，社会的パラドクスが時間を含むからである。小畑は自己破壊までの時間に着目しているが，一方で，これは忘却の時間にもかかわっていると思われるのである。つくったこと，その起源の忘却によってそれを把握困難にしているのではないか。もちろん複雑化し，社会分化・機能分化していることもそうであろう。しかし，それだけならば，ドイツの社会学者N. ルーマン（Niklas Luhmann 1927-1998）の理論が記述しようとしている。

18）　小幡『丸山眞男と清水幾太郎』（前出注7）221頁参照。

【板書6】

レトリックのパラドクスの例

①治安維持法

戦前）　治安維持法→レトリック実践を抑圧……しかし，これは共通感覚によって支えられた法であった

戦後）　民主主義→レトリック実践を保障………しかし，これは共通感覚によって支えられた（君主による）帝国憲法を否定した憲法に支えられている

②憲法

戦前）　帝国憲法＝共通感覚に支えられている君主による

↓　この繋がりをどう考えるか？

戦後）　現行憲法

革命（共通感覚）によって支えられている。国民が選び取ったと考える（宮沢俊義の八月革命説）。この場合，量のトポスによって支えられていると考える。

日本の多数者（共通感覚）によって支えられていない。アメリカによってもたらされたと考える（改憲論者）。この場合，量のトポスでなく，質のトポスによって支えられていると考える。

ここで，われわれは再びケルゼンの理論に戻ることになる。ケルゼンの関心は，まさに今ある法＝実定法の分析にあった。法の創出点，その時間的根源は捨象されていた。あくまで論理的根源として根本規範を仮設しただけだった。これは，いわば，「空」規範である。何もない空っぽであるということに逆に意味がある。何も入れてはいけないということだ。いい換えれば，イデオロギーを入れてはならないという戒めである。ちなみに，私は，明治期に活躍した憲法学者である穂積八束（1860-1912）の憲法論を「空」の観点から考えたことがあるが，憲法が創出される時点（根源）にあった穂積はその「空」性[19]を理解

19）　ここには有機体の思考が関係している。有機体の思考とは，関係性の思考である。生命は，ばらばらの要素に分割できない。そうすれば，生命でなくなってしまう＝死んでしまう。進行形，プロセスとしての相互依存の網の目の中で全体性は現われるのであり，これと切り離したかたちでは全体は存在しない。もし，そうした捉え方をしようものならば，全体は部分の集合に変質してしまう。したがって，「関係性の無限とは，どのようなかたちにおいても実体化されるものではない（檜垣立哉『西田幾多郎の生命哲学』（講談社，2011年）94頁参照）」のである。ケルゼンの根本規範もまた実体化できないものである。もし，それが可能であったとして，根本規範を実体化すればどうなるか。そうすれば実体としての全体（法の体系）が完成する。その場合，しか

【板書7】
「みんなで決める」と「多数だけでは決めない」
↓（具体的には）
基本的人権の尊重／違憲立法審査権

していた。そうであるがゆえに，彼はそれを充填しようとした。興味深いことに，ケルゼン研究の権威である法哲学者の長尾龍一も他方で穂積研究者なのである。ケルゼンの場合，このように法と政治を峻別した結果の多数決であった。では，これに対して法哲学は無条件でよいのだろうか。価値相対主義を貫けるか。この点について一つの解答を示したのが，法哲学者である井上達夫のリベラリズムである。彼は，自律的人格としての諸個人，すなわち少数者も多数者も等しくそうであるが，彼らが自由かつ対等に共生するためには，多数決の「みんなで決める」という命題だけでは不十分であるとして，もう一つの命題を立てている。それは「多数だけでは決めない」というものである。したがって，彼のリベラリズムは，「みんなで決める」と「多数だけでは決めない」の二つの並立した命題として現われる（**【板書7】**参照）。「みんなで決める」という命題はわかるが，「多数だけでは決めない」というのはどういうことなのか。多数決の原理を否定することなのか。そのとおりである。自律的人格としての諸個人の自由対等な共生の条件の確保に必要なことについては，多数だけで決めてはならないという一種の限界を認めている[20]。

し，何らかのイデオロギーが根本規範に注入されているのである。したがって，それが完成しないようにするためには根本規範を「空」にする必要がある。だから，ここは「空」でなければならないし，そもそも実体化できない。ということは，法の体系とは，「関係性の無限」なのである。いい換えれば，常に開かれていることを本質とするのである。哲学者の檜垣立哉は，西田哲学に有機体的傾向を指摘するが，ケルゼンの根本規範における実体化できないという問題点は，開かれや関係性の無限を重視する西田哲学あるいはH. ベルグソン（Henri Louis Bergson 1859-1941）をそのヒントとすることで逆にメリットをもつものとなる。檜垣のいうように，ベルグソンの「純粋持続」と西田幾多郎の「純粋経験」が有機体的生命の議論のヴァリエーションである（檜垣『西田幾多郎の生命哲学』91頁参照）ならば，ケルゼンの純粋法学における根本規範は，まさにそうした純粋な法学の要諦たるに相応しいものなのである。ちなみに，穂積の生年は1860年で，ベルグソンよりも1年遅く西田よりも10年早い。また，ケルゼンの生年は西田の11年後であって，一世代後に属している。

20） 井上達夫「第一章　天皇制を問う視角——民主主義の限界とリベラリズム」井上達夫／名和田

民主主義にも自己破壊的パラドクスがあり，寛容にも自己破壊的パラドクスがある。ここに別の原理による限界を嵌入するということは，自己破壊を含む自己言及性にリミッター装置を設けることである。多数者支配的民主主義のパラドクスは多数決の原理を単一の人間に委ねることである。ここに設けられたリミッター装置は，それゆえ自己破壊的パラドクスに対しても有効に機能する。ということは，他の社会的パラドクスについてもリミッター装置を取り付ければどうだろう。それはどんな社会になるだろうか。難問であるが，各自で考えてもらいたい。

是彦／桂木隆夫『共生への冒険』(毎日新聞社，1992年) 103頁参照。こうした集合的決定の限界問題を重視する井上の立場については，第9講で取り上げる。具体的な仕組みとしては違憲審査制ということになるが，この点については，渡辺康行「第6章　多数だけでは決めない仕組み」樋口陽一編『ホーンブック　憲法』(北樹出版，1993年) も参照。

第4講　法学の二つの思考方式

本講の目的　1. 教義学的思考と探究学的思考の違いを理解する。
2. それぞれの思考方式に特徴的な社会的機能と認識的機能について学ぶ。

法のドグマと思考の方式

今回のテーマは，法学における二つの思考方式（教義学的思考と探究学的思考）とその機能（社会的機能と認識的機能）である。教義学的思考と探究学的思考のうち，後者については第1講でも少しふれた。この二つの思考の違いは，教義学と探究学という学問の性格の違いから来ている。前者が何らかの教義を前提にしているのに対し，後者はその前提となっている教義を超えるレヴェルにあるということである。法教義学あるいは法探究学についても，基本的に同様である。ちなみに解釈学的思考といわれる場合，それもやはり何らかの教義を前提にしていることが意識されている。本題に入る前に，法的思考一般についても，一言述べておかなければならないだろう。法的思考[1)]の中心は司法的裁定に関する思考様式である。この特徴としては，教義学性，三段論法的思考，過去志向性，二分法的思考，適切な理由付けの要求などがあるとされる。この講義で法教義学的思考といっているのも，基本的にはこの教義学性という意味である。もちろん三段論法的思考も教義を前提にするから，広い意味では法的思考全般を含意している場合もある。

さて，法における教義（ドグマ）とは何だろう。いうまでもなく，それは法律である。つまり，法律は法の分野における「固定化された意見」といえる。宗教に喩えるならば，教義が書かれた経典のようなものである。したがって，法

1）　法的思考については，毛利康俊「法的思考と司法的裁定」深田三徳／濱真一郎編著『よくわかる法哲学・法思想〔第2版〕』（ミネルヴァ書房，2015年）134-135頁参照。

【板書 1】

法律学
- 法教義学（法解釈学）――→ 固定化された意見＝教義（ドグマ）の内容を堅持する考え方
- 法探究学（理論法学・基礎法学）→ 固定化された意見＝教義（ドグマ）の内容に疑問を呈する考え方

教義学は，その内容，すなわち「固定化された意見」を堅持する。書いてあることについて，疑問をもってはならない。一方，法探究学は固定化された意見である教義（ドグマ）の内容について疑問を呈することができる学問である。ここには，法哲学をはじめ，法社会学や比較法学などの理論法学あるいは基礎法学が当てはまる（**【板書1】**参照）。このことについても第1講で述べたので説明は省略する。それぞれの学は，法的コミュニケーションの特徴の理解の仕方において異なっているのである。[2)]

法教義学においては，ある形式が前提とされている。いわゆる「条件プログラム」である。法律の条文の多くは「AならばB」というように，要件となる事実と発生する法的な効果を結び付けるかたちになっている。Aという要件事実を当てはめるだけでよい。それによってこの形式は，自動的に法的な効果が発生することを可能にする。ただし，Aが明確でなければ，そこに解釈の余地が出てくる。「どのような事実がAに当てはまるのか」や，「どんな事実であればAといえるのか」といったことを考えるのである。あるいは，ある事実を「AならばB」か「CならばD」のどちらに当てはめるのが適切であるのかを考えるのである。これに対して，法探究学においては，「AならばB」ということが妥当であるかどうか，これ自体適切なのかを問う。つまり，「AならばB」と書いてあるが「CならばD」と書く方が適切であるという主張である。これは，法原理や法的価値のレヴェルからなされることが多い（**【板書2】**参照）。

先にも述べたように，基礎法学である法哲学は，法的コミュニケーションの

2） 小畑清剛『魂のゆくえ――〈人間〉を取り戻すための法哲学入門――』（ナカニシヤ出版，1997年）20-21頁参照。

【板書2】

法教義学的思考：どんな場合がAに当てはまるのかを考える
　　法律条文・法準則……「条件プログラム」の形式を取る
　　　　「AならばB」(A：要件事実，B：法的効果)
法探究学的思考：「AならばB」という形式自体の妥当性・適切性を考える
　　法原理・法的価値を参考

理解において探究学的思考を取る。したがって，実定法に対し，疑問をもってもよいわけである。むしろこれを疑問の圏外に置くことを認めない。それは，単に条文レヴェルにとどまらない。「この条文は駄目だ」ではなく，「この法律は駄目だ」でも構わないのである。人権を蹂躙するような法があった場合，それを批判しなければならない。つまり，いわゆる「悪法」である。なるほど，こういう視点や思考は心強いではないか。一方，前回見たように，諸規範にはその社会性ゆえにパラドクスが存在する。そのパラドクスは規範を自己破壊する可能性があるのだったということを思い出してほしい。法哲学は，そういった規範の自己破壊に対してリミッター装置を取り付けることを示唆する視点ともなるのである。もっとも，探究学的思考に基づく視点は逆の方向で，すなわち破壊の方向で用いられるかもしれない。したがって，この視点にもパラドクスが含まれるであろうことを見逃すべきではない。

悪法とは何か

今述べた悪法は，法哲学において伝統的な問題の一つとされてきた。悪法とは何か。これには様々な種類が考えられる。法哲学者の深田三徳は，法の目的が達成できないことが最初から明白な法，上位規範に違反している法，秘密法，遡及法，不明瞭な法，朝令暮改の法，遵守不可能な法，抑圧的な法，非人道的な法，基本的人権を侵害する法などを挙げている。このような類型と同時に，そこには程度問題も含まれており，悪法の多くは「疑法」，すなわち憲法に反するかどうかが疑わしいような法であることを指摘する[3)]。

3)　深田三徳「悪法も法か：法と正義の関係」深田三徳／濱真一郎編著『よくわかる法哲学・法思想〔第2版〕』(ミネルヴァ書房，2015年) 51頁参照。

ここでは，議論を単純にするために非人道的な法を念頭にして，話を進めていくことにする。道徳的に非常に邪悪な内容の法があった場合，それが法という形式を備えている場合，これによって人々を義務付けることは可能なのか。すなわち，これを法と呼ぶことはできるのか。法と認めることができるのか。最も有名な事例は，いわゆる「ラートブルフ定式[4)]」である。ドイツの法哲学者G. ラートブルフ（Gustav Radbruch 1878–1949）は，ケルゼンと共に20世紀を代表する法哲学者で，彼もまた価値相対主義的な立場から法実証主義的態度を取っていた。しかし，戦後，その立場を一部変更した。この定式は，ナチスが立法に従って実行してきた行為に対する法的な扱い，すなわちそれらをどう裁くのかをめぐって示された彼の考えである。その内容は，正義との矛盾が堪え難い程度にまで達している法律は法としての妥当性を欠いており効力を有さず，正義の核心をなす平等の理念を意識的に否認する法律は法の本質を欠いており法としての資格を失うというものであった。前半は「受忍不能定式」，後半は「否認定式」と呼ばれる。もちろんこの立場は，「悪法は法ではない」とするものである。しかし，必ずしも皆がそう考えているわけではない。意見は分かれる。法探究学的にはまさに，そこが重要なのである。それは諸個人の価値観を大いに反映している。これは物質世界の「真理」の問題ではなく，人間世界の「真実」の問題なのである。それゆえ，真実性の一致という点で，自己否定の可能性が必要となる。自己の価値観を否定する用意がなければ，この問題で意見の異なる相手と一致することなど到底不可能なのである。

悪法をめぐる議論

「悪法は法ではない」とする立場の代表は自然法論である。この立場は，悪

4）ラートブルフ定式については，Gustav Radbruch, 'Gesetzliches Unrecht und übergesetzliches Recht', in Gustav Radbruch, *Der Mensch im Recht: Ausgewählte Vorträge und Aufsätze über Grundfragen des Rechts*, 2. unveränderte Aufl., Kleine Vandenhoeck-Reihe 51/52 (Göttingen: Vandenhoeck & Ruprecht, 1961), S. 118–121（小林直樹訳「実定法の不法と実定法を超える法」『ラートブルフ著作集　第4巻　実定法と自然法』（東京大学出版会，1961年）259–263頁），足立英彦「再生自然法論とラートブルフ」深田三徳／濱真一郎編著『よくわかる法哲学・法思想〔第2版〕』（ミネルヴァ書房，2015年）52–53頁参照。価値相対主義については，Gustav Radbruch, *Rechtsphilosophie*, 8. Aufl., Herausgegeben von Erik Wolf und Hans-Peter Schneider (Stuttgart: K. F. Koehler Verlag, 1973), ch. 7（田中耕太郎訳『ラートブルフ著作集　第1巻　法哲学』（東京大学出版会，1961年）第7章）参照。

法は自然法に反するから違法であるということになる。では，自然法とは何か。これ自体が，そもそも定義できないのではなかったか。そのとおりである。では，悪法の定義もできないのではないか。そのとおりである。それゆえ，議論は抽象化することになり，非常に難しいものとなる。だから，ここでは一応，悪法＝非人道的な法としておいた。悪法がこういうものだとして，今度は自然法の定義であるが，自然法の歴史も非常に長いため，ここでは一応，古代のギリシア・ローマや中世のキリスト教的な神学的なものではなく，近代自然法論者[5)]のいうような意味で捉えておきたい。つまり，神の法ではなく，人間の本性に合致する法である。実際，こういう意味での自然法に基づいて絶対主義国家は批判され，アメリカ独立宣言などにも影響を与えてきた。

これに対して，「悪法もまた法である」という立場の代表が，法実証主義的立場である。この立場は自然法というものは認めない。時間的にも空間的にも現実に今ある法，実定法のみが法である。もちろん，「悪法もまた法である」というためには，それが正当な手続によって成立している必要があるが，そのような場合，悪法も法として認識せざるを得ない。形式にこだわらざるを得ない。先ほど述べたように，真理性の問題ではないゆえに，内容について意見の一致は難しいからである。だから，人間の本性に合致する法といったどこにも書かれていないような抽象的な法は法ではなく，悪法であっても明確に文章として記述されている実定法の方が法と呼ぶには相応しいものとなる。

何れにせよ，法探究学的思考はドグマの内容を踰越し，ドグマに対する理性的な懐疑を実行するという特徴をもっている。その意味では，懐疑主義である。教義学的思考が教義の解釈，釈義という意味での「解義」に対し，探究学的思考の方は「疑問にする」という意味での「懐疑」なのである。もっとも，哲学的には懐疑主義の場合，判断を留保する立場があり得るが，法律家の場合，殊に裁判官の立場ではそういうことはできない。難事案であっても何かしらの判断を示さなければならないのである。この点については，回をあらためてお話しすることにしたい。

---

5)　近代自然法論については，戒能通弘「近代自然法論の特徴と機能」深田三徳／濱真一郎編著『よくわかる法哲学・法思想〔第２版〕』（ミネルヴァ書房，2015年）12-13頁参照。

ドグマの懐疑と法の改正

ここで，具体的な法におけるドグマ懐疑の事例を幾つか示しておくことにする。例えば，殺人に関する規定である刑法199条は量刑に死刑を含んでいる。死刑廃止の立場の法律家であれば，これは残虐な刑罰であるから，この条文は法として不適切であると思う者もあるだろう。この場合，典型的な法探究学的思考となる。これに対し，法教義学的思考で考えれば，この条文自体は適切であって，仮に自らが死刑廃止の立場であったとしても，量刑で死刑を選択しなければよいということになる。すなわち，ドグマ自体は保持されている。法探究学的思考を働かせれば，民法における成人や婚姻の年齢についての規定，国民年金法や児童福祉法の規定なども非ドグマ化され，懐疑することが可能である（**【板書3】**参照）。ここには，実際に改正されたものもある。敢えてそれを提示しているのは，探究学的思考による懐疑が法改正において現実化したことを示すためである。それゆえに，これは法律家においてだけの話ではない。立法者あるいは主権者にとって，法探究学的思考は決して無縁ではないのである。やはり，われわれは二つの思考を併せもたなければならない。といっても，それはなかなか難しいものである。しかし，少なくともこのような二つの思考があるということを知っておく必要がある。

学と二つの機能

ところで，ドイツの法哲学者Th. フィーヴェク（Theodor Viehweg 1907-1988）の指摘するところでは，それぞれの学の思考にはそれぞれの機能，すなわち法教義学（法解釈学）には社会的機能が，法探究学には認識的機能がある[6)]。ちなみに，フィーヴェクは体系的思考よりも問題解決的思考に関心をもち，ペレルマンと同じくレトリックやトピクに着目した人物である。社会的機能は，「意見形成を通じて行為や決定を方向づけ，かなり大規模な社会集団内部で，できるだけ障碍のない円滑な（法的）行為が遂行されることを可能にする」という機能であり，認識的機能は，「正義とはなにか」，「真理とは何か」等を「無条件的かつ根本的に問うことを求める」という機能である。したがって，認識的機

6） 以下のフィーヴェクの議論については，小畑清剛「第4章　裁判のレトリック論的位相――関係論的地平から――」竹下賢編『実践地平の法理論』（昭和堂，1984年）116-117頁参照。

【板書 3】

ドグマ懐疑の例（法改正されたものもある。法改正はドグマ懐疑の実践を意味する。）

①刑法 199 条
（精神的な打撃によって，自殺に追い込む／追い込まれるような関係性など）
不作為による《殺人》をどう捉えるのか，どう考えるのか？　の問題

　↓

殺人であるとする考え方　　殺人とは認められないとする考え方

どちらの結論でも，199 条を前提にして解釈がなされる＝法教義学的思考

⇕

死刑は残虐であるからこれを規定する 199 条は，法として不適切であるとする考え方

②民法 4 条
→20 歳以上ではなく，18 歳以上を成人とするのが適切だとする見解
（平成 30 改正・令和 4.4.1 施行）

③民法 731 条
→男女で婚姻可能な年齢に違いが設けられているのは，男女平等の観点から条文自体が不適切だとする見解
何れも「18 歳」に（平成 30 改正・令和 4.4.1 施行）

④国民年金法 37 条
→夫が対象外となっているのは，男女平等の観点から条文自体が不適切だとする見解
「妻」が「配偶者」に（平成 24 改正・平成 26 施行）

⑤児童福祉法 38 条
→父子が対象外となっているのは，男女平等の観点から条文自体が不適切だとする見解

能は立法事実の把握にも関係してくる。前者はドグマ堅持・ドグマ化，後者はドグマ懐疑・非ドグマ化と結び付いているのである（**【板書4】**参照）。

ちなみに，法システムが現代社会に対して果たしている機能に着目した場合，「規範的機能」と「社会的機能」という区別が可能である。法哲学者である田中成明が「人びとが一定の行為を行ったり差し控えたりする理由を指図することによって，人びとの行動の指針・評価規準となるところ」に法の規範的特質を見出しているように，法には規範的機能と呼べるものがあるが，「法がもつ社会的効果」の観点からも，社会統制，活動促進，紛争解決，資源配分などの

【板書 4】

{ 法教義学的思考—社会的機能—ドグマ堅持・ドグマ化の方向
法探究学的思考—認識的機能—ドグマ懐疑・非ドグマ化の方向

【板書 5】

法教義学的思考に基づく議論が行われる対話空間 → 〈法廷〉
法教義学的思考における教義（ドグマ） → 制定法規範（実定法）

各種の社会的機能が指摘されている[7]。フィーヴェクと田中の何れにおいても社会的機能ということがいわれているように，これは思考にとっても法の作動においても中心的な機能である。

〈法廷〉というコミュニケーション空間

さて，このドグマ堅持・ドグマ化の方向を前提にした議論が行われる対話空間を小畑に倣い〈法廷〉[8]と表記しておこう（**【板書 5】**参照）。もちろん，ここでのドグマは制定法規範，すなわち実定法である。これが大前提とされることで，法的安定性・予測可能性が高まる。なお，「法的安定性」という語には多様な意味が含められているが，ここでは実定法の内容の実現が円滑であるような状態を考えておくとよいだろう。予測可能性と並べて表記したように，法による予測可能性が確保されるという意味に用いられることが多い。一方，ドグマ懐疑・非ドグマ化の方向での議論は，様々な解釈の中で現代の社会状況や立法者の意思などに鑑み，それとの関連でドグマが適切なのかどうかを問い直す。これらにより，ドグマ化と非ドグマ化の不断の相互作用を促すことが重要となるのであるが，二つの思考の相互作用というのは，どこかで聞いたような気がする。弁証法である。弁証法は相互作用によって，より高次の状態へと至る方法

---

7) 田中成明『現代法理学』（有斐閣，2011年）44, 71-72頁参照。
8) 小畑が「対話空間として理念型的に理解された法廷」を表記するために用いたもの。小畑「第4章　裁判のレトリック論的位相」（前出注6）112頁参照。

【板書6】
〈法廷Ⅰ〉……ドグマの空間
〈法廷Ⅱ〉……より許容度の大きい空間

である。そこには，話し手と聞き手の，しかも自己否定の可能性を有する彼らの真実性の一致を目指す相互作用，すなわちコミュニケーションがあった。

〈法廷〉においても同様に，相互作用を促すことで，〈法廷〉における対話的合理性を目指すことが重要になってくるのである。その場合も，話し手と聞き手は双方が自己否定の可能性をもたなければならない。〈法廷〉における「話し手」と「聞き手」のあいだの自己否定の契機は，互換性・役割の交替性ということで担保されている。すなわち，この空間に構造的に組み込まれている。ただし，それは構造的にであるがゆえに形式的であるから，それを実質的なものにしていかねばならない。リアルな自己否定でなければ，真実性の一致は見られなかったように，立場の互換性・役割の交替性がリアルでなければ，対話的合理性が実現することはないであろう。

対話的合理性とその基準

対話的合理性とは，田中によれば，「実践的問題をめぐる規範的言明の正当化に関する基準であり，その基本的な特徴は，基礎的な背景的合意に依拠しつつ公正な手続に従った討議・対話などの議論を通じて形成された理性的な合意を合理性・正当性識別の核心的基準とすることである[9)]」と説示されている。この対話的合理性の条件を明らかにするために，レトリックの三要素である話し手，聞き手，メッセージに着目し，〈法廷〉を平面的でなく空間的に分析する必要がある。そこで，ここでも小畑に従い〈法廷〉を分節化し，〈法廷Ⅰ〉と〈法廷Ⅱ〉というかたちで表記することにする[10)]（**【板書6】**参照）。ただし，具体的な条件の検討作業はあらためて行う。対話的合理性ということについて，もう少し理解を深めておくことが先決である。

---

9)　田中成明『法理学講義』（有斐閣，1994年）42頁，田中『現代法理学』（前出注7）52頁も参照。
10)　小畑「第4章　裁判のレトリック論的位相」（前出注6）130-131頁参照。

さて，田中によれば，この対話的合理性基準は合意・議論・手続という三幅対の法的観点からなる。[11] 彼の目的は，そうした対話的合理性基準の制度化である法システムの構築にある。彼の考え方の根底には実践哲学の復権への意志があり，その考え方は，ペレルマンや日常言語学派の言語哲学，ドイツの社会哲学者J. ハーバーマス（Jürgen Habermas 1929- ）やアメリカの哲学者J. ロールズ（John Rawls 1921-2002）らの思想を背景としている（ロールズについては特に第9講参照）。ペレルマンと日常言語学派については，前に多少言及した。この合理性基準においては合意が重視されるが，それは重層化している。背景的合意（背景的コンセンサス）と理性的合意である。前者は常識や社会通念として，何らかのかたちで現実に存在するものである。一方，後者は目標として目指されるべきものであるが，そのためには理想的な議論状況を考えないといけない。彼は，ハーバーマスやロールズの考え方にふれつつ，この存立条件を考えている。「原理整合性」や「普遍化可能性」といった合意の内容にかかわる要件と共に，議論手続の重要性も説かれる。議論の主体となる人間像は，いわば近代的な人間像である。そして，議論の空間は彼らのあいだでの共通の前提の下に構成されたものである。そうでなければ，合意に至らないからである。こういった条件の整えられた議論の空間で，議論参加者のあいだで一般的に受け入れられている原理・信念・判断などに関して，理性的な合意の形成が目指される。大雑把にいえば，このようなイメージである。以上のような条件下において，レトリックを活用することが示唆されている。ペレルマンらのレトリック論はここに関係してくるだろう。

共通感覚という論点

小畑によれば，こうした田中の合意理論は「トポスとしてのトピカ」重視の立場である。これは「トポスとしてのクリティカ」を重視する小畑の立場と対立する。その根底には，日本社会に対する彼らの見方の違いがある。日本社会が同質的であるのかどうか。この違いは合意ということを考える上で，大きな

11） 田中『法理学講義』（前出注9）213頁，田中『現代法理学』（前出注7）363頁も参照。以下の対話的合理性基準に関する説明も，同『法理学講義』（前出注9）213頁以下，同『現代法理学』（前出注7）362頁以下による。

【板書7】
「政教分離」に関する問題：地鎮祭　→　習俗的行為か宗教的行為か
「宗教的少数者の権利尊重」＝基本的人権
最高裁　→　「社会通念」を考慮

差となってくるのではないだろうか。極端にいえば，つまりは次のようなことである。「空気を読む」といわれることがあるが，これは一定の場の雰囲気を読み取ること，それに気付くことである。「そんなことは，いわなくてもわかる」とか，あるいは「以心伝心」とかいわれるのも，そういう空気を前提にできると考えるからである。つまり，それは同質性が高い社会であると認識していることになる。いい換えれば，共通感覚が前提とされている。だから，「そんな堅いことをいわなくても，いいじゃないか」と同調を求められるということになる。前回見たのはそういうことだった。例えば，紹介しておいた事例でいうと津地鎮祭事件[12)]における最高裁判決がそうである。憲法上の論点を実質的に支配するものとして「社会通念」を使用するならば，新しいレトリック論で示されたような，多数者である話し手は相手の意見を聴き得る者ではあり得ず，したがって，聞き手に対する自己否定の可能性を有する者ではなくなっている（**【板書7】**参照）。ちなみに，宗教的行為であるとした名古屋高裁（名古屋高判昭46・5・14行集22巻5号680頁）も，習俗的行為との区別の基準の一つに行為の普遍性の有無を示しているが，その普遍性の程度については，一般人に違和感なく受容されるものとしている[13)]。

だから，彼らの違いはそういう共通感覚が前提とされているかどうかである[14)]。

12)　この事例については，日比野勤「神道式地鎮祭と政教分離の原則――津地鎮祭事件」芦部信喜／高橋和之／長谷部恭男編『別冊ジュリスト　憲法判例百選Ⅰ〔第4版〕』（有斐閣，2000年）98-99頁参照。

13)　区別の三基準を含めこの内容については，日比野「神道式地鎮祭と政教分離の原則」（前出注12）98頁参照。

14)　この点に関連した議論としては，今井弘道「反省・主体・権利――現代法哲学の課題と法思想史――」ホセ・ヨンパルト／三島淑臣編集『法の理論11』（成文堂，1991年）217頁参照。C. シュミット（Carl Schmitt 1888-1985）とH. ヘラー（Hermann Heller 1891-1933）（およびJ. オルテガ・イ・ガセット（José Ortega y Gasset 1883-1955））の政治に対するスタンスの差異も，まさに同質性を所与的なものと見るのか，市民的空間において形成されるものと見るのかという同質

合意の可能性を高めようとすれば，共通感覚を受容するものが増えればよいということになるであろう。逆に共通感覚が減少すればそれに伴って，合意の可能性も減少する。したがって，この問題はリベラリズムとコミュニタリアニズムの論争にも少なからず関連しているのである。

〈法廷〉が前提とする人間像

ところで，こうした見方の違いから来る合意の可能性の差異，とりわけ合意の可能性が低くなる場合，それでよいのだろうか。よい。（ルーマンならそう答えるかもしれない。実際，田中は手続を重視するルーマンのアプローチがそういう悲観的立場であることを指摘し，自分との違いを明確にしている。[15]）そう答えてもいいはずである。なぜなら，法の中心は裁定であるからである。冒頭でも見たように，法的思考の中心は司法的裁定に関する思考様式であった。こういってしまうと，また身も蓋もないが，相当程度関係がこじれているから〈法廷〉という空間に話者がいるのではないか。そもそもこの空間で合意などできるのか。合意ができないことを前提にすれば，そこで下される裁定がどんなものであるかが重要である。その判断が中立的であることが重要である。この考え方は，法的コミュニケーション空間を当事者を中心に考えるのか，裁定者を中心に考えるのかの違いでもある。何れに軸足をおいて議論を組み立てるのか。非常に興味深い。中心に据えようとするならば，その主体にはある程度の，というかかなりの能力が求められる。そうでなければ，そのシステムは成り立たない。当事者主義でも職権主義でも同じである。そこでの主体は「強い」人間像[16]が前提とされる

性についての認識の違いと同一線上にある。

15） 田中『現代法理学』（前出注7）285，325頁参照。

16） 樋口陽一によれば，「強い個人が自分の意思で生き自分で責任をひきうけるという，硬質な生き方を要求する」のが，西洋近代の理念を反映した主体像である。樋口陽一『憲法と国家――同時代を問う――』（岩波書店，1999年）103頁参照。この講義では，このような人間像を「強い」，そうでない人間像を「弱い」と表記しておこう。もっとも，彼も西洋近代の理念を反映したこのような主体像＝「強い個人」という擬制モデルが，フィクションである以上，実在する生身の人間と乖離していることを認めている。樋口陽一『国法学　人権原論［補訂］』（有斐閣，2007年）54頁参照。その上で，彼が擬制しているのが「強者であろうとする弱者」という『権利のための闘争』のイェーリング的な人間像である。同書69頁参照。一方で，樋口らが「強い個人」という場合の「強い」（ないし「弱い」）ではなく「個人」という言葉の側に注目し，「人間」と「個人」の区別の重要性を指摘する中村浩爾も，「人間」と「個人」の何れの場合にも「抑制の利いた理想的」な強さが前提にされていることが多いとしている。中村浩爾「第5章　個人の尊厳

【板書8】
手続的正義……決定に至るまでの手続の正しさを判定するための正義原理
手続的正義が要請する要件
①当事者の対等化と公正な機会の保障
②第三者の公平性・中立性
③理由付けを伴う議論と決定

だろう。そもそも，西洋由来のこのコミュニケーション空間はそうした性格をもった空間であることを認識する必要がある。しかし，現実の人間は凡夫である。どうすればよいのか。そこで出てくるのが啓蒙である。リベラルな立場であってもそうでなくても，何れも啓蒙ということを説く。ついには，素人は裁定者の位置にまで来てしまった。そういうシステムをつくり上げたのである。こういうシステムに心理的抵抗があるのは，われわれが凡夫であることを自覚しているからであろう。啓蒙が「強い」人間を創出するという方向でなく，「弱い」人間であることを自覚するという方向――すなわち，それは他者も皆「弱い」存在であると考える方向でもあるが――でなされるのなら，それは結構なことだと思われる。

合意と手続

最後に，手続ということについて若干補足しておきたい。すでに言及してきたところからも窺えるように，手続という研究テーマには多くの論者の注目が集まっている。なぜなのか。その理由は，合意が困難であるからである。合意がいかに困難であるのかについて，認識しているからなのである。そもそも，この議論はそれが大前提だった。つまり，価値相対主義から脱却しようとする方向で出てきた主張なのである。

手続的正義[17]（**【板書8】**参照）の固有の価値を最大に考えるルーマンとは違って，

の法思想史的定位」竹下賢／角田猛之編『恒藤恭の学問風景――その法思想の全体像――』（法律文化社，1999年）120-121頁参照。

17）濱真一郎「正義観念の多様性 (2)：手続的正義と実質的正義の適切な関係」深田三徳／濱真一郎編著『よくわかる法哲学・法思想〔第2版〕』（ミネルヴァ書房，2015年）98-99頁参照。亀本洋「第3章　法的正義の求めるもの」平野仁彦／亀本洋／服部高宏『法哲学』（有斐閣，2002年）97

田中は「手続のみ」という立場は取らないが，しかし，前述のように，これが対話的合理性基準の一角を占めている点でその意味は大きい。ハーバーマスからは語用論を重視[18]する姿勢を，ロールズからは「反省的均衡reflective equilibrium[19]」に至るための試行錯誤の姿勢を見出している[20]。

ロールズの正義論の正当化手続においては，合意的側面と整合的側面の重層構造が採用されており，反省的均衡とは原初状態で選択される原理とわれわれの熟慮された判断との整合性の確保のことであるが，そのためにはわれわれには高い能力が必要になるだろう。反省的均衡を原初状態のような仮想レヴェルで考えるならば，われわれには相当の想像力が求められることになる。その場合，前提となっている人間像が「強い」人間像であると考えられる。果たして，凡夫であるわれわれにはそんなことが可能であろうか。要求されているレヴェルが高すぎないか。前提となる人間像を「弱い」人間像として考えてみよう。もし，そうであるならば，したがって，反省的均衡を現実レヴェルで捉えることになる。そうするとどうなるだろう。その場合，高い想像力をもたない凡夫である人間が，均衡点を見出すための熟慮を行うには，具体的な他者の存在と彼らとのコミュニケーションなくしてあり得ない。特に「広い反省的均衡」を求めようとするならば，より一層そうである。だから，ロールズの正義論の正当化手続においても，やはり具体的なコミュニケーションの存在は重要になってくる。要するに，何れの場合にも，具体的なコミュニケーションの中からそれを導く，あるいは導かれてくるという考え方を基本的なところに位置付けて

頁以下参照。

18) 「コミュニケーション的合理性」については，Jürgen Habermas, *Theorie des kommunikativen Handelns*, 3. durchgesehene Aufl., Bd. 1 (Frankfurt am Main: Suhrkamp Verlag, 1985), S. 25ff. (河上倫逸／M. フーブリヒト／平井俊彦訳『コミュニケイション的行為の理論（上）』(未來社，1985年) 30頁以下) 参照。ハーバーマスの語用論においては，諒解達成の志向と発語内行為が，戦略的な目的達成の志向と発語媒介行為が，それぞれ結び付けられている。佐藤慶幸『ウェーバーからハバーマスへ――アソシエーションの地平』(世界書院，1986年) 40-41頁参照。ハーバーマスの「コミュニケーション行為 (Kommunikatives Handeln)」という言葉の使い方においての問題は，同書113頁参照。

19) John Rawls, *Justice as Fairness: A Restatement*, edited by Erin Kelly (Cambridge, Mass. and London: The Belknap Press of Harvard University Press, 2001), pp. 29-32 (田中成明／亀本洋／平井亮輔訳『公正としての正義　再説』(岩波書店，2020年) 56-62頁) 参照。

20) 田中『現代法理学』(前出注7) 362頁以下参照。なお，ロールズについては，中山竜一『二十世紀の法思想』(岩波書店，2000年) 102頁以下参照。

考えざるを得ない。このように，コミュニケーション，すなわち相互作用の中から何かが生み出されるという様相については，小畑だけでなく，（ハーバーマスやロールズを踏まえた）田中においても注目ないし議論の基礎とされているのである。もちろん，コミュニケーションの主体となる人間像については，各論者のあいだでかなりの開きが見られるのであるが。

ちなみに，ハーバーマスからすれば，価値が多元化する現代社会においてロールズの手続に対する考え方は十分ではないということになるが，ルーマンからすればハーバーマスもまだ徹底されていないということになるだろう。しかし，ルーマンのように徹底的に形式化したとしても，その形式が受け入れられなければ同じことである。皆に受容されるために形式化したとしても，その形式に必ずしも満足するとは限らないからである。だから，手続にかかわる正義，手続的正義においては手続の形式性についても考えなければならない。この手続という形式は社会的であるゆえに，ここにも「形式化のパラドクス」がある。

第5講　〈法廷〉におけるコミュニケーション的合理性

本講の目的　「参加テーゼ」や「AEAP原則」を中心に〈法廷〉におけるコミュニケーション的合理性の条件について学ぶ。

法の道徳

前回の講義では，その後半において対話的合理性を中心に見ていった。そこでは，合意を獲得するために手続というものに着目する複数の学者（小畑，ロールズ，ハーバーマス，田中ら）の考え方にふれた。もちろん，それらはほんの一部でしかない。また，合意といってもロールズとハーバーマスの場合，必ずしも小畑や田中のように法的な次元に限定したかたちで述べているわけではない。あくまで，田中が彼らのアイデアを踏まえていることに重点を置いてお話しした。

今回見ていくのは，まずはアメリカの法哲学者L. L. フラー（Lon Luvois Fuller 1902-1978）の議論である[1)]。フラーは，先に見たような論者とは異なる視点から手続に着目している。法が法であるためのそういう視点である。法が法であるためには合法性をもたなければならない。といわれても，当たり前というか，自己言及的な説明である。よくわからない。では，こういってみてはどうか。法が法であるためには道徳的でなければならないと。前に見たように，そうでなければ悪法も法ということになる。ただし，われわれが想像するところの一般的な道徳ではない。法特有の道徳である。これが合法性である。なるほど，これなら少し意味はわかる。でも，道徳的かどうかはどうやって判断す

1)　フラーの人物像や業績等については，中山竜一「第10章　戦後の法理論」中山竜一／浅野有紀／松島裕一／近藤圭介『法思想史』（有斐閣，2019年）226頁以下が詳しい。以下のフラーの法理論については，Lon L. Fuller, *The Morality of Law*, revised edition (New Haven and London: Yale University Press, 1969)（稲垣良典訳『法と道徳』（有斐閣，1968年））による。

【板書1】

法の内在道徳（フラー）

①法の一般性……皆に適用されなければならない
②法の公布……人びとに周知されなければならない
③法の非遡及性……遡って適用されてはならない
④法の明晰性……理解できる表現でなければならない
⑤法の無矛盾性……他の法律とのあいだで矛盾があってはならない
⑥法の恒常性……むやみに変更されてはならない
⑦法の遵守可能性……一般人が守ることが可能なものでなければならない
⑧公権力の行動と法律の合致……法律のとおりに公権力は行動しなければならない

るのだろうか。それは，ある条件を満たすことである。では，その条件とは何か。こうした観点から，彼は法を法たらしめる条件としての手続を捉える。つまり，法であるための八つの手続的要請である（**【板書1】**参照）。この条件は法の内在道徳と呼ばれる。これらの条件に一つでも満たない法は「法」ではない。この手続に従ったものだけが「法」であって，実定法の内容・運用が手続的正義・形式的正義の観点から見て正しいことが要請されている[2)]。法的安定性と形式的正義に関係しているから，法に内在しているといえるのである。なお，形式的正義とは「等しきものは等しく，等しからざるものは等しからざるように扱え」ということを要請する正義である。

法哲学者フラーは一方で契約法学者でもあるから，こうした独自の手続に対する観点をもち得たのかもしれない。ちなみに，「約因と方式」という論文に見られるように，フラーも一定の方式を備えた合意における方式のもつ機能，すなわち手続の機能を重視している[3)]。彼については今回のテーマとの関連で，また後で言及することになる。

2） 服部高宏「第2章　法システム」平野仁彦／亀本洋／服部高宏『法哲学』（有斐閣，2002年）38頁参照。

3） Lon L. Fuller, 'Consideration and Form', in *Columbia Law Review*, vol. 41 (1941), p. 799. フラーの約因論については，この論文を踏まえた太田知行による解説がある。太田知行「契約の成立」長尾龍一／田中成明編『現代法哲学3　実定法の基礎理論』（東京大学出版会，1983年）参照。

【板書2】

〈法廷〉の区別
- 空間レヴェル：どのような種類のコミュニケーションが行われるのかに着目
- 時間レヴェル：訴訟の流れの中で現われるコミュニケーションの具体的な場面に着目

〈法廷〉の局面とその区別

前回の講義で定義しておいたように，法教義学的思考がなされるコミュニケーション空間をいうときは〈法廷Ⅰ〉，法探究学的思考がなされるコミュニケーション空間をいうときは〈法廷Ⅱ〉，両方を意味する場合には〈法廷〉ということを再確認しておこう。小畑によるこれらの区別は，どのような種類のコミュニケーションが行われるかに着目したものであった。すなわち，〈法廷〉をコミュニケーション空間のレヴェルで区別するものということができる。今回は，〈法廷〉の時間レヴェル，すなわち訴訟の流れの中で現われるコミュニケーションの具体的な場面に着目することになる（**【板書2】**参照）。

ここでも鍵となるのは，ペレルマンのレトリック論である。レトリックは，単に比喩などの文章技巧の研究ではなく，かつては聞き手の説得を目的とする機能的な言説技術として実践哲学と結び付いていたが，彼は古代レトリックのそうした側面を再発見した人物の一人でもある。議論という具体的状況から切り離されることによってレトリックの動的な役割は見失われていったが，それらがアリストテレスらの古代レトリック研究では非常に重視されていたことに彼は驚いたのである。そのアリストテレスが弁論の構成要素として掲げていたのは，話し手，テーマ，聞き手であり，これがレトリックの基本的な三要素でもあったことはすでに述べたとおりである（第3講参照）。今われわれの場合には，〈法廷〉というコミュニケーション空間が設定され，法についてのテーマということがすでに前提となったので，以下ではテーマという部分を「メッセージ」というかたちに置き換えて話を進めることにしよう。そのペレルマンによれば，説得の対象たる聴衆，すなわち「聞き手」は両義的な概念ということ

【板書3】

〈法廷〉の第一局面＝当事者が「話し手」:「法廷弁論の過程」

〈法廷〉の第二局面＝裁判官が「話し手」:「判決言渡しの過程」

		時間レヴェル	
		第一局面	第二局面
空間レヴェル	〈法廷Ⅰ〉		
	〈法廷Ⅱ〉		

である。一体どういう意味なのか。それは「特定の人々からなる具体的な集団」であり，「言論による説得のための可能性の条件」でもあるということである。聴衆に着目するならば，そういうふうに捉えることができるのだと考えたのである。

ならば今度は，われわれの側は「話し手」に着目してみよう。すると，誰が「話し手」になるかで，〈法廷〉の場面（局面）を大きく二つに区別することができることに気付く。まずは，当事者が「話し手」であるとき，つまり，それは「法廷弁論の過程」であるが，これを〈法廷〉の第一局面とする。次に，裁判官が「話し手」であるとき，つまり，それは「判決言渡しの過程」であるが，これを〈法廷〉の第二局面とする。これらによって形式上，〈法廷〉という理念型的な時空は，2×2の四つの組み合わせパターンとして考えることができる（**【板書3】**参照）。なお，実際に判例を検討する際にもこれを用いることで，どのような種類のコミュニケーションであるのかがイメージしやすくなるだろう。

参加テーゼ

フラーが「法」と考えるもの（法の条件）については冒頭で確認しておいたが，〈法廷〉，とりわけ法廷弁論の過程（第一局面）を考える上では，フラーの考える「参加テーゼ」が非常に重要である[4]（**【板書4】**参照）。これも形式的正義・手続的

4）Lon L. Fuller, 'The Forms and Limits of Adjudication', in Lon L. Fuller, *The Principles of Social Order: selected essays of Lon L. Fuller*, edited, with an introduction by Kenneth I. Winston（Durham, N. C.: Duke University Press, 1981）, p. 96参照。以下の参加テーゼに関す

【板書4】

参加テーゼ……〈法廷〉に参加する機会および訴訟当事者の対等な立場と主体的・能動的なコミュニケーションの保障

正義の観点から考えられた。この参加テーゼは，当事者主義的な訴訟手続を念頭に置いたものであるが，これによると「話し手」である双方の訴訟当事者は，原則的に対等な立場から様々な証拠や理由付けられた論拠を，自己に有利な決定を得るために「聞き手」である裁判官に提示していくことになる。つまり，〈法廷〉を主体的かつ能動的に法的コミュニケーションを行う「場」として捉え，そこに参加する機会を手続的に保障するというものである。法的なコミュニケーション空間に，こういう前提がなければならないことは，よくわかるだろう。ちなみに，主体的・能動的に主張することが必要であるから，この空間の性格は，真実発見という客観的側面よりも，むしろ論争的・闘争的である[5)]。闘争に際して使用する武器を同じにするというイメージである。

二つの局面における話し手と聞き手

この点に留意しつつ，第一局面を見てみよう（**【板書5】**参照）。「話し手」であるS_1（S_2）のメッセージは，他方の訴訟当事者S_2（S_1）に向けられている。参加テーゼによれば，そうであった。ただし，アピールが必要な「聞き手」はA_1である。と同時に，少なくともA_2～A_4の「聞き手」のうちの誰かを説得できなければ「聞き手」である裁判官A_1を説得することは難しい。このように具体的な「聞き手」を想定しつつ，訴訟当事者は自己の意見を主張しなければならない。その場合，もちろん第一義的には説得の対象となるのはA_1である。しかし，〈法廷Ⅰ〉レヴェルではなく〈法廷Ⅱ〉レヴェルの場合には，ドグマから離れた意見を主張することになるから，〈法廷〉外部にいる間接的な「聞き手」であるA_2～A_4に対するメッセージ性にも着目する必要があるのであり，

る議論については，小畑清剛『魂のゆくえ――〈人間〉を取り戻すための法哲学入門――』（ナカニシヤ出版，1997年）36頁による。

5)　民事訴訟法156条や157条における「攻撃又は防御」という言葉は，まさにそうした空間であることを象徴する。

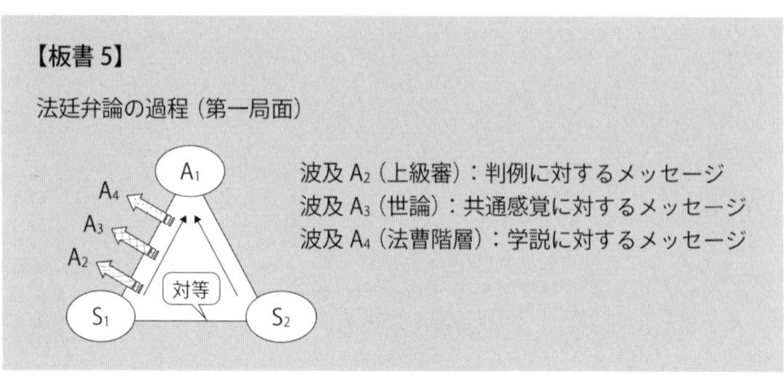

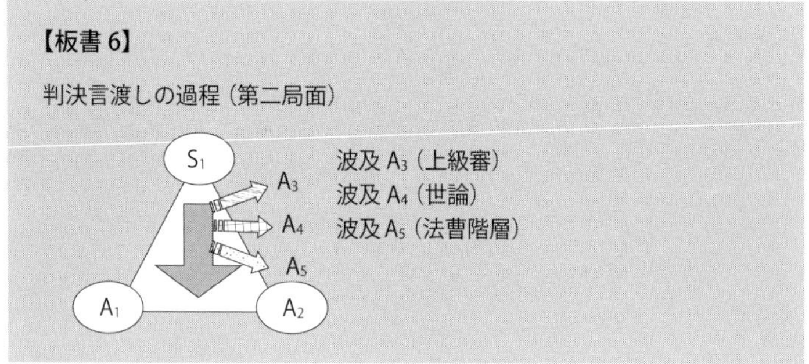

それが直接的な「聞き手」であるA_1にも大きく影響するのである。つまり，単なる一個人のパトス的主張ではなくロゴス的なもの（としても），すなわち普遍化可能なものとして現われる必要がある。

続いて，第二局面を見てみよう（**【板書6】**参照）。この局面では，「話し手」と「聞き手」が入れ替っている。今度は「話し手」である裁判官が「聞き手」である訴訟当事者A_1とA_2に向けて語る。S_1のメッセージは，A_1～A_5までの「聞き手」のうちの多くを説得することによって，一層合理的なものとなる。ここでも具体的な「聞き手」を想定する必要がある。特に，①敗訴者（A_1かA_2）と②上級審A_3を説得しなければ控訴になる。だから，ここでもS_1のメッセージは，単なる一個人の決断ではなく普遍化可能なものとして現われる必要がある。が，先ほどの訴訟当事者よりも，なお一層，普遍性の高いものであることが求められるのである。つまりは，「聞き手」の方も一般化・普遍化されたもの，すなわち「普遍的聴衆」[6]として想起されることに繋がってくる。この普遍的聴衆を説得するならば，そのメッセージは，一応，合理的なものといえるのではないだろうか。普遍的聴衆という文脈では，環境訴訟や公害訴訟などをイメージした方が，なお一層理解しやすいかもしれない。

AEAP原則とその解釈

ところで，ペレルマンは，もともと裁判官に対する要請であった「反対当事者の言い分も等しく聴くべし（*audiatur et altera pars*）」という原則[7]（以下AEAP原則と表記）を拡大するかたちで解釈し，哲学的な探究学的議論にも使えるようにした。〈法廷〉におけるレトリックの重要性に着目する小畑は，これを元の位置に戻す方向で再反転させ，法的コミュニケーション空間の分析に用いたのである（**【板書7】**参照）。要するに，〈法廷〉の第一局面で訴訟当事者（S_1，S_2）に対して平等に意見を聞くという要請が，変転を経て，〈法廷〉における「聞き手」と「話し手」の立場の交替というかたちに再構成されたのである。これは，〈法廷〉における対話的合理性実現のための手続保障原則となる。この点は手続的正義の制度化のイメージと重なる。

ただし，ここで思い出さなければならないのは，小畑が独自の新しいレトリック論を唱えていたということである。つまり，彼はペレルマン的にこの交替性を捉えてはいない。小畑の交替性には（三木のレトリック論と同じく）自己否定

---

6) ペレルマンの「普遍的聴衆（auditoire universel）」概念については，Chaïm Perelman/Lucie Olbrechts-Tyteca, *Traité de l'argumentation: la nouvelle rhétorique*, 4e éd. (Bruxelles: Editions de l'Université de Bruxelles, 1983), pp. 40-46. また，普遍的聴衆に訴え掛け，拠りどころとする必要性があることについて，Chaïm Perelman, *Droit, morale et philosophie*, 2e éd. revue et augm (Paris: Librairie générale de droit et de jurisprudence, 1976), p. 65.

7) Chaïm Perelman, *Logique juridique: Nouvelle rhétorique*, 2e éd. (Paris: Dalloz, 1979), p. 76（江口三角訳『法律家の論理――新しいレトリック――』（木鐸社，1986年）138頁）参照。ペレルマンによれば，これは法の一般原則である。法の一般原則とは，「何らの条文にも明示されていないけれども制定法のいくつかの規定となってあらわれている」ものである。したがって，「拡大的帰納（induction amplifiante）」により，それらの規定から導き出せ，法律に規定されていないケースに解決を与えることができるのであり，法律にその根拠を有しているものである。こうした傾向が強まるのは，ペレルマンによれば，第二次世界大戦とニュルンベルク裁判以降である。この考え方を援用すれば，明文規定がないことでナチス体制下でのドイツの指導者たちが裁判を免れるという問題を解決することができるが，ペレルマンは，こうしたニュルンベルク裁判を支配した「不文の一般法（un droit général）」という考え方にアリストテレスとの親縁性を指摘する。すなわち，「いずれの場所においても承認されていると考えられる不文の諸原則」の存在である。「反対当事者の言い分も等しく聴くべし」という原則は，このような人々が一致して尊重する一般原則の典型なのである。以上の点については，*ibid.*, p. 75（同訳書135-136頁）参照。

【板書 7】

もともとの AEAP 原則 ＝裁判官に対する要請
(〈法廷〉における対話的合理性実現のための手続保障原則 A)
↓
ペレルマンの AEAP 原則 ＝哲学者に対する要請
↓
小畑による AEAP 原則の再構成 ＝「聞き手」と「話し手」の立場の交替
(〈法廷〉における対話的合理性実現のための手続保障原則 B)

の契機が嵌入しているのである。つまりは，形式的ではなく実質的に立場の交替性がなければ駄目だということであった。ということは，この手続保障原則があるだけでは必ずしも十分ではないということである。では，どうすればよいのだろう。彼の解答は真実性を一致させること，これなのであった。真実性の一致という以外に，具体的に彼がどんなことを考えているのかはわからないが，これは，同時にわれわれにも問われている問題なのである。われわれは，どのようにこの点を理解すればよいのだろうか。この疑問に答えるために，もう少し話を進めておきたい。

前にも述べたが，哲学的空間ならばエポケー（判断の留保）という立場はあり得るが，〈法廷〉という空間ではそれは禁じられている。だから，ペレルマンは法の領域でのアイデアを哲学的領域にもっていったのだと思われる。それゆえに，単純にペレルマンを逆輸入しても全く意味はない。というか，根源に立ち返って元の意味を考えてみる必要がある。すなわち，具体的にどういう点に着目してペレルマンが法的な概念を援用しようとしたのかを，である。それがエポケーのためにということであれば，そもそももち出す必要はないだろう。やはり，哲学という世界の価値相対主義的議論の大海に何らかの陸地（洲）を発見したいからである。この点でいえば，前回の講義で見た学者たちと足並みは揃っている。ペレルマンの思考を追えば，法の領域に何かしらのヒントがあると思われる。

【板書8】

交替性の二つのレヴェル

第一局面	→	役割の交替1（原告↔被告） フラーの「参加テーゼ」＝形式的（手続的）にS_1，S_2が対等に自己の意見を主張
第二局面	→	役割の交替2（訴訟当事者↔裁判官） 第一局面の「聞き手」であった裁判官が「話し手」

交替性の二段階

〈法廷〉におけるコミュニケーション（レトリックによって主張される教義学上の意見の合理性・真実性に関する言説）は，コミュニケーションの「場」と関係するものであるが，場の強い影響力の源泉は複数の「聞き手」の存在によるのであった。ここにどのような「聞き手」（あるいは「話し手」）がいるのかという観点は非常に重要であることはわかったが，ここまで来て，何か気が付かないだろうか。〈法廷〉の二つの局面をよく見ると，「話し手」と「聞き手」の立場の交替性が二重になっている。二段階になっている。第一局面の内部でのS_1とS_2のあいだでの交替性と局面の遷移によるSとAのあいだでの交替性である（**【板書8】**参照）。

第一局面に着目すると，そこでは「話し手」は，フラーの参加テーゼにより形式的（手続的）にS_1，S_2（原告↔被告）というかたちで対等に自己の主張ができる。つまり，通常の（裁判ではない）対決であれば，例えば大企業と個人とでは勝負にならないのであるが，ここでは武器は同じである。攻撃と防御という役割の交替が同等に保障されているのである。

次に，第二局面に着目すると，第一局面で「聞き手」であった裁判官は「話し手」となる。ここにも役割の交替がある（訴訟当事者↔裁判官）。これを今，「AEAP原則の重層化」と呼んでおこう。ペレルマンは法の領域におけるAEAP原則，すなわち狭義のAEAP原則をコミュニケーション一般の話として拡大援用し，広義のAEAP原則とした。いわばその範囲を横方向に広げたのである。一方，われわれが「重層化」と名付けた法の領域におけるAEAP原則の方は，縦方向にその範囲を拡大していることに注目するものであった。

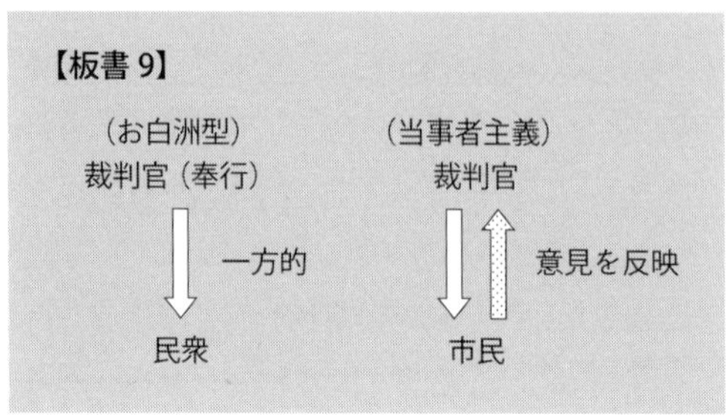

実は，法の領域と一般の領域，あるいは法の領域と哲学の領域といってもよいが，これがこの二つの決定的な差である。このことは，最後に関係してくるので覚えておいてもらいたい。

交替性のない裁判

ところで，裁判が当事者主義であることは，現代のわれわれにとっては当たり前になっているように思われるのであるが，かつては，もちろんそうではなかった。江戸時代の町奉行の奉行所をイメージすれば，そのことはすぐわかるだろう（**【板書9】**参照）。もっとも，奉行が登場するのは大体形式的なときだけで，実際の審理や判決案の作成は専門の役人がやっていた。その時代の〈法廷〉に該当するのが「お白洲」である。白い砂が敷き詰めてあるのでそのように呼ばれるが，穢れを封じるためにそうしてある。能の舞台でも観覧席とのあいだにそうした空間が設けてある。この江戸時代の裁判，いわば「お白洲型」[8]の裁判では，役割の交替性は期待できない。そういうシステムではない。刑事裁判に当たる吟味筋[9]は，裁判官（と検察官が同じであるから彼）が基本的に訴訟の

8）戒能通孝『法廷技術』は，日本の裁判所の立場が「お白洲的」なものへと陥らないように説得と論証の場としての法廷を構築するために，そうした技術の必要性を説くものである。法廷を闘う場所として位置付け，闘うための技術を発達させることが重要であり，裁かれる場所として位置付け，裁かれる技術を発達させてきた旧来の日本の法廷のあり方を批判している。戒能通孝『法廷技術』（岩波書店，1952年）138-139頁参照。

9）吟味筋と出入筋については，谷口眞子「第2部第2章　法と礼の整備と可視化される秩序」高谷知佳／小石川裕介編著『日本法史から何がみえるか　法と秩序の歴史を学ぶ』（有斐閣，2018年）128-129頁，および丸本由美子「第2部第3章　近世社会と法」高谷知佳／小石川裕介編著『日本法史から何がみえるか　法と秩序の歴史を学ぶ』（有斐閣，2018年）158頁以下参照。神保文夫「第1部第4編　幕藩法　第7章　裁判制度」浅古弘／伊藤孝夫／植田信廣／神保文夫編

主体である。私的紛争に関する裁判である出入筋でも，一応は当事者主義的ではあるが，民事訴訟は為政者の恩恵的行為と考えられている。仮に対決を認めてくれたとしても，それが対等である保障はなく，〈法廷〉外の力の差が，ほぼそのまま反映してしまうだろう。第一局面での対等な当事者同士の対決がない裁判である。つまり，対等に意見を闘わせる「場」がない。

では，中世にまで遡ってはどうか。荘園や領地をめぐって，多くの訴訟が提起され処理されていたのではないか。そこでは対立する両者の意見が闘わされたのではないか。なるほど，たしかにそうかもしれない。専門家もそこに当事者主義を認めている[10)]。ただし，武士たちは，われわれと違って実力行使で反対できる。だから，これも全然違う。ちなみに，西洋には自力救済を裁判の場において実力で行うという「決闘裁判[11)]」というのがあった。彼らの権利意識が高いのは，自己の権利を守るために自ら戦うという信念が伝統的にあり，法制度もそうした信念の表れなのである[12)]。人権の保障という近代的な意味合い以前に，そうした伝統的系がある。

法システムと不満の扱い

なぜ，こんな話をしたかというと，役割の交替性の重層化という特徴が，われわれの現代社会にあることを強調するためである。また，普遍的聴衆という存在を意識してもらうためである。たしかに，お白洲型でも〈法廷〉の外部の「聞き手」が意識されることがあるかもしれないが，それはいわば見せしめのためである。普遍的聴衆ではなく，人民に直接向けられている。普遍的聴衆を説得した上での，すなわち合理化された上でのメッセージではない。端的にいえば，それは命令である。

『日本法制史』（青林書院，2010年）223頁参照。

10）佐藤雄基「第1部第3章　中世の法典――御成敗式目と分国法」高谷知佳／小石川裕介編著『日本法史から何がみえるか　法と秩序の歴史を学ぶ』（有斐閣，2018年）49頁，および西村安博「第1部第2編　鎌倉・室町期の法　第5章　裁判制度」浅古弘／伊藤孝夫／植田信廣／神保文夫編『日本法制史』（青林書院，2010年）127頁参照。

11）山内進「第7章　中世法の理念と現実」勝田有恒／森征一／山内進編著『概説　西洋法制史』（ミネルヴァ書房，2004年）101-102頁参照。

12）山内進「プロローグ　ヨーロッパ法の時空」勝田有恒／森征一／山内進編著『概説　西洋法制史』（ミネルヴァ書房，2004年）4頁参照。

漸くここまで来たが，何かに気が付かないだろうか。教養学的思考と探究学的思考，〈法廷Ⅰ〉と〈法廷Ⅱ〉，背景的合意と理性的合意，（ついでにいえば，ロールズの二段階，）これらはすべて段階的，重層的構造（立体的）をしている。小畑＝三木のレトリック論も弁証法で立体的である。三審制という審級の空間も段階的＝立体的である。ケルゼンの法段階説も立体的である。法の領域におけるコミュニケーション空間にかかわってくる共通項は何だろうか。ここが突破口である。それは，「空」を許す構造ではないか。おまけに「聞き手」にまで「空」的な存在，すなわち，普遍的聴衆を擁している。ここには「他でもあり得るという」可能性をシステムに組み込むこと，そういう意味がある。これがあれば，決定＝結果に満足しなくても希望が残る。逆に，「なぜ，他の選択肢があったのに……」と不満が残るかもしれないが，その意味を逆説的に考えなければならない。不満が出てくるということは，絶望していないということである。端から諦めているならば，（ここでいう）不満は出てこない。不満とは「他の可能性があったのに」とリアルに思えることである。お白洲型ではそんなことはあり得ない。文句はいうかもしれないが，諦めている。

一方，現代の裁判ではそれが可能である。（現代の）当事者主義では，それがより一層可能である。「ひょっとして戦略がまずかったのではないか」と思うことが，あるいは，そのように思わせることができるからである。よく考えれば，手続的正義そのものに内在する価値は，不満があっても納得させることができるという点にあった。「ちゃんと手続に乗っかったでしょう？　ならば……」と。不満を納得に変換する機能である。つまり，不満を満足へとまではいかないが，少なくともそれを減少させるために満足の方向へと動かそうとするものである。今度は別の角度，逆の方向から不満にアプローチするのである。不満が残るように，である。いい換えれば，希望が残るように，である。一方向からだけだと，それが諦めになる。しかし，諦めなければならないとしても希望は残したい。残さなければならない。そうしないと法システムは崩壊する。だから，これもある意味で弁証法的であるが，不満に対し両方の方向からアプローチする必要があるのである。これは，いわば凡夫性を踏まえた弁証法である。（私の考えは，厳密には凡夫性を踏まえたレンマ論に近いものであるが，議論が細かくなりすぎるので，ここでは一応このように示しておきたい。）

単一のシステムで，あるいは法の領域だけで何かができると考えれば，おそらくそれは傲慢である。これは法システム万能主義である。凡夫一人で何かできると考えれば，もはやそれは不遜である。これは倫理的な独我論（ソリプシズム）である。凡夫らしく凡夫性を自覚したところから考えるならば，これと同じく，手続保障のシステムについても法の領域だけで考えないところからスタートしなければならない。ただし，諦めの境地に至らないようにである。これを両立させる必要がある。こうした考え方は，別に珍しいものではない。不満を単一のシステムで扱わないルーマンも，また同じ方向にある。法学者においても少なからず誤解されているが，彼が「手続のみ」としているのは，それは他のシステムの存在を前提にしているからである。当該法システムですべてが処理できるとは思っていないからである。いわば，システムにも凡夫性があると捉えているのであり，システム論はシステムの高い能力を主張したいのではなく，むしろ逆である。システムは弱い。単一のシステムで解決しようとはせず，他のシステムへと問題を逸らしていき，社会システム全体で受けようとしているのである。そういう考え方を取っている。これは，凡夫性を社会レヴェルにまで拡大した見方であろう。少なくとも，私はそう見ている。

普遍的聴衆の説得と「空」の充填

そもそも希望や不満が発生するのは，われわれが各人の普遍的聴衆をもっているというか，イメージしているからである。この創出意欲をどう保持するかが鍵となる。この意欲が保持されなければ，絶望へと至ってしまうであろう。これは手続保障という制度レヴェルだけではなく，ある意味，心理レヴェルにおける条件も考えないといけないということである。ロゴス面とパトス面の両方での準備が必要となる。小畑の示した真実性の一致は，そうした面に関する条件だったのである。だから，誤解のないようにいっておかねばならないが，学者の仕事はシステムをつくることではない。そんなことは越権であるし，思い上がりである。そもそも不可能である。今あるシステム（手続保障の制度なら，それ）が，どういう条件で動くかを分析することである。小畑は，真実性の一致がなければ手続（保障の制度）はうまく機能しないということを示した。どういう条件ならうまく動くのか。それはどういうシステムとして捉えるかの説明といってもよい。それを考えるのが学者の仕事である。われわれも同じである。小畑は，「真実性を一致させることを条件に」動くシステムであることだと捉えたのであり，そのように説明したのである。われわれの場合は，この手続保障の制度に先のような，すなわち，「リアルな他でもあり得るという可能性を条件に」という説明を与えるものである。この手続保障の制度をこのように捉えることを提示するものである。

ルーマンと同じく，社会学者である大澤真幸もルーマンの「偶有性」に着目しつつ，「他でもあり得た」ということの重要性を示している[13)]。その点で，われわれも全く軌を一にする。ただし，それがリアルなものとならなければならない。そのためには，「空」の充填がどのようなものであるのかに注目する必要があろう。そこには凡夫性の前提がなければならない。この点に凡夫性がかかわってくるのである。啓蒙ではない。「強い」人間の方向ではなく，「弱い」人間の方向でなければリアルでなくなる。鍵となる「空」の充填物は，普遍的なものであることが要請されていた。当事者は，自らが普遍的であるとする考えをもって普遍的聴衆を説得する。いい換えれば，これは自らが普遍的であるとする充填物を普遍的聴衆という「空」主体に充填するということである。それが受け入れられなければ，普遍化可能理由として弱いと見なされ，裁判としては負けである。また，受け入れられなければ，より普遍的なものを問い続けていくことになる。その場合，「強い」人間の方へではなく，「弱い」人間の方へである。そもそも凡夫には，問い続けていくその作業自体が困難なものである。問い掛けるその内容も，より凡夫の方向へ行かざるを得ない。この方向へ行ったとき，弁証法の反発力は強まるだろう。だから，ロールズのような反省的均衡ではない。他者を前提とした相互作用なのである。

人は勢いがあるとき，とかく自力で何でもできると考えがちである。それは過信である。しかし，躓けば凡夫の自覚が出てくる。もちろん，皆がそうではないが，そうした傾向はあるように思う。普遍的聴衆の想起は，この凡夫性の自覚がなければ，その契機を欠くだろう。凡夫性に対する深い自覚は，普遍性に対する自覚でもある。自らが凡夫であることを自覚することは，普遍性を理

13）　大澤真幸『社会システムの生成』（弘文堂，2015年）24-25頁，および大澤真幸『自由という牢獄　責任・公共性・資本主義』（岩波書店，2018年）53-54頁参照。

解する上でも重要なことである。「強い」人間しか理解できないようでは，普遍性になど到底辿り着けない。凡夫性への自覚をもたないと真の普遍的聴衆は出てこない。ということは，自らの主張も普遍性を獲得し得ず，他者の理解を得られることはないのである。普遍的聴衆の説得は，「空」的主体を充填する行為である。「空」である普遍的聴衆を自らのメッセージで充填するとき，それが「強い」人間にしか響かないようなものであれば，普遍的聴衆の充填は半分しかなされないから普遍的にはならず，説得は失敗に終わるだろう。自分には何かができると思うことは大事である。と同時に，自分には何もできないと思うことも同じぐらい大事である。人間はそもそも矛盾した存在である。他者もそうした存在である。矛盾の両側に当たる面を受け入れなければ，自己をそっくり受け入れることはできない。また，それは他者，とりわけ「弱い」人間を受け入れることなどできないということを意味する。「なぜ，できないのか」，あるいは「なぜ，わからないのか」と他者を批判することになる。自信過剰であればあるほど，そうなる。しかし，これはある意味で自己否定である。なぜなら，「他者は自己の可能性」だからである。われわれが根源的事態として他者性を内在させているということ，そして，それはリアルな可能性であるということ，この講義ではそれを「根源的可能性」と表現している（第14講参照）。このような根源的可能性の保持という観点から，「リアルな他でもあり得るという可能性を条件に」ということを以て，この問題についての結論としよう。

ちなみに，自己にとって究極の他者とは死者（自らの死）である。これは絶対的な位相差に位置しているから，この他者が何を考えているかも，どんな状態であるのかも，全く想像もできないのである。人間は何れそのような絶対的な他者になる。その地位に反転する。凡夫性の自覚とは，全く想像できない他者になる可能性をもって存在していることの自覚である。したがって，現実に生きている他者のことを想像する方が，まだ容易なのではないか。ここに他者，さらには普遍的聴衆への通路への希望が見出せるのである。

第6講　憲法裁判

本講の目的　コミュニケーション的合理性が確保されていない事例を踏まえ，憲法裁判の特徴について学ぶ。

対話的合理性とコミュニケーション的合理性

「人を殺してはならない」という命題があった場合，それは法と呼べるか。フラーの場合，合法性（legality）がなければ，この命題がそのまま「法」とはならなかった。前回は，形式的正義や手続的要請が近代法システムにとって根本的に重要であることをフラーの法理論から学んだ。そして，法に対するこのようなフラーの考えが，裁判に対する彼の理解においても基礎になっていることを見た。すなわち，参加テーゼである。参加テーゼも裁判システムに形式として当事者が組み込まれていることを要求している。そして，この参加テーゼにおいては，ペレルマンのレトリック論も重要な意味をもっていた。「話し手」と「聞き手」の交替性が，（形式的に）存在するのかどうかである。だから，お白洲型裁判では，対話的合理性ないしコミュニケーション的合理性は確保されておらず，問題となるのであった。フラーの命題とペレルマンのレトリック論が調和しているようなケース，これを理想とするような裁判システムが近代的な法のイメージを前提とする裁判システムであり，それが一種の理想モデルとして表現されていたのである。

なお，「対話的合理性」と「コミュニケーション的合理性」という術語であるが，小畑の『魂のゆくえ』では，「コミュニケーション的合理性」＝「対話的合理性」の哲学的基礎付けとして，田中の『法的空間』が記されている[1]。した

1）小畑清剛『魂のゆくえ――〈人間〉を取り戻すための法哲学入門――』（ナカニシヤ出版，1997年）44頁注（14）参照。

【板書 1】

（前回）

〈法廷〉におけるコミュニケーション的合理性

確保されている場合　→　当事者主義（ただし，真実性が一致する場合）
確保されていない場合　→　お白洲型

（今回検討するもの）

全体主義的訴訟と確信犯裁判と冤罪裁判

がって，その違いが端的に書かれているわけではないが，私は次のように理解している。すなわち，それは真実性の一致，つまりは，「話し手」と「聞き手」双方の自己否定の契機ないし深度の相違にあると。今回は，この理想モデルを前提としつつもそこに収まり切らないケース，具体的にはコミュニケーション的合理性が（形式的にではなく）実質的に確保されないケースについて見ていくことにしたい（**【板書 1】**参照）。

確信犯におけるパラドクス

まずは，確信犯裁判を取り上げておこう。確信犯という場合，そもそも，「確信」という言葉が何を意味しているのかである。文字どおり受け取れば，明確に信ずるや堅く信ずるというところだが，問題は一体何をなのかである。自らの信条たる道徳的・宗教的・思想的・政治的信念などが，それである。つまり，それらの正しさの確信を決定的な動機とする犯罪が確信犯（Überzeugungsverbrechen）なのである。以前にラートブルフ定式に言及したことがあるが，そのラートブルフによってつくられた概念であると考えられているのがこれである。もちろん，ラートブルフの念頭にあるのは戦後ドイツの状況におけるナチス時代の法的な処理であるが，ここでは法と宗教の関係で考えてみたい。法理論的には違法性の認識，期待可能性（当時の状況で規範適合的な行動が取れるか否か）の有無が問題となるが，ここでは法解釈学的な観点から見ていくわけではないので，この点には踏み込まない。

確信犯においては，例えば法と信仰の相克ということが生じてくる（**【板書 2】**

【板書 2】
事例1：確信犯
経典の真理に基づく兵役拒否行為

国家の要請（戦争の遂行）　宗教の要請（兵役の拒否）

参照)。すなわち，法の要請と宗教の要請である。ある人物が敬虔な信徒であったとしよう[2)]。その人物が自らが信仰するところの教えに従い，人を殺してしまうような可能性がある兵役を拒否したとする。ところが，この人物がいる国では徴兵の制度を定めた法律がある。そういった場合，確信犯に該当する可能性がある。確信犯ということが決定すれば，その人物は拘束されることになる。ただし，重要なのは次の点である。それは，魂は自由であるという点である。たしかに身体は拘束という状態に陥る。しかし，その人物の精神まで拘束することはできない。(もっとも，思想犯が転向することがあるように，信仰を捨てる者もあるかもしれないが。) 今，この魂の自由という観点をもう少し掘り下げてみよう。この人物の精神は本当に自由といえるのだろうか。見方を変えれば，経典の教え，すなわち宗教における教義を確信しているわけだから，ドグマに魂を拘束されているということになるのではないだろうか。たしかに，精神は法における教義である兵役法からは自由になっているが，他方で宗教における教義からは自由ではない。もっとも，自由に自由でないことを選び取っているともいえるから，やはり自由なのだともいえるが，何れにしても，ある教義に軸足を置いておりながら，同時に，ある別の教義を批判・否定している状態，すなわちドグマを堅持する人物によってドグマが否定されている状態になっているという点では，これは一種のパラドクスである。

ここで何がいいたいのかというと，法における教義に対する疑問や批判であるという点では，宗教における教義に従うことは，探究学的思考の面をもっているということである。つまり，ある教義に基づく（かたちで教義学的思考によ

2) 以下の確信犯の例については，小畑『魂のゆくえ』（前出注1）45頁以下の具体的事例を一般化したものである。

る行動を取る）ことは，別の教義の立場からすれば，探究学的思考に基づく行動となって現われるのである。魂を拘束する強制から自由である状態は，魂の要請による宗教により拘束されている状態である。これは，自由を考える上で重要な視点となる。探究学的思考の足場となるものは何か。魂の拘束状態は，一方で重要なアイデンティティともなり得る。自由とアイデンティティにかかわる問題は，何れ後の講義で論じることになるだろう。

悪法の捉え方と法の妥当性

ところで，もちろんこの人物の場合，〈法廷〉においてコミュニケーション的合理性は確保されない。そもそも，兵役法自体がこの人物の宗教的確信と反目しているのである。信仰の観点から法を拒否しているのである。したがって，このケースでは，話は非常にシンプルである。

ちなみに，この人物にとって，兵役法は悪法ということになるだろう。悪法論についても第4講でふれておいた。そこでは，悪法が法か否かという論点について確認したのであるが，ここでは，なぜ悪法に従わなくてよいのかという遵法責務の論点で一つ紹介しておきたい。例えば，M. クレイマー（Matthew H. Kramer 1959- ）は，「悪法も法であるが，遵法責務は存在しない」という考え方を示している[3)]。以前に見たフラーの見解が，悪法は法でないというものであったのとは異なり，法実証主義者であるクレイマーは法であるとしながらも，従う必要はないことを説く。なぜ，こういった考え方になるのだろうか。フラーのいう法の道徳性とは，手続的公正や中立性のことであった。彼は，フラーの手続的制約が中立であるがゆえに，悪しき統治者にも等しく用いられることを前提にして考えているのである。つまり，この場合，法が「○○すべき」と要請しているのに対し，クレイマーは「○○である」という事実の次元でそれを切り離しているのである。だから，簡単にいえば，法は命令であって，従わなければ単に制裁が加えられるというだけの極めてシンプルな問題となる。

以上の考え方は，法の妥当性と実効性に関する法哲学の伝統的な問題の一つのヴァリエーションである。ここで，法の妥当性についての基本的な説明を加

3）　クレイマーの議論の詳細については，横濱竜也「テーマ3　法と道徳――遵法責務問題を手掛かりにして」井上達夫編『現代法哲学講義』（信山社，2009年）61頁以下参照。

えておかねばならないが，法の妥当概念および妥当根拠については，法哲学者の服部高宏によって簡潔でわかりやすく整理されているので，基本的にそれに従うこととする[4)]。法の妥当概念には，法学的妥当論・事実的妥当論・哲学的妥当論の三つがあり，事実的妥当論は，社会学的妥当論と心理学的妥当論に分けられる。法の妥当根拠には，規範説（妥当する上位の法規範）・慣行説（人々による一般的な遵法事実）・実力説（法を定立，貫徹する者の実力）・承認説（法に対する社会成員の一般的な承認や合意）・理念説（法が実現を目指す価値や理念）の五つがある。規範説は法学的妥当論における妥当根拠で，慣行説と実力説は社会学的妥当論，承認説は心理学的妥当論，理念説は哲学的妥当論の妥当根拠である。これで見ると，クレイマーの主張は実力説に当てはまる。とはいえ，必ずしもどれか一つに限定されるわけではなく，例えば慣行の淵源を考えてみればわかるように，実際には複合的なものになる。

全体主義的な裁判制度

次に見ていくのは，全体主義的訴訟である。探究学的思考が全体主義的国家にとって危険視されるのは，想像に難くないだろう。かつてのドイツにもそうした動きがあった。イタリアの訴訟法学者P. カラマンドレーイ（Piero Calamandrei 1889-1956）によれば，ドイツではナチス支配の末期に民事訴訟の改正案が論議されたのであるが，その内容は，当事者主義的なものから裁判官のイニシアティヴによって進行する後見的な訴訟手続への変更であった[5)]。これは「当事者なき訴訟（processo senza parti）」と呼ばれたように，〈法廷〉の第一局面を廃止しようとする試みである。第一局面のない〈法廷〉の典型がお白洲であったことは，すでに見たところである。もちろん，その場合，コミュニケーション的合理性が成立する余地はない。

全体主義を批判するカラマンドレーイは，「訴訟は三人の行為である（processus est actus trium personarum）」という古の学説にふれつつ，近代的裁判の三面的な対論的性格「三人が訴訟をつくる（tres personae faciunt processum）」を

4）服部高宏「第2章　法システム」平野仁彦／亀本洋／服部高宏『法哲学』（有斐閣，2002年）33頁以下参照。特に37頁の表2-1。

5）P. カラマンドレーイ（小島武司／森征一訳）『訴訟と民主主義』（中央大学出版部，1976年）111頁参照。

【板書3】

（カラマンドレーイによる裁判制度と政治制度の類似（対応）関係）

		主体	闘争の勝利要素
自由主義体制下	裁判制度〈当事者主義〉	訴訟当事者	論拠と説得の質
	政治制度	政党（複数）	綱領の質

		主体	制度の運営
ナチス体制下（目論見）	裁判制度〈全体主義〉	裁判官	指　導
	政治制度	政党（単独）	独　裁

強調している[6)]。と同時に，ナチス体制下における訴訟制度の分析を行い，裁判制度と政治制度のあいだに一定の対応関係を見出している[7)]（**【板書3】**参照）。これは，彼らが何れの制度にも指導者原理を確立しようとしていたということを示唆するものとして注目されている。全体主義的な裁判制度の目論見においては，当事者間の主張の争いが行われる「場」が存在していない訴訟となる。この場合，法廷の第一局面（法廷弁論の過程）が存在しない。つまり，手続的公正の問題がある。一方，先の確信犯裁判においては，〈法廷〉そのものが存在しない。法廷の第一局面（法廷弁論の過程）は形式的に存在するが，あるべき法や裁判の問題を通り越している。このように，何れの類型の裁判もコミュニケーション的合理性は実現していない。この二つの類型から見て重要なのは，空間レヴェルと時間レヴェルの両面が確保されていないと，コミュニケーション的合理性の前提条件が成立しないということである。

憲法裁判の位置

ところで，通常の（民事・刑事）裁判の特徴は，法廷弁論の過程と判決言渡しの過程，そして〈法廷Ⅰ〉の存在であるが，憲法裁判においては，これに加えて〈法廷Ⅱ〉の存在がある。〈法廷Ⅱ〉は探究学的思考を許容する法的空間であ

6）　カラマンドレーイ『訴訟と民主主義』（前出注5）105-106頁参照。
7）　カラマンドレーイ『訴訟と民主主義』（前出注5）109-111頁参照。

【板書4】
憲法裁判の特徴
　時間レヴェル：法廷弁論の過程 → 判決言渡しの過程
　空間レヴェル：〈法廷Ⅰ〉または〈法廷Ⅱ〉

った。したがって，憲法裁判は，確信犯裁判と通常の裁判の中間に位置する（**【板書4】**参照）。憲法裁判とは，ある法律が憲法に反しているかどうかが問題とされる裁判のことであり，わが国の場合には，それは付随的違憲審査制になっているから，具体的な事件についてのみ可能である。例えば，有名なものとしては恵庭事件があるが，これは次回の講義で詳しく取り上げる。

冤罪裁判におけるドグマ

さて，コミュニケーション的合理性が確保されないと思しきものがもう一つ残っていた。冤罪裁判である。これは濡れ衣ゆえに，当然コミュニケーションは成り立たないと思われるのだが，一応見てみよう。この形式で重要なのは，確信犯のケースとの違いである。何れも法のドグマに対して批判的である。冤罪の被害者は，当然，法のドグマに対して不信をもつだろう。確信犯の場合は，その批判は法のドグマへの不信よりもむしろ宗教のドグマへの信によるものだった。ということは，確信犯の場合，別のドグマに依拠できるのである。これに対し，冤罪被害者の場合，もともと法のドグマについては懐疑する立場や批判する立場になければ，このドグマについては受容してきたわけである。しかし，その立場がすっかり回転してしまったのである。これは，悲劇的である。つまり，依拠していた法のドグマを手離してしまうか，それとも法のドグマに依拠しながら法のドグマを批判するのか，そういう立場に追い遣られてしまったことになる。後者の場合，これはパラドクスである。前者であれば，別のドグマを見付けるか，あるいはそれをドグマからの解放として精神の自由として捉えるかになる。もっとも，人間は「弱い」存在であるから，なかなかそのように捉えることなどできないだろう。これらのパターンのうち，パラドクスのパターンのときだけ，法のドグマに対する希望が残る可能性がある。つまり，

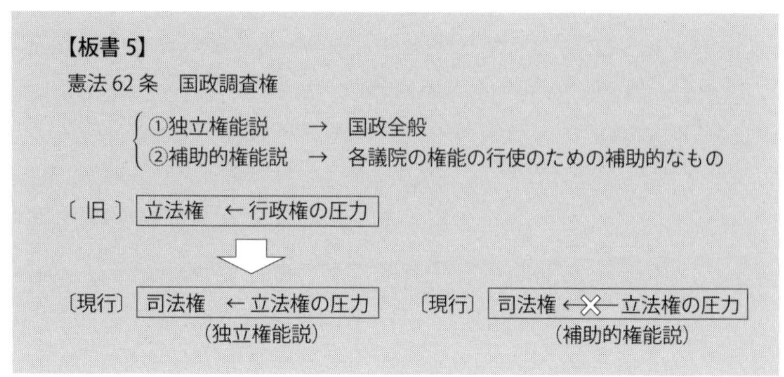
【板書5】
憲法62条　国政調査権
①独立権能説　→　国政全般
②補助的権能説　→　各議院の権能の行使のための補助的なもの
〔旧〕立法権　←行政権の圧力
〔現行〕司法権　←立法権の圧力
（独立権能説）
〔現行〕司法権 ←✕— 立法権の圧力
（補助的権能説）

上級審への期待である。その意味では，やはり全体主義的訴訟の場合はもちろん，確信犯の場合とも違うのである。

弁論の区別と権力の分立

話を憲法裁判に戻し，アリストテレスが示した弁論の区分と目的の関係に着目することにしたい。ここで重要になってくるのは，正義を定めることを目的とした法廷弁論と，有益なものを見出すことを目的とした議会弁論である。アリストテレスのこの区別は，権力分立に含まれる関係，つまり司法と立法の関係について示唆的である。弁論の行われている場と弁論の種類についての例として，具体的に憲法の条文を見ていくことにしよう。結論を先にいえば，権力分立の構図はアリストテレスの弁論の区別のとおりであるが，実際には，このとおりにいかない。

憲法62条は，国政調査権についての規定である。「両議院は，各〻国政に関する調査を行ひ，これに関して，証人の出頭及び証言並びに記録の提出を要求することができる」とあるが，大日本帝国憲法にはこういった規定は特になかった。つまり，政府は秘密に属すると認める事項を出さなくてもよかったのである。現在は，この権能が及ぶ範囲についての解釈として次のような学説がある（**【板書5】**参照）。独立権能説と補助的権能説である。前者では国政全般に対して及ぶものと理解されるが，後者では各議院の権能の行使のための補助的なものであって，調査権の対象や方法には一定の限界があると理解される。独立

【板書6】

	学説	議会での法廷（司法的）弁論	
62条	独立権能説	○	←調査権が他の権限を侵害
	補助的権能説	×	←厳格な権力分立

	学説	法廷での議会（政治的）弁論	
81条	司法消極主義	×	芦部信喜＝アメリカの積極／消極の考え方（伝統的な考え方）
	司法積極主義	○	

権能説は，帝国憲法時代の反省がある。しかし，これが強すぎると今度は逆効果を齎しかねない。つまり，三権分立を崩すのである。三権のうち何れが突出しても問題なのである。現行憲法は権力分立制を取っているから，他部門の権限を侵すときは調査範囲の逸脱となる。それゆえに，補助的権能説が通説とされている。

司法における消極と積極

次に憲法81条を見てみよう。これは，法令審査権と最高裁についての規定となっている。ここには，最高裁の態度に関する学説上の対立がある。いわゆる司法消極主義と司法積極主義である（**【板書6】**参照）。司法府が法令審査権を行使する際には，立法府，行政府という政策決定者の決断を最大限度の「謙譲と敬意」をもって扱うべきであるという伝統的な考え方があるが，憲法学者の芦部信喜（1923-1999）によれば，この立場が司法の自己制限，あるいは司法消極主義と呼ばれてきたものである[8)]。他方，これに反対の立場が司法積極主義ということになる。前者が過去志向のコミュニケーションに限定するのに対し，後者は未来志向の議会弁論をある程度許容している。つまり，前者は一般的な三権分立の図にある裁判所のイメージに沿ったものであるが，後者は一般的な三権分立の図には表れにくいものといえる。

なお，司法の積極主義と消極主義については，さらに興味深い論点があり，

8）芦部信喜「司法の積極主義と消極主義」『司法のあり方と人権』（東京大学出版会，1983年）94頁参照。

【板書 7】

司法の積極／消極主義	（憲法判断）積極主義	（違憲判断）積極主義（合憲判断消極主義）
		（違憲判断）消極主義（合憲判断積極主義）
	（憲法判断）消極主義	

芦部もそれに言及している[9)]。芦部が取り上げているのは，司法の積極・消極を二段階で理解する憲法学者の佐藤功の見解である（**【板書 7】**参照）。その考え方によれば，まず憲法判断に立ち入るかどうかの段階で積極的であるか消極的であるかの態度が問題とされ，憲法判断を行うということになった場合に，違憲判断を下すことについて，積極的態度を取るのか消極的態度を取るのかが問題となる段階が出てくるのである。何れにせよ，最終的に芦部が重視するのは，他の政策形成者との適正な関係，あるいは程度なのであって，二者択一式の思考ではない。例えば，砂川事件（最大判昭34・12・16刑集13巻13号3225頁[10)]），朝日訴訟判決（最大判昭42・5・24民集21巻5号1043頁[11)]）などにおいて，裁判所は違憲判断消極主義（合憲判断積極主義）を取っているのであるが，これらは憲法の名による正当化を政治に付与する点で重要な役割を果たしている。なお，砂川事件では法令審査権についての「補足意見」や「意見」が付いており，朝日訴訟判決でも「念のために」として付加された「傍論」が示されたが，それらのもつ意味の重大さも，一般的な三権分立の図には表れにくいものであろう。

ここまでの内容を振り返っておこう。なぜ，このように憲法を取り上げたのか。あるいは，ここで何がいいたかったのか。それはコミュニケーションに着目した場合，三権が交錯する場面があるということである。憲法訴訟や現代型訴訟では，裁判官が立法的・行政的権力に関係する判決＝法的コミュニケーシ

---

9) 芦部「司法の積極主義と消極主義」（前出注8）94-96頁参照。その他，樋口陽一「違憲審査における積極主義と消極主義——衆議院議員定数配分の違憲判決に即して——」『司法の積極性と消極性——日本国憲法と裁判——』（勁草書房，1978年）も参照。

10) この事例については，森英樹「自衛権・戦力・駐留軍——砂川事件」芦部信喜／高橋和之／長谷部恭男編『別冊ジュリスト　憲法判例百選Ⅱ〔第4版〕』（有斐閣，2000年）360-361頁参照。

11) この事例については，第9講を参照。

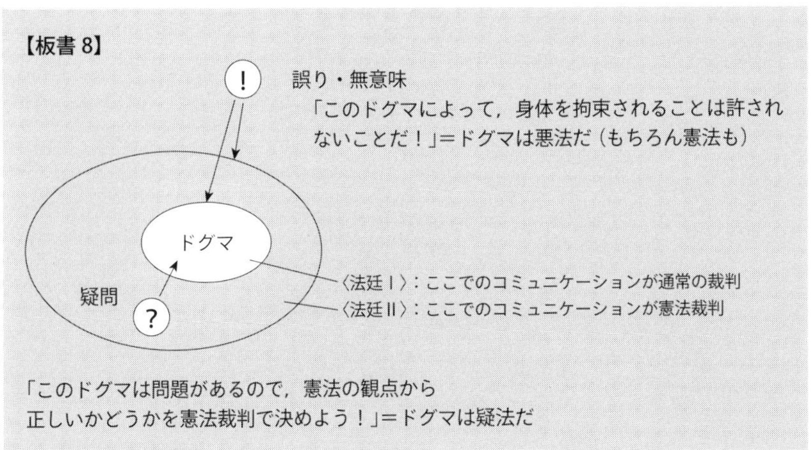
【板書 8】
!
誤り・無意味
「このドグマによって，身体を拘束されることは許されないことだ！」＝ドグマは悪法だ（もちろん憲法も）
ドグマ
疑問
?
〈法廷 I〉：ここでのコミュニケーションが通常の裁判
〈法廷 II〉：ここでのコミュニケーションが憲法裁判
「このドグマは問題があるので，憲法の観点から
正しいかどうかを憲法裁判で決めよう！」＝ドグマは疑法だ

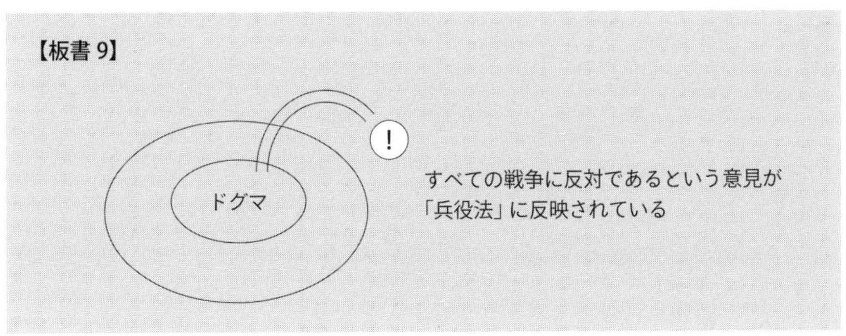
【板書 9】
!
ドグマ
すべての戦争に反対であるという意見が
「兵役法」に反映されている

ョンを行ってしまわざるを得ない。権力分立の原則に当てはまらないケースをどうするかの問題が発生することがある。このことを確認した。

法的ドグマへの包摂

それでは，コミュニケーション的合理性が確保されるかどうかの分岐点について見ていくことにしよう。ここで取り上げるのは，兵役法の事例である。現在の日本には憲法上も法律上も該当しないから，アメリカの場合を考えるとよいかもしれない。（**【板書8】**は冒頭で見た事例の場合，**【板書9】**はアメリカの場合である。）

アメリカ合衆国憲法第1条第8節には連邦議会の戦争に関する権限が列記さ

れており，例えば，第12項では兵員徴募の財政権限が明示されている[12)]。かかる憲法の下で幾つかの兵役法が制定されてきた[13)]。兵役法，ここではこれが法的ドグマである。良心的拒否による兵役免除を法制化すること，そういう規定を設けることももちろん実際可能であるが，その場合，そこに規定される具体的な条件とは何かが問われることになる。そして，それは「良心」とは何かという問題でもある。例えば，すべての戦争に反対であるという思想や宗教的信仰に基づく場合はどうだろう。思想的あるいは宗教的な信念は良心に含まれるか，といってもよい。宗教上の信念が認められる場合においても，それは宗教の種類を全く問わないもの（あらゆる宗教）なのか否か。そういった問題も考えられる。対象となる宗教的立場の具体化に裁判官が直面することもあるだろう[14)]。重要なのは，もともと宗教，つまり「良心」という「法－外」に属するものを，「法－内」にドグマとして取り入れているという点である[15)]。これには，一体どういう意味があるのだろうか。

まず，**【板書8】**であるが，二つの立場から兵役法を問題とすることができるということを示している。第一にドグマが疑法であるという立場，すなわち

12） U. S. Const. art. I, §8(12). 松井茂記『アメリカ憲法入門〔第8版〕』（有斐閣，2018年）452頁参照。

13） アメリカの兵役制度については，宮脇岑生「第Ⅱ部　第7章　軍事思想・制度の歴史的変遷」有賀夏紀／紀平英作／油井大三郎編『アメリカ史研究入門』（山川出版社，2009年）256頁以下，および内田力藏「（外国法制通信）アメリカの兵役法　普通軍事訓練制と選抜徴兵制」我妻栄／宮沢俊義編集『ジュリスト』第7号（有斐閣，1952年）18頁以下参照。良心的徴兵拒否者については，上杉忍『二次大戦下の「アメリカ民主主義」 総力戦の中の自由』（講談社，2000年）53-54頁参照。

14） 原野翹「第4章　従軍兵士の良心的兵役拒否――アメリカ法の場合」佐々木陽子編著『兵役拒否』（青弓社，2004年）77頁参照。軍事問題についての司法消極主義的な傾向については，同書93頁以下参照。軍事と人権との緊張関係は，法の支配にとって極めて重要な課題となる（同書98頁参照）。

15） ロールズは，市民的不服従と良心的拒否を区別しつつも，実際の状況においては明確な区別は困難であると考えているが，彼は，両者が憲法システムを安定的なものとするための装置となる可能性を示している。ただし，そこには，ある前提条件が必要とされている。これが可能であるためには，正義に適った社会，つまり正義の諸原理についての重なり合う合意があることが前提であり，その場合，市民は憲法の根底にあるこの原理に目を向けて不服従や拒否を実行するのであって，好き勝手にしているわけではないことになる。一方で，裁判所もこうした抗議者の行為をこの原理によって正当化できるかどうかを考慮することになるのである。John Rawls, *A Theory of Justice*, original edition (Cambridge, Mass. and London: The Belknap Press of Harvard University Press, 2005; originally published 1971), ch. 6, §§56-59（矢島鈞次監訳『正義論』（紀伊國屋書店，1979年）第6章§§56-59，川本隆史／福間聡／神島裕子訳『正義論 改訂版』（紀伊國屋書店，2010年）第6章56-59節）参照。

「兵役法は憲法違反ではないか」という立場，第二にドグマだけでなく憲法も自らの信条とは違背するという確信犯的立場である。つまり，先に憲法裁判が「中間」的であるといったのは，この意味においてであった。これは，〈法廷Ⅰ〉レヴェルでの前提に疑問をもっているわけだから，この空間では争えない。そこで〈法廷Ⅱ〉レヴェルの空間で，自己の意見を主張することになる。一方，確信犯的立場は，〈法廷Ⅰ〉でも〈法廷Ⅱ〉でも自己の意見を主張する場がない。というか，そこに魂を縛られないことを選んでいるのである。

これに対し，**【板書9】**の方はどうだろう。徴兵に対して疑問をもっているという点では，確信犯と同じである。つまり，兵役法を悪法であると思っている。しかし，興味深いことに，兵役法には免除規定がある。例えば，この場合，当該人物が免除の規定に当てはまるとしよう。とすれば，兵役拒否という行為は正当なものとなる。「結果がそうであれば，それでいいじゃないか」ということではあるが，ここでは法的に考えないといけない。つまり，この規定があるかないかで，同じ考えをもっていたとしても，確信犯になったり，正当な権利を実行した人になったりするということである。いい換えれば，法的な人間と反法的な人間として峻別されるということである。

入れ替わる法の内外

これは，当たり前のことなのであるが，非常に興味深い現象といえる。一つは，人はそうした地位へと簡単に入れ替わってしまうということである。そして，それと関連するが，そうした入れ替えを容易に可能にすることができるシステムをもっているということである。安易に法改正すると，あるいは傍観しているとそういうことになる。だから，ここにも前回の講義で述べたことが関係してくる。他者である。他者への眼差しである。自らは絶対にそのような位置にはならないとする「強い」人間像では，こういう問題を看過する。なぜなら，自分にとってはリアリティがないからである。だから，前述のクレイマーの見方が効いてくる。中立的・公正な手続でも逆の立場から用いれば，逆の効果を生む。同じ考えでも別の観点から見れば逆の評価になる。それゆえに，手続的正義は形式的正義と親縁性がある。ということは，法の領域の手続的正義だけでは不十分ということになる。他の，つまり法以外の領域と連動するか，法の領域で他の正義（実質的な正義）と組み合わせるかが大事になってくる。

法学と哲学における手続の価値

なお，手続のもつ固有の価値について付言しておけば，法学と哲学とでは逆の方向にある。どういうことか。哲学者と法学者の両者は，議論の過程ないし手続を重視することでは共通するが，そこから引き出す価値については異なってくるということである。ペレルマンのところでも見たが，もともと彼は，法の領域から一般の領域へと拡大する方向で議論法の一般理論を考えようとした。その際，法の領域の特殊性，つまり議論の終結ということに注目していた。そうしないと裁定できないからである。他方，一般理論に拡大した場合，あるいは哲学の場合，議論の継続こそ目指されるべきものである。こちらの場合，対話の継続が説得という目的に資する。いい換えれば，一方が議論を終わらせるための手続重視であるのに対し，他方は議論を継続させるための過程の重視なのである。手続や過程そのものの内在的価値に対する見方・評価は，このように全く異なっている。彼は，そうしたことを踏まえていたはずである。

ルーマンにおける会話の継続

ついでにいっておくと，手続重視のルーマンも会話の継続の方向にある。これは，一体どういうことなのか。先ほど，手続を重視する法学者は会話の終了の方向だと述べたのではなかったか。そのとおりである。では，どういう意味なのか。その答えは，こうである。ルーマンは手続を重視して会話の終了も可とする。もちろん，この会話はＡとＢというように，その当事者間だけの会話である。ここでのコミュニケーションが別のところへ引き継がれてもよいし，全く別の当事者間で似たような会話になってもよい。つまり，法についての会話であれば，どこで誰によってなされていてもよいのである。この社会に法に関する会話があれば，それは会話の継続と見ることができる。この社会から法についての会話がなくなれば，会話の終了である。つまり，社会学者ルーマンは，社会レヴェルで会話の継続を捉えているのである。実は，これが彼のいうシステムである。法についてのコミュニケーションの集まりが法システムである。個人レヴェルの会話を社会レヴェルで捉え，社会レヴェルで受けるのは，それは人間の凡夫性を踏まえているからである。すなわち，個人の力ではどうしようもないことを，彼がよくわかっているからである。さらに，単一のシステムで受けることができない負荷を社会システム全体で受けようとするのも，単一のシステムの脆弱性，すなわち凡夫性を知っているからである。これが，凡夫性を社会レヴェルへと拡大した見方であることは，前にも指摘しておいた。そういう意味では，ルーマンの論理は極めて東洋的である。東洋思想，とりわけ仏教思想とも相性がよいと思われる。

もう少しルーマンの議論にこだわっておこう。社会から会話がなくなるであろうか。複数の人間が生きている限り考えにくい。想像しにくい。ということは，システムは存続する。私自身はルーマンと同じ考えではないけれど，このように会話の終了と存続とを併せて捉える視点は見事であるというしかない。こうした多角的なものの見方は非常に大切で，教育の場でもそうした能力の涵養については，しばしば議論されるのではないだろうか。しかし，そのためには他者の視点に気付かなければならない。ということは，自己の凡夫性に気付かなければならない。レトリック論との関連でいえば，自己否定の契機がなければ駄目だということもできる。だから，「ある観点から見れば」とか「ある観点からいえば」ということは，とても重要になってくる。インド哲学にもそうした考え方がある。

コミュニケーション的合理性の条件

最後に，「議論の理論」というものについても言及しておきたい。合意を志向するには，あるいは会話を適切に終了させるには，そこでなされる議論の条件，とりわけ手続的なプロセス条件を考えなければならない。議論の理論は，そうした条件を提示しようとするものである。法哲学者の平野仁彦は，「理想的発話状況」，「原理整合性」，「普遍化可能性」を取り上げている[16)]。これらについては第4講でふれた。理想的発話の条件は，議論プロセスにおいて単なる手

16)　平野仁彦「第4章　法と正義の基本問題」平野仁彦／亀本洋／服部高宏『法哲学』（有斐閣，2002年）177頁参照。理性的議論のためにハーバーマスが掲げるのは，次のような条件である。①いつでも討論を開始したり継続したりできること。②主張について説明や正当化，あるいは異議の申立てや反対論証がなされること。③各人がみずから正しいと思うことを偽りなく誠実に述べること。④主張と反論の完全に対等な機会が保障されていること。同書180頁参照。

続以上の公正さを要請するものであるから，「討議倫理」とも呼ばれる。「原理整合性」は，共通論拠となる原理に依拠して主張を行うというものであるから，これまでに詳しく論じてきたトポスの話である。そして，自己の主張が普遍性をもち得るというものでなければならないという「普遍化可能性」であるが，これについても普遍的聴衆の説得というところで詳しく論じた。ドグマに依拠する教義学的思考がなされる〈法廷Ｉ〉の場合はもちろん，探究学的思考がなされる〈法廷Ⅱ〉であっても，基本的に法的な議論は，こうした諸条件によってコミュニケーション的合理性の実現を目指すことになるのである。

第7講　憲法裁判と〈法廷〉の選択

本講の目的　憲法裁判における憲法判断の回避の背景と理由について学ぶ。

幻の〈法廷Ⅱ〉

前回に引き続き，憲法裁判をテーマに取り上げる。憲法裁判では〈法廷Ⅰ〉と〈法廷Ⅱ〉の選択という問題，つまりコミュニケーションの「場」の争いが存在する。今回は〈法廷Ⅱ〉という空間が闘争の空間として設定されにくいという点を中心に見ていくことになるだろう。具体的には，恵庭事件（札幌地判昭42・3・29下刑集9巻3号359頁）の判例に注目する。

恵庭事件とは，次のような事案である[1)]。北海道・恵庭町にある自衛隊の演習場付近の酪農民が，演習にかかわる爆音等によって乳牛に出た被害の補償を請求したものの，補償規定がなく認められず，その代わりに以後は，牧場との境界での射撃については事前に連絡することを決めたのだった。紳士協定である。ところが，連絡なしに砲撃の演習がなされたのである。酪農民が抗議したものの中止されなかったので，電話線の切断を行った。これが自衛隊法121条違反に問われたというものである。被告人の主張は，自衛隊法が憲法に反するというものであった。ここでのドグマは自衛隊法ということになる。なお，121条は，「自衛隊の所有し，又は使用する武器，弾薬，航空機その他の防衛の用に供する物を損壊し，又は傷害した者は，五年以下の懲役又は五万円以下の罰金に処する。」という規定である。裁判所はこの事案に対して憲法事件として扱

1）　この事例についての以下の内容および詳細は，芦部信喜「法律解釈による憲法判断の回避――恵庭事件」芦部信喜／高橋和之／長谷部恭男編『別冊ジュリスト　憲法判例百選Ⅱ〔第4版〕』（有斐閣，2000年）362-363頁参照。

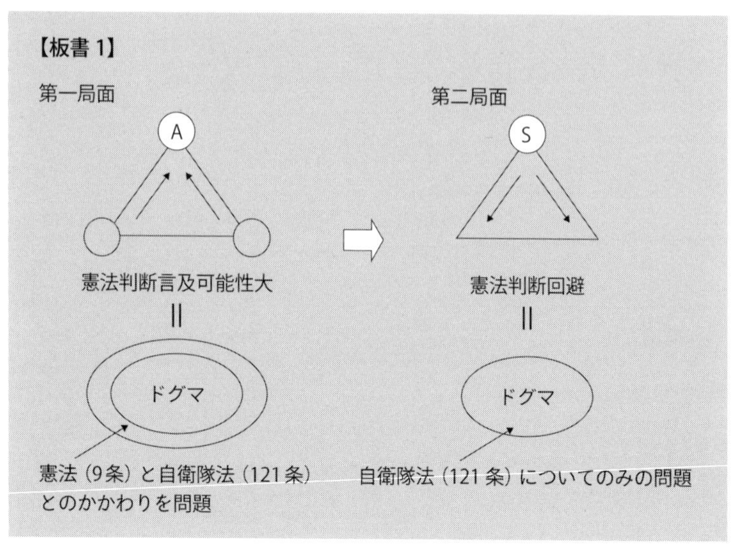

う姿勢を打ち出しながらも，判決では憲法解釈問題には言及せずに，自衛隊法の解釈だけを行った。ちなみに，結果は無罪である（**【板書1】**参照）。

審理の打ち切りと法的推論

なぜ，札幌地裁は憲法判断すると期待されたのか。それは，裁判官の訴訟指揮の仕方による。通常，自衛隊法121条違反として起訴された場合，その論点は，被告人の行為が自衛隊法121条の罰則規定に該当するかどうかにある（**【板書2】**参照）。そして，この条件は，「もし，防衛の用に供する物を損壊すれば」というものである。ここまでは，わかる。ということは，どんな点が審理されるかというと，切断した電話線が，「その他の防衛の用に供する物」なのかどうかである。つまり，これが論点である。この「防衛の用に供する物」のイメージとしては，例えば武器や飛行機などがピッタリくるだろう。このイメージであれば，電話線というのは微妙な気がするが，しかし，情報というのは非常に重要であるから，この点からすると含まれると考えられても不思議ではない。

さて，今述べた論点は，あくまで一般的な訴訟の進行における話である。実際には，裁判官はそうした審理を打ち切ってしまった。なぜなのか。必要ない

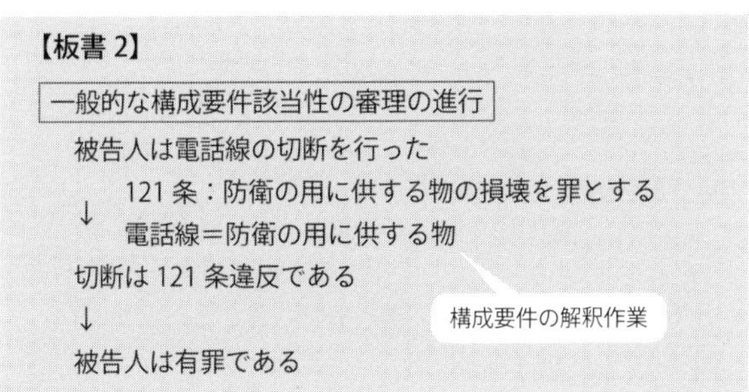

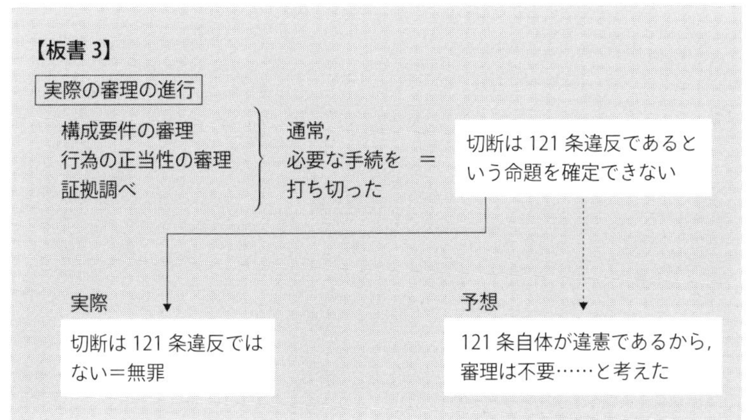

からである。では，どうして必要ないのか。違憲という結論を準備しているからである。と，そのように思われてしまった（**【板書3】**参照）。

ここで「法的三段論法」についてふれておこう。第4講の冒頭で法的思考について述べた際，三段論法的思考を司法的裁定に関する思考様式の特徴として示しておいた。これは法的推論の最も代表的なものであるが，具体的な中身については述べてなかったので，ここで補足しておこう。法哲学者の亀本洋は，この三段論法を「判決三段論法」とも呼んでおり，司法的裁定の意味合いを強く反映させた名称を用いている[2)]。また，この論法の性格なども詳しく解説しているが，ここでは構造に関する部分を掻い摘んでおくことにする。すなわち，

---

2)　亀本洋「第5章　法的思考」平野仁彦／亀本洋／服部高宏『法哲学』（有斐閣，2002年）200頁参照。

（法的）三段論法とは，（要件と効果からなるルールである）大前提に（認定された事実である）小前提を当てはめることによって，（法律効果である）結果を導くという形式である。こうした構造をもつ「合理性」をもった思考，これが三段論法的思考である。この流れが中止されれば，切断行為が121条違反かどうかの認定ができなくなる。だから，その打ち切りによって，それを必要としないレヴェルの話になっていると思われたのである。

ただ，やや細かいことをいうと，日本の場合，付随的審査制を採用している。付随的審査制は，抽象的に違憲か合憲かの判断だけをしない。具体的な事実が決まってから，この場合であれば，「防衛の用に供する物」であることを決定してから，（そのついでに，といってはいい過ぎだが）その後に判断されることになっている。付随するには，その前提たる本体が必要となる。だから，建前からいうと，その場合にも「防衛の用に供する物」の判定は要求されるはずである。しかし，それを割愛したということは……。多くの人がどういった結論になると考えたのか，想像できるだろう。もちろん，いきなり合憲・違憲を判断することも不可能ではない。実際に，121条についての事案，すなわち本体になる案件が目の前にあるからである。これがないのに，ある法律について，合憲か違憲かを判断して下さいといっても駄目なのである。だから，途中で構成要件の審理を打ち切るのは，そうした受け取り方をされることになるのである。

裁判の予測可能性

それゆえ，この事例は，あまりにあっけない裁判の終結と捉えられ，「肩すかし判決」と呼ばれることがある。ここには結果と満足度が一致しない状態が発生する。予期が外れたことが，その発生を齎せたのである。したがって，これは法における予期，すなわち予測可能性ということが，いかに大きなものであるのかということも示す事案でもあるといえよう（**【板書4】**参照）。

予期・予測可能性という言葉は，以前にも出てきたが，法的安定性とほぼ同じだといった。亀本は，裁判が事後の予測可能性を増大させる機能をもつという説明を与えている[3]。すなわち，訴訟が提起されるということは，やってみな

3）　亀本「第5章　法的思考」（前出注2）200頁参照。

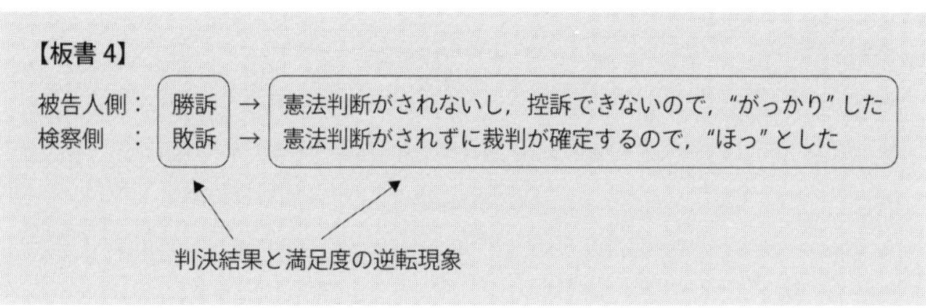

くてはわからないからということだ。だから，予測可能性が低いときほど，裁判になる蓋然性は高まるということになる。そして，一旦判決が出れば，それと同様のケースでの予測ができるようになる。これが，最も強力に作用するのが「先例」である。先例とは，特に英米における判例の場合をいい，英米法ではそれが一種の法規範になる。つまり，英米法の世界では，判例が法なのである。これを判例法主義という。だから，裁判官はこうした先例に拘束されることになる。これが「先例拘束の法理」である。制定法の解釈もこうした先例の考慮を通じてなされることになるから，判例法主義の国では，先例は第一次的法源といわれる。

一方，日本の場合，判例というと最高裁の判例を指す場合が多く，原則として法源という位置付けにはないものの，確立した最高裁判例に緩やかな法源性が指摘される[4)]。事実上においては，もちろん判例の先例としての影響力は強固に存在する。

宮沢・有倉論争

ところで，恵庭事件判決については，憲法判断をめぐっての有名な論争[5)]があるので，これを紹介しておきたい。憲法学者の宮沢俊義（1899-1976）と有倉遼吉（1914-1979）の見解である。宮沢の主張は，「憲法判断をもち出さずに裁判ができる場合，判断には及ばない」というものである。この見解に対し，有倉は，

4)　酒匂一郎『法哲学講義』（成文堂，2019年）353頁参照。間接的ながら，実定法上認められているという見解が可能であるという意味である。田中成明『現代法理学』（有斐閣，2011年）85頁参照。

5)　詳細は，芦部信喜『憲法訴訟の理論』（有斐閣，1973年）279頁以下参照。

【板書5】

憲法判断をめぐる見解の対立

憲法判断なしで有罪無罪を争うことが可能である		適用する法律が疑問とされている点を無視して適用できない
通常の法的三段論法ができるケース ＝〈法廷Ｉ〉で事足りる		法的三段論法はすでに崩れている ＝〈法廷Ⅱ〉での裁判が必要

「憲法判断が理論的に先行する以上，その判断なしに裁判ができる場合が考えにくい」として反論した（**【板書5】**参照）。なかなか興味深い主張である。たしかに，いわれてみればそのとおりかもしれない。しかし，さらに次のような考え方もある。逆に，憲法判断が回避できる場合でも，憲法判断しなければならない場合があるという考え方である。なるほど，これも興味深い。一体どの考え方が正しいのだろうか。といっても，正しいものは存在しない。ここにあるのは，どの考え方が最も適当なのかということである。前回も述べたように，一つの事象を様々な観点から考えるのである。考えられるケースを可能な限り考え抜くのである。さあ，どうだろう。熟考によって，ここに紹介した以外の考え方をもったのであれば，あなたは自己の可能性を増大させたといえる。それは非常に素晴らしいことである。

憲法判断についての考え方

では，実際のところはどうだったのだろうか。裁判官はどうするべきだったのか。これについて宮沢は，以下のような四つの考え方を示している[6)]（**【板書6】**参照）。すなわち，①憲法判断をすべきだった。②合憲判断をすべきだった。③違憲判断をすべきだった。④憲法判断をせずに正解であった。もちろん，宮沢自身は④の立場である。有倉も憲法判断をすべきとはいってないが，論理的にそれが避けられないという立場であるから，広い意味で，ひとまず①にしておこう。

6）　宮沢俊義「恵庭判決について」『憲法と裁判』（有斐閣，1967年）281-283頁参照。

【板書6】

憲法判断についての考え方――宮沢による分類

①憲法判断をすべき（多くの法学者・有倉）

②合憲判断をすべき（政府・与党）…………検察官

③違憲判断をすべき（ジャーナリズム）……被告人

④憲法判断をすべきでない（宮沢・芦部）…

控訴せず，
立場変更

憲法判断回避と判例

宮沢は，必ずしもすべての憲法事件で憲法判断が論理的に先行しなければならないということはないとして，有倉の見解を否定している[7]。アメリカでは同様の問題に対して，違憲審査の重要な原則として法律解釈による憲法判断を回避する方法が多くの判例によって示されている。芦部がしばしば言及するのがAshwander v. TVA, 297 U. S. 288（1936）において，L. D. ブランダイス（Louis Dembitz Brandeis 1856-1941）が補足意見中に示した「憲法判断回避の準則」である。この準則は，司法の自己制限の技術として有名なものである。この準則は七つからなるが，芦部によれば，その内容は次のようなものである（**【板書7】**参照[8]）。恵庭事件では，幾つかの論点が混在しているが，ここでは芦部と同様⑦に注目しておこう。この観点からすれば，裁判官は憲法判断を回避し得ることになるが……。

〈法廷〉選択の検討

さて，われわれも判決の可能性を考えてみたい。どういう選択がよいのだろうか。ここでは被告人の立場になって考えてみよう。これは，いわば憲法判断の戦略である（**【板書8】**参照）。この場合，〈法廷Ⅰ〉の前提は自衛隊法121条，〈法廷Ⅱ〉の前提は憲法9条と前文である。そうすると，どうだろう。宮沢や芦

7）ちなみに，宮沢がその理由として「時をかせぐ」ことの効用を示唆している点は重要である。宮沢「恵庭判決について」（前出注6）284頁参照。時間に着目することは，現代型訴訟を考える上でも必要になってくる。時間的要素の重要性については，第11講で言及する。

8）芦部『憲法訴訟の理論』（前出注5）44頁参照。なお，芦部も憲法判断回避の準則に司法の自制と十分な熟慮という政策的考慮を指摘するが，熟慮には当然時間的な要素が必要となる。

【板書7】

憲法判断回避の準則――Ashwander事件におけるブランダイス補足意見

①裁判所は談合的な非対立的訴訟手続においては立法の合憲性について判断をしない。

②裁判所は憲法問題を，それを決定する必要が生ずる前に，前もって取りあげない。

③裁判所は憲法に関する準則を，それが適用される明確な事実が要求する以上に広く公式化しない。

④裁判所は憲法問題が記録によって適切に提出されていても，もし事件を処理することができる他の理由が存在する場合は，その憲法問題には判断を与えない。

⑤裁判所は法律の施行によって侵害をうけたことを証明しない人の申立てにもとづいて，その法律の効力に判断を下さない。

⑥裁判所は法律の利益を利用した人の依頼で，その法律の合憲性に判断を下さない。

⑦国会の法律の効力が問題になった場合は，合憲性について重大な疑いが提起されても，裁判所が憲法問題を避けることができるような法律の解釈が可能かどうかを最初に確かめることは，基本的な原則である。

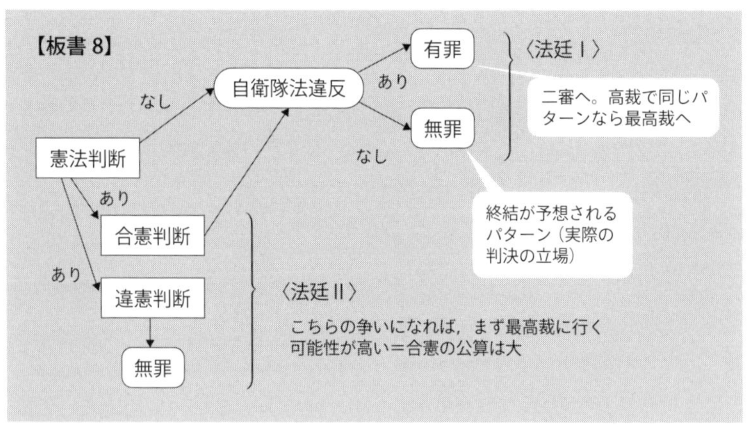

部の選択は意外に悪くなかったと思われないか。これを今度は局面ごとに見てみよう（**【板書9】**・**【板書10】**参照）。

憲法判断とイデオロギー対立

通常の（民事・刑事）訴訟は，過去の出来事に関する正義をめぐる弁論（法廷弁論）であるのに対し，憲法裁判における弁論には議会弁論の性格が含まれる。

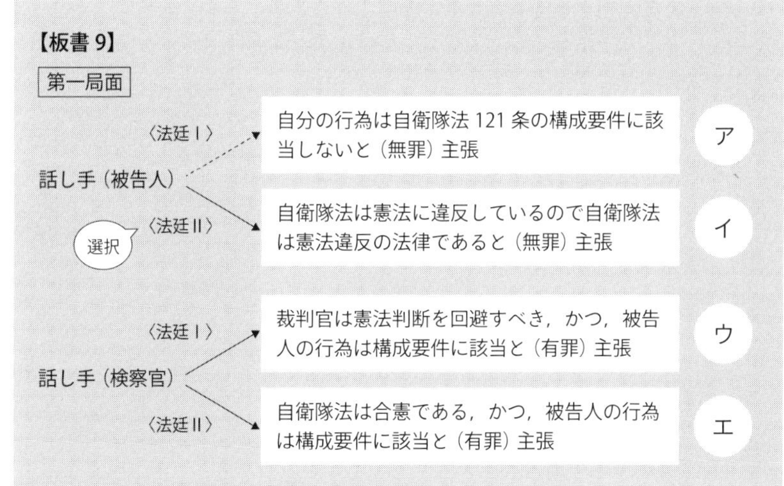

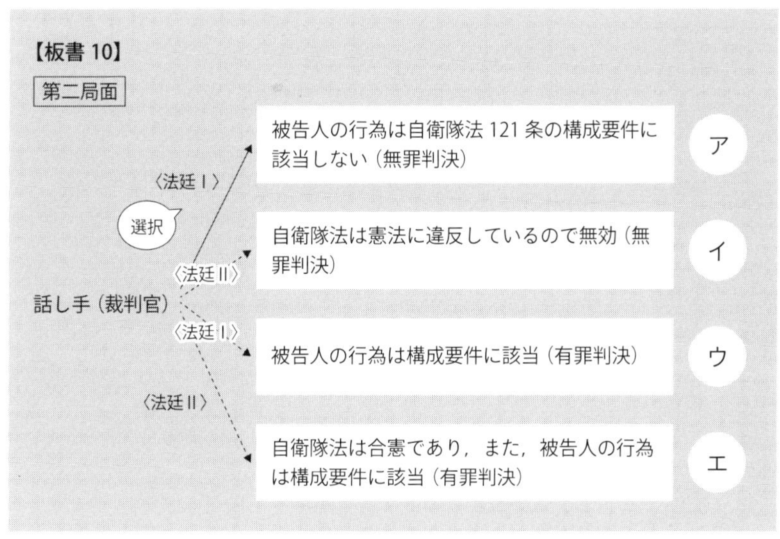

例えば，アメリカの憲法学者A. コックス（Archibald Cox 1919- ）の『最高裁判所の役割』は，そうしたことを示唆している。コックスは学校教育の人種差別撤廃に関して，連邦の裁判所が憲法裁判という名の下に新しい任務を引き受け

たといい，裁判所の命令が社会立法の性質を有すること，すなわち，決定に対し発言権をもたない何百万人もの生活を直接規制することになったと指摘する[9]。〈法廷Ⅱ〉レヴェルの意見は，社会のあるべき姿を探究するコミュニケーションであり，とりわけアメリカの裁判所が救済命令を下す場合，こうした影響は大きくなる。

裁判官の側にも着目してみよう。（ブランダイスの準則にあるように）彼らは，〈法廷Ⅰ〉を選択する傾向にある。なぜだろう。それは法と政治を切り離す（権力分立）ことによって，他の権力から中立的に位置するためである。では，もし，そうしなかったなら，どうなっていたのか。憲法判断を行って合憲（与党寄り）や違憲（野党寄り）の判決を下すことは，特定のイデオロギーの対立の図式と直接的に重なってしまうことになる。裁判官は国民に選ばれていない。イデオロギーにかかわることができるのは国民の代表だけなのである。だから，憲法判断や違憲審査権などを認めているのは，おかしいという見方もできる。しかし，逆にいえば，最終的な憲法判断は国民に委ねられているのである。改正しようと思えば一応はできる。そういう論理とシステムになっているのである。

合理的な〈法廷〉選択と不確定性

もちろん，訴訟当事者の側からも〈法廷Ⅰ〉を選択する場合がある。小畑は「囚人のディレンマ」といったゲーム理論の観点が裁判にも応用可能と考えて，〈法廷〉の選択の説明に援用している[10]。ゲーム理論とは，あるプレイヤーが他のプレイヤーの行動に影響を与えたり，逆に影響を受けたりする可能性を考慮しつつ自己の利益を最大化しようとする合理的行為に関する意思決定を分析する理論である。もっとも，実際の人間はパトス的でもあるから，ロゴス的＝合理的に行動するとは限らないが，説明としてはわかりやすいのでそれを紹介しておこう（**【板書11】**参照）。

9）Archibald Cox, *The Role of the Supreme Court in American Government* (Oxford: Clarendon Press, 1976), pp. 86-87（芦部信喜監訳『最高裁判所の役割』（東京大学出版会，1979年）136-137頁）参照。

10）小畑清剛『魂のゆくえ――〈人間〉を取り戻すための法哲学入門――』（ナカニシヤ出版，1997年）81頁以下参照。

【板書 11】

				被告人	検察官
①	裁判官	〈法廷Ⅰ〉	無罪	2	−2
②	裁判官	〈法廷Ⅰ〉	有罪（M-Min）	−2	2
③	裁判官	〈法廷Ⅱ〉	無罪・違憲（M-Max）	10	−10
④	裁判官	〈法廷Ⅱ〉	有罪・合憲	−10	10

数字は，小畑が複数の憲法学者の意見を踏まえて，当事者にとっての望ましさを得点化したものである。

被告人
- M-Max　→　一番よい勝ち方　①と③の比較→③　（ただし，ハイリスク）
  [2＜10]
- M-Min　→　一番ましな負け方　②と④の比較→②
  [−2＞−10]

まずは通常のパターンである。訴訟当事者は，第一局面の段階で，第二局面の裁判官が〈法廷Ⅰ〉と〈法廷Ⅱ〉のどちらを選択するかを確定できない状況にある。また，裁判官が有罪判決を下すのか無罪判決を下すのかを確定できない状況にある。つまり，二重の不確定性の状況に置かれている。この中での強気の戦略マキシマックス（M-Max）と弱気の戦略マキシミン（M-Min）を考えるとどうなるか。一番よい勝ち方は③，一番ましな負け方は②である。

次に，恵庭事件の場合である。被告人は〈法廷Ⅱ〉での判決を期待しており，また〈法廷〉の第一局面での状況から，〈法廷Ⅱ〉が選択されると考えられていた。つまり，前提条件の段階で不確定の度合いが下がっている。〈法廷Ⅰ〉を選択しない＝〈法廷Ⅱ〉の選択については，ほぼ確定と見られる状況なのであった。このとき，不確定要因は「有罪／無罪」の一点のみとなる。しかも，先に見た有倉の論理的先行の指摘があったように，論理的に考えるならば〈法廷Ⅱ〉を選ぶ場合には，もはや無罪判決である。さて，この状況で取れる戦略を考えるなら，当然それは強気の戦略となる。被告人は，一番よい勝ち方③を予想する。だから，憲法を論点として闘いを展開しようとする。一方，検察側は弱気となるから，一番ましな負け方①を予想する。憲法が論点となることを避けたい。こういった構図である。ところが，実際はどうか。すでに見たとおりの結果である。裁判官は①を選択し，被告人の勝ち（＋2ポイント）となった（**【板書 12】**参照）。

【板書 12】

被告人：③を期待していた → −8 ポイントでがっかり感……肩すかし
検察側：①を期待していた → ＋8 ポイントで安堵感……負けたけれど控訴せず承服

被告人は不満でも判決は確定

【板書 13】

	〈法廷Ⅰ〉	〈法廷Ⅱ〉	〈法廷〉
確信犯裁判	否定	否定	否定
憲法裁判	合意／不合意	合意／不合意	合意
（恵庭事件の場合）	（検察側のみ合意）	（被告人のみ合意）	（合意）
一般の裁判	合意	なし	合意

コミュニケーション的合理性の不成立と司法の信頼

ここで，われわれにとって重要なことは，この場合，コミュニケーション的合理性は成立しているといえるだろうかということである。少なくとも，そうした成立の条件を満たしているであろうかということである。ちなみに，確信犯裁判や全体主義的訴訟，冤罪裁判，お白洲型裁判では，コミュニケーション的合理性は不成立だった。憲法裁判では，裁判で意見を闘わせることについては承認しているというものの，〈法廷Ⅰ〉と〈法廷Ⅱ〉のどちらで闘うかについては意見が異なるケースがある。この場合，コミュニケーション的合理性の条件が成立しないのである。このように，憲法裁判では〈法廷〉の決定についての合意と不合意の両面が現われるという特徴がある（**【板書13】**参照）。だからAEAP原則は，当事者間でも裁判官とのあいだにおいても機能を果たせない。つまり，コミュニケーション的合理性の実現しない裁判として問題となるのである。

では，恵庭事件ではどうか。もはや，多言を要さない。われわれは十分に検討を行ってきた。興味深いことに，原告と被告人の両当事者の戦略にもかかわらず，裁判官の〈法廷〉選択がそれらを覆してしまった[11)]。当初は裁判に対する

【板書 14】

			被告人	検察官
①′ 最高裁裁判官	〈法廷Ⅰ〉	無罪	5	−5
②′ 最高裁裁判官	〈法廷Ⅰ〉	有罪	−5	5
③′ 最高裁裁判官	〈法廷Ⅱ〉	無罪・違憲	50	−50
④′ 最高裁裁判官	〈法廷Ⅱ〉	有罪・合憲	−50	50

被告人
- M-Max　→　一番よい勝ち方　①′と③′の比較→③′　（ただし，超ハイリスク）
  [5<50]
- M-Min　→　一番ましな負け方　②′と④′の比較→②′
  [−5>−50]

検察側
- M-Max　→　一番よい勝ち方　②′と④′の比較→④′　（ただし，超ハイリスク）
  [5<50]
- M-Min　→　一番ましな負け方　①′と③′の比較→①′
  [−5>−50]

失望や司法に対する信頼の低下が心配されたものの，しかし，この態度は後に変化する。仮にコミュニケーション的合理性の実現にこだわった場合，〈法廷Ⅱ〉の「場」に双方が合意すると最高裁まで争われる＝合憲が確定する。最高裁が〈法廷Ⅱ〉に合意しないと憲法判断は避けられるのである。見方を変えればこうである。コミュニケーション的合理性が確保されない代わりとして（これを犠牲として），最高裁はイデオロギーに関する問題に中立的であることを表明する。これによって司法に対する信頼の上昇を図る。つまり，システム全体からすれば差し引きゼロとなるようにしている。最高裁の行動に，いわばメタレヴェルのゲーム理論を当てはめれば，そういう見方もできるだろう。

仮想的審理

さて，最後に仮想最高裁での審理をシミュレーションしておこう。下級審で〈法廷〉選択の合意が実現して最高裁で争うことになるとどうなるのだろうか。もちろん，ここでは，最高裁の「肩すかし」は考えないものとする（**【板書14】**

11）裁判官の立場においてもポイントという観点が考えられるが，ここでは話を単純化し，訴訟当事者に限定するかたちで述べた。

参照)。このケースでは被告人の戦略の変化が考えられる。最高裁が終審(最後の判決)となるから，当然慎重に考える。これまでに宮沢の話やブランダイスの準則で確認したように，おそらく最高裁では被告人は負ける。最悪な負け方は必ず避ける(もし④′になれば52ポイントの損)。ましな負け方②′では－5ポイントである。現実の裁判では，①による2ポイントの獲得だった。これと比較すれば，計算上は7ポイントのプラス点となる。しかし，④′と比較すれば－50ポイントになってしまう。つまり，(最悪な負け方や)ましな負け方より，不十分な勝ち方を選ぶ方が得なのである。

第8講　リベラリズムとデモクラシー　I
——淵源としての寛容と啓蒙——

本講の目的　リベラリズムとデモクラシーに関する基本的知識について学ぶ。

コミュニケーション的合理性の材料づくり

われわれは確信犯裁判や憲法裁判の検討により，法的コミュニケーションの観察を行ったが，その結果，コミュニケーション的合理性の条件確保には，〈法廷〉の選択という問題が横たわっているのを確認した。最終的には真実性の一致を見なければならないが，そのための場となる空間の選定が訴訟当事者の相互作用の中で決まるわけではなく，結局のところ裁判官が決定することが明らかになった。もちろん，検討したこれらの事例は民事訴訟ではないが，しかし，民事訴訟でもそうしたことは十分に考えられるし，実際に可能である。恵庭事件のような場合はたしかに珍しいとしても，しかし，では手続的合理性とは一体何なのか。対話的合理性やコミュニケーション的合理性は一体どこに行ってしまったのか。ことごとく合理性が斥けられた。さらに，われわれは合理的なゲーム理論も踏まえてみた。しかし，結果は見てのとおりである。このように，法的価値や法的概念の高い理想は法の現実世界でもなかなか実現困難なのである。事実と当為の交錯地点の状況がよく見えたと思う。とはいえ，合理性の確保を諦めるのか。法哲学はそれを諦めてしまうのだろうか。現実における挫折に直面すると「もう，無理だ」とか「不可能である」というような気にもなる。いろいろといったところで合理性という考え方は単なる理想であって，現実には役に立たないではないか。結局は，無駄ではないか。しかし，そうではない。むしろ逆である。今出てきたような主張は，合理性という考え方が役に立たないという見方になっている。役に立つか立たないかの二分法の話は初回の講義で述べたが，だからこそ，法哲学はそういったことを主張すべきなのであり，その方法を考え抜かねばならない。もちろん，一気に解決とまではいかない。それは当然である。しかし，これらは少なくともその材料にはなる。そもそも，われわれはそうした地点からスタートしたのだった。ここまでの話の内容もそうした大きな流れの中にある。根源を忘れてはならない。

実は，裁判官の判決行動を焦点に法の確実性や中立性に批判的な立場はすでに存在する。リアリズム法学である。さらに批判法学という立場は，今回の講義のテーマであるリベラリズムに対してもそのイデオロギー性を批判する。問題点を指摘することも学問にとっては重要なのである。未だへこたれてはいない。ただ，そうはいっても，それは「強い」人間にしかできないことなのではないか。「強い」人間を前提にするなと述べたが，そのこととはどう整合するのか。もっともである。それならば，「弱い」人間の立場から考えればよい。むしろ，そうした立場から考えることが重要である。「強い」人間だけが考えた材料だけでは可能性は半分になる。といいつつ，本当のところ人間は皆凡夫であるから実は大した差はない。できる範囲で考えれば，それでよいのである。疲れたら休み，挫折を感じたら回復するまで待てばよいのである。ヒュームも歓喜と落胆の反転を経験している。彼自身もそうやって学問をし，挫折したことがある。憔悴し切った経験をもっている。弱さを知っている。イギリスの古典的経験論は，そうした人間知性の限界という考え方をベースにしている。漸進主義はそこから来ている。こうした本来の漸進という概念が，進歩・進化への自動的一方向性へと祭り上げられ固定化されると，「強い」人間像へと反転してしまうのである。

自由とリベラル

今回のテーマの核となっている「自由」についても，こうした考え方が関係しているのである。オーストリアの経済学者F. A. ハイエク（Friedrich August von Hayek 1899-1992）は，『自由の条件』の中で，「自由」の伝統の二つの系譜，すなわちイギリス流とフランス流を区別している[1)]。後者が合理主義的な背景を

1） Friedrich August von Hayek, *The Constitution of Liberty* (London: Routledge & Kegan Paul, 1960), pp. 54-56（気賀健三／古賀勝次郎訳『自由の価値――自由の条件 I――〈新装版

もつものであるのに対し，前者は経験主義的な背景をもっている。これは，今いったヒュームがいる系譜である。後者の代表は何といってもデカルトであろう。そもそも，進歩と革命は相容れない。吉田健一によれば，進歩の余地がないと認める力が働いて革命は起こるのである[2)]。フランスでは，新旧論争の結果，進歩の観念を手に入れたが革命が起こった。そういう意味では，やはり「強い」人間，合理主義的人間像を前提にしている。そうした傾向はある。（ただし，J.-J. ルソー（Jean-Jacques Rousseau 1712-1778）は合理主義哲学を批判したので，これには当てはまらない。）われわれが生きる現代社会では，「弱い」人間像を前提とした自由の系が後退しているように思われる。

ところで，こうした古典的な意味で使われる「自由」と，新たに使われるようになった「リベラル」の違いは一体どこにあるのか。イギリスにおいては復古主義的傾向に対して用いられるが，アメリカでは逆に進歩主義的傾向に対して使用される。この背景には，福祉国家，いわゆる「大きな政府」へと向かうアメリカ社会の大きな変化があった時代が関係するが，それは次のテーマとなっているため，そこでふれることにしたい。なお，日本でもアメリカの影響からか，「リベラル」というと，そのイメージは進歩主義的なものではないだろうか。第二次世界大戦後，イギリス社会も救貧法体制を脱却し福祉国家の建設を進めた[3)]。英米の両国での方向性としては似たようなものになったが，「リベラル」という言葉においては注意が必要なのである。ややこしいので，この講義でも，われわれは一応アメリカのイメージで使っておきたい。なお，両国が福祉国家に向かったということは，「弱い」人間の側に目を向けたということである。ただし，イギリスには経験論の伝統がある。それゆえ，この福祉国家への動向は，ある系が他の系に反転したということを意味するのかもしれない。一方，アメリカの場合はどうか。アメリカにはそういった歴史はない。もともと，もう一つの系，すなわち「他なる系」の歴史が存在しない。フロンティアの精神は「強い」人間像を前提とするものである。ということは，系の往復や反転においてではなく，「強い」人間像の系から社会的弱者に目を向けてきた

ハイエク全集第5巻〉』（春秋社，1997年）81-84頁）参照。

2）吉田健一『ヨオロッパの世紀末』（岩波書店，1994年）44頁参照。

3）戦後のイギリスの社会状況について，中山竜一「第10章　戦後の法理論」中山竜一／浅野有紀／松島裕一／近藤圭介『法思想史』（有斐閣，2019年）218頁参照。

【板書1】

J. ロールズ（平等主義的リベラリズム，政治的リベラリズム）

ということである。ロールズは，そういった「他なる系」をどう見ているだろうか。「人権」という概念でさえ，必ずしも安定したものではなく，幾度となく攻撃されてきた歴史がある。法哲学者の中山竜一によると，19世紀終盤においては，「単なる道具的理念」と見なされた[4)]。労働問題，貧困問題，少数民族問題などは現代のわれわれの身近にある問題であるが，当時のこれらをめぐる議論において，そうした道具的理念の考え方が出てきたのであるから，「他なる系」との視点の往復を欠き，ただ「強い」人間像から社会的弱者を眺めるだけだと，同じことになるおそれは十分に考えられるのである。

リベラリズムの展開とリベラリズムの根本理念

さて，次に「リベラリズム」という語であるが，これは進歩的なイメージのリベラルな政治哲学と考えられる。代表的なものとしては，ロールズの政治哲学ということになるだろう（**【板書1】**参照）。今回と次回の講義においても，ロールズのリベラリズムはその一つの核である。前半はそれらについての予備知識を，後半はデモクラシーとの関係について論じていくことにしようと思う。

リベラリズムの正当化を印象付ける上で重要なトポスとなるロールズの『正義論』の影響は大きく，それまで価値相対主義的な見方によって鎮静化していた「正義」や「自由」といった概念についての議論を再活性化した。まさに，これらの概念を深めていくための材料がそこに提供されたのである。正義の原理を探究する彼の仕事は，リベラリズム，リバタリアニズム，コミュニタリアニズムなど幅広く刺激を与えている。1971年の刊行から今日まで約半世紀を経ており，かなりの議論がなされてきたと思う。その蓄積は量り知れない。その膨大な蓄積のおかげで，「リベラリズム」という言葉についても様々な意味が含まれることになった。したがって，「○○的リベラリズム」というように，

4）中山「第10章　戦後の法理論」（前出注3）215頁参照。

【板書 2】

リベラリズムの根本理念の多様性

公正―ロールズ　自生的秩序―ハイエク　権利ないし平等―ドゥオーキン

消極的自由―バーリン　積極的自由と消極的自由を兼備した個人の自律―ラズ

（普遍主義的）正義―井上

意味を限定して用いられることが多い。「政治的リベラリズム」とか「平等主義的リベラリズム」，あるいは「卓越主義的リベラリズム」などは聞いたことがあるかもしれない。「恐怖のリベラリズム」というのもある。ロールズには，実際，『政治的リベラリズム』という名の著書があり，彼の後期の立場はこれである。正義原理をコンセンサスによって支える政治的構想を提示する立場である。ちなみに「卓越主義的リベラリズム」は，卓越主義とリベラリズムを結び付けたイギリスの法哲学者J. ラズ（Joseph Raz 1939-　）の立場である。卓越主義とは，善を追求する共同体が個人を卓越した存在に導くというものである。ロールズの正義原理は「平等主義的リベラリズム」に含まれる。また「切り札としての権利」を唱えるアメリカの法哲学者R. ドゥオーキン（Ronald Dworkin 1931-2013）もこうした立場の代表格である。さらに，「恐怖のリベラリズム」は，政治哲学者のJ. N. シュクラー（Judith N. Shklar 1928-1992）によって示された立場で，共通の悪に対する恐怖の緩和によって不正義の減少を目指すリベラリズムである。

ざっと見ただけでも，複雑で難しそうである。しかし，この「○○的」というのは，ある観点から見れば，ということであるから，一面的な見方であることを示している。沢山の「○○的」があれば，多面的な見方ができるということであるから，自分でも考えてみれば，より理解が深まるだろう。この講義でも「○○的」と付いていない場合，広い意味で「リベラリズム」という言葉を使っておくことにする。用語については，一応これぐらいにしておこう。

なお，それと合わせてリベラリズムの根本理念も多様である。ここに並べたものは，法哲学者の濱真一郎の分析に基本的に従ったものである（**【板書2】**参照[5])。政治哲学者・政治思想史家として知られるI. バーリン（Isaiah Berlin 1909-1997）の「消極的自由」などは，他人に干渉されない「～からの自由」として非常に有名である[6]。井上達夫の正義というのは，自己反省・自己否定を含意する「強さ」を重視したものである。ちなみに，「弱さ」に着目し，人間の凡夫性を根本に据える私の場合は，それに逆側から光を当てたものだといえるのかもしれない。

リベラリズムの淵源とロックの思想

さて，具体的な内容についてである。濱によれば，リベラリズムが一貫した知的伝統として結実したのは，遥か17世紀の名誉革命期である[7]。ということは，今述べてきた「○○的リベラリズム」の話は，20世紀以降の最近の話であり，リベラリズムの現代的形態をいう言葉であった。先ほど「一応」といったのは，そういうことである。そして，リベラリズムの淵源としてよくいわれているのが，「寛容[8]」と「啓蒙」である。井上は，この二大プロジェクトを契

5）濱真一郎「自由主義（リベラリズム）」の項目 日本イギリス哲学会編『イギリス哲学・思想事典』（研究社，2007年）268頁参照。

6）「消極的自由」については，Isaiah Berlin, 'Two Concepts of Liberty', in Isaiah Berlin, *Four Essays on Liberty*, paperback edition (Oxford and New York: Oxford University Press, 1969), pp. 121ff.（生松敬三訳「二つの自由概念」小川晃一／小池銈／福田歓一／生松敬三共訳『自由論〔新装版〕』（みすず書房，2000年）303頁以下）参照。後にバーリンが最重要価値を消極的自由から価値多元論へと改めた点について，濱真一郎『バーリンの自由論　多元論的リベラリズムの系譜』（勁草書房，2008年）195-196頁参照。バーリンの多元論がヴィーコとJ. G. ヘルダー（Johann Gottfried Herder 1744-1803）からその影響を受けていることについて，山下重一『J. S. ミルとI. バーリンの政治思想』（御茶の水書房，2016年）272-273頁参照。

7）濱「自由主義（リベラリズム）」の項目（前出注5）269頁参照。

8）寛容を人権と密接不可分な概念と捉える比較法学者の大木雅夫は，「寛容こそ基本的人権の生みの親」であるといい，西洋から継受された法に含まれた寛容の歴史的意味が忘却され，無差別抽象的に，すなわち多数者と少数者の関係を捨象してこの語が用いられている点，とりわけ，わが国の裁判官の見解にそれが見られることに強い懸念を示している。大木雅夫「寛容について」ホセ・ヨンパルト／三島淑臣編集『法の理論10』（成文堂，1990年）参照。大庭健も，寛容が「寛く容れる」側，すなわち多数派の倫理であることに注意を促している。その上で，幾つかの興味深い指摘をしている。第一に，対立する両者が対等に認め合うようになったときには，その争点であった事柄は相互承認にかかわる公的要件の座にはなく，別のものに代わったことを意味するとして，寛容を説いたロックにおいては，公的要件の座が信仰から私的所有に移っていたことを示唆している点である。その第二は，「多くのリベラルが，多数派による寛容を，対等な同士での自己否定的な相互承認とすり替えてきた」という指摘である。そして，このようにすり替えられ変容した「寛容に拠るリベラリズムは，私有財の自由な交換＝レッセ・フェールの自由主義と，少なくとも発生的には，不可分であった」として，その結び付きを強調している。大庭健「共生

【板書3】

リベラリズムの淵源：寛容と啓蒙
J. ロックの思想（啓蒙主義と経験論）→ 分析哲学，功利主義

機としてリベラリズムの思想伝統が形成されていると指摘するが，啓蒙のプロジェクトとは「因習の鉄鎖からの理性による個人の解放をめざす」ものであり，寛容のプロジェクトとは「宗教改革以降の凄惨な宗教戦争の克服の企てに端を発する」他者を寛く容れるというものである[9)]。ナントの王令（1598年）によりカトリックとプロテスタントの争いが調停されていたフランスでは，ルイ14世（Louis XIV 1638-1715）の時代になり，王権とカトリックによってプロテスタントへの圧力は強まった。1685年にナントの王令が廃止されると，多くのユグノーが国外へ逃亡した。

J. ロック（John Locke 1632-1704）が『寛容についての書簡』を執筆したのは，この出来事がきっかけといわれる。同じ年，イギリスではジェームズ2世（James II 1633-1701）が即位しており，これは名誉革命（1688-1689年）のまさに直前の時期である。ロックの『人間知性論』，『統治二論』が発表されたのは1690年だから，名誉革命の直後である。ロックは啓蒙主義の祖といわれるから，寛容と啓蒙を淵源とするリベラリズムにとってキーパーソンであることは間違いないが，それだけではない。さらに，もう一方ではイギリスの古典経験論の祖でもあるから，ヒュームへの流れをつくった人でもある（**【板書3】**参照）。ロックからヒュームへと至るいわゆるイギリス古典経験論の系譜は，「理知の越権」への反発を含んでいる。この意味での反デカルト的な側面は，同時代のイタリアにおいてもヴィーコによって強調されていた。ヴィーコはこの講義で何度も登場しているので，そうした彼の立場はよく理解できると思う。このよ

の強制、もしくは寛容と市場と所有　自由主義をめぐる一断想」『現代思想』第22巻第5号（青土社，1994年）142-143頁参照。なお，なぜ容れる側＝強い立場にあるものが，そういえるのかについては，これは宗教的な心性がなければ理解し難いだろう。つまり，自らが「弱い」人間であるという自覚がなければ出てこない。もともと寛容にはそうした宗教的な自覚が含意されていると思われる。

9）　井上達夫『自由の秩序　リベラリズムの法哲学講義』（岩波書店，2017年）177頁参照。

うにイギリス思想界のみが「理知の越権」に敏感であったわけではなく，こうした批判には時代的な背景もあるのだが，しかし，特にイギリスの場合，それを系として大きな流れとしたことは間違いない。そして，この経験論哲学は分析哲学や功利主義の源流でもある。イギリスは18世紀ヨーロッパ思想を牽引していくが，それはこの系によるところが大きいのである。ロックの思想が，いかに大きな影響を与えたものであるかが理解できるだろう。われわれは，まずロックの思想にふれないわけにはいかないのである。

寛容と啓蒙ということは，人間の不十分さ，すなわち人間の弱さを前提にしたものであるが，ロックにそれを見出すことができるだろうか。多少回り道になるが，ここでこれを確認しておきたい。まず大前提であるが，ロックの経験主義というのは，人間の認識の起源と限界への彼の関心から来ているということである。そこでは生得観念が批判的に検討され，観念は経験によるものとされる。ただし，ロックの経験主義はあくまで単純観念の経験主義であって，知識や信念の起源のすべてが経験だけに由来するとしているのではないことには注意が必要である[10)]。単純観念とは何か。単純観念とは，心が受動的に受け取るような（＝経験に由来する）分割できない観念である。人間はこうした単純観念を組み合わせて複雑観念をつくるのである[11)]。こういう構成になっている。なお，複雑観念を創出する能力は神から与えられたものである[12)]という理解があるから，ロックは神を信じている。人間はこの神から授かった知性という能力を使い，自力で知識や信念を獲得する努力をしなくてはならないのである。ここから「強い」人間像も導かれてくる。つまり，人間の不十分さからは寛容が，神から授かった能力からは啓蒙が，それぞれ引き出されることになる。この点を押さえておかないと，なかなか理解できない。

さて，ロックの寛容論は政治と宗教の関係をテーマにしている。つまり，政教分離である[13)]。先に見たようにフランスでは，世俗の世界，つまり政治の世界

---

10) 下川潔「ロック」『哲学の歴史　第6巻【18世紀】知識・経験・啓蒙　人間の科学に向かって』（中央公論新社，2007年）112頁参照。

11) John Locke, *An Essay Concerning Human Understanding*, edited with a foreword by Peter H. Nidditch, paperback edition (Oxford: Clarendon Press, 1979; first published 1975), p. 163（大槻春彦訳『人間知性論（二）』（岩波書店，1974年）7頁）参照。

12) Locke, *An Essay Concerning Human Understanding*（前出注11），p. 99（大槻春彦訳『人間知性論（一）』（岩波書店，1972年）126頁）参照。

にいる王が宗教の問題に立ち入り，ユグノーを迫害した。政治権力は宗教の世界に寛容でなくてはならない。ここが出発点である。もちろんキリスト教の宗派同士が互いに寛容であることも大事であるが，それだけでは宗教の世界の中での話になってしまう。政教分離という意味では，ロックの寛容思想はわれわれ現代人にも関係してくる。前回の講義で検討した憲法裁判にも，そのような寛容の姿勢は直結してくる重要な淵源なのである。こうしたことを踏まえれば，リベラリズムの淵源として，寛容があることは理解できるであろう。ちなみに，法実証主義者のケルゼンも相対主義的価値理論の基礎が寛容の原理であることを説いている。

啓蒙と人間像

次に，もう一方の淵源である啓蒙についても述べておこう。啓蒙とは一体何であるのか。ロックの場合，啓蒙も寛容と同じく宗教的背光を帯びている。「理性」という言葉を聞くと，普通われわれは，合理的であるとか，あるいは宗教とは切り離された客観的なイメージをもつと思う。ただし，それは多くの啓蒙思想家たちの成果によるもので，ロックのいた時点では必ずしもそうではない。またロック自身もキリスト教に理性以上のものを認めていた。しかし，宗教と理性を一致させ，宗教に理性以上のものを認めないような理神論者とも異なる。つまり，こうした前提での人間の認識に対する新たな見方の提示なのである。そうでなければ「理知の越権」ということも出てこない。人間の「弱さ」など出てこない。だから，単に「因習の鉄鎖」からの解放や「古習の惑溺」からの脱却ではない。これだけだと「強い」人間像にしかならない。それを支える背景が見えてこないのである。ロックの場合，神を信じた上での「強い」人間への方向性ということが重要である（**【板書4】**参照）。これを切り離したかたちで「強い」人間を目指すならば，人間の凡夫性をよほど意識しないと

13）John Locke, *A Letter Concerning Toleration* (translated by William Popple), in *A Letter Concerning Toleration; Concerning Civil Government, Second Essay; An Essay Concerning Human Understanding/ by John Locke. The Principles of Human Knowledge/ by George Berkeley. An Enquiry Concerning Human Understanding/ by David Hume*, Robert Maynard Hutchins (editor in chief), Great Books of the Western World, vol. 35 (Chicago: Encyclopædia Britannica, Inc., 1952), p. 21（加藤節／李静和訳『寛容についての手紙』（岩波書店，2018年）111頁）参照。

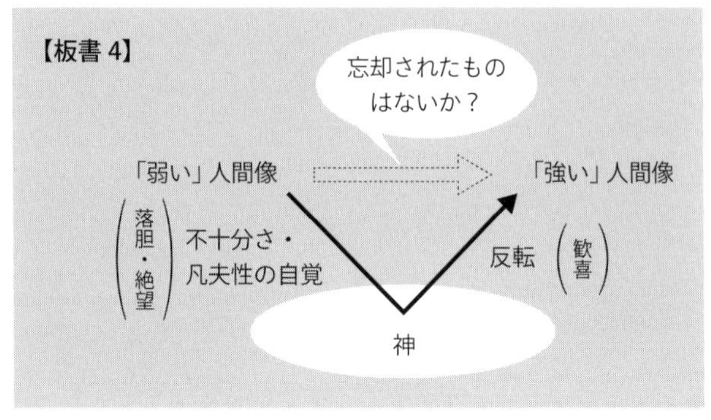

いけない。そうしなければ，独我論に陥る。もちろん，「強い」人間であるから，その系譜における主体は自己否定の契機を含んでいる。他者の存在によって自らが変容することも含意されている。しかし，それならば，なぜ自己否定に関する部分の忘却だけは加速するのだろうか。それは一つの系だけで考えようとするからである。反転する系を備えていないからである。自らの系の内だけで他者を考えても駄目である。他者が依拠する系＝「他なる系」を自らの中に保たねばならない。でなければ，他者はリアルではない。自己否定といっても，それは真の自己否定の可能性には繋がらない。ということは，真実性の一致もない。「強い」人間像を取る場合であっても，それは他者による自己の変容を受容できる強さであるから，「他なる系」との並存を示す方が忘却に繋がらず，自己否定の契機がより明確なものとなるであろう。そもそも「理知の越権」や「理性の思い上がり」という態度はそうした忘却によって出来上がったものである，という批判的な見方が経験主義の根底にあったのではないか。

リベラリズムの淵源に寛容と啓蒙があるならば，そこには必ず「弱い」人間像に繋がる何かがあるに違いない。このように考えてわれわれは淵源に位置するロックに遡ってみたわけであるが，それを窺い知ることができた。つまり，それは「弱い」人間像と，それゆえに神を信じたそこからの「強い」人間への方向性であった。こうしたことが確認できた。だから，この根源を忘却してはならない。[14)]リベラリズムをめぐる今日の議論で抜け落ちやすいのは，この点である。「弱い」人間像が忘れられているのである。根源にあったこうした人間像をこの講義では強調しておこう。さて，ということは，今日の平等主義的リベラリズムはロールズの独創ではなく，この根源にある人間像が彼を呼び起したということになるのではないか。根源との視点の往復は，ヴィーコやフッサールがその重要性を指摘しているとおりである。

自然法の世俗化

ところで，先にイギリスが18世紀ヨーロッパ思想を牽引したといっておいたが，他方で，法思想の形成面では，イギリスは大陸の思想を受け入れる側にあった。実際，スコットランドでは，H. グロティウス（Hugo Grotius 1583-1645）やS. プーフェンドルフ（Samuel von Pufendorf 1632-1694）らの法思想の影響を受けている。法哲学者の桜井徹によれば，ロックと同時代のプーフェンドルフは，自然状態において人々が合意して創出した「制度」を「条件的自然法」として，そこに神と自然法による追認を与えており，ロックの自然状態論などもプーフェンドルフのそれを受け継いだものであることが示されている[15]。プーフェンドルフにおいて，人間の行為＝合意による法の創造の能力が重く見られていることと，ロックのようにそうした能力が神から与えられていると理解することは非常に近い位置にある。このようなプーフェンドルフの条件的自然法から，神と自然法による保障が切離されるなら，人間だけの世界，すなわちコンベンショナリズムや規約主義による実定法理解となる。

ドイツにおいても，Ch. ヴォルフ（Christian Wolff 1679-1754）などがグロティウスやプーフェンドルフらの影響を受けている。ドイツでも近代自然法論が隆盛し，宗教戦争における暴力の回避が自然法の世俗化と結び付いた。こうした自然法の世俗化（実定法化）と啓蒙は軌を一にしている。ということは，啓蒙思

14） 各種のパラドクスの根底には淵源の切離ないし忘却がある。この淵源は，ある系とそれに対する他なる系とから成っているから，それらが相反するような場合が多いのであり，したがって場合によっては矛盾するものである。しかし，そうした淵源から両者を切離して扱い一方だけを取り出すならば，当然矛盾のない系として理解される。しかし，それこそが各種のパラドクスを生むのである。デモクラシーのパラドクス，寛容のパラドクス，リベラリズムのパラドクスなどは，皆そうした純粋な論理の行き詰り＝極限状態なのである。この極限状態を想起するとき淵源を考えざるを得ない。

15） 桜井徹「第11章 ザームエル・プーフェンドルフ」勝田有恒／山内進編著『近世・近代ヨーロッパの法学者たち――グラーティアヌスからカール・シュミットまで――』（ミネルヴァ書房，2008年）192頁参照。

想とは「あるべき」世界の思想ではなく,「ある」世界,すなわち世俗化の思想なのである。だとすると,なるほど相対主義の観点はもとより法実証主義の観点からもケルゼンが寛容を強調するのも頷ける。ロールズの問題は,自然法論と法実証主義の論争において,すでにある程度先取りされていたというか,その輪郭が現われていたものである。普遍的なもの=正義を基礎にしようとしたロールズに先立って,自然法論者たちは,普遍的なもの=自然を基礎にして,そこから規範を引き出そうとしていたのである。

系の創出

以上のような予備知識をもって,ロールズの正義論や平等主義的なリベラリズムを見ていかねばならない。ロックの場合,未だ人間の弱さと神の存在(=普遍性)に基礎付けられている。そういう意味での基礎付け主義である。ロールズの場合はどうか。たしかに彼の平等主義的リベラリズムは基礎付け主義である。ただし,それは世俗化された世界だけでのそれである。自然法のように神のような絶対性や人間本性と結び付いた普遍=基礎ではない。だからすぐに限界地点に到達する。その結果,後期に至って基礎付け主義を放棄することになってしまう。これは,いわば「弱い」人間に目を向けながら,「他なる系」のトポスを発見ないし創出できなかったからであろう。これでは視点の往復ができない。普遍を措定しようとするならば,視点の往復先を見付けなければならないのである。別の系,他なる系の存在を創出しなければならないのである。ここでは詳しく言及しないが,井上の正義論は「普遍」の再生を目指すものであるから,他なる系を発見しようと,あるいは創出しようとしているものである。それは,「企て」=企画(プロジェクト)であるから,その態度はリベラリズムのもつ本来の態度であるといえる。だからこそ,彼はロールズの方向転換,すなわち基礎付けからの退転を痛烈に批判したのである[16)]。

この点で示唆的なのは,ローマ法学者にして教会法学者でもあるK. W. ネル(Knut Wolfgang Nörr 1935-)の指摘である。彼は,啓蒙主義時代を「理性と経験による絶えざる批判の過程」と捉え,共に啓蒙主義の子といわれるヴァー

16) 井上『自由の秩序』(前出注9) 147頁以下参照。

ジニアの権利章典（1776年）とフランスの人権宣言（1789年）が，個人と国家の関係における性格の違いを有していることを例に，啓蒙主義の性質の要を，特定の結果の達成というよりも，過程という点に見ているからである[17]。哲学者E.カッシーラ（Ernst Cassirer 1874-1945）の『啓蒙主義の哲学』を踏まえつつ，彼は次のように述べている。すなわち，「啓蒙主義においては，思考と行為を規定する理性が，静的ではなく動的なもの，発展に向けて開かれたものとしてとらえられるのであって，発見しさえすればよい所与の真理に固定されてはいなかったのである[18]」と。こうした性質は，啓蒙がリベラリズムの淵源とされる意味をわれわれに教えてくれるのである。

「弱い」人間や凡夫には，新たな「他なる系」などなかなか思い付かないし，創出もできない。それゆえ因習の鉄鎖に繋がれ，古習に溺れる。淵源に遡るのが精一杯である。だからこそ，これを提示する役割に意味がある。啓蒙はプロジェクト（企画・企て）の提案である。この提示なしに，宗教や古習や慣習を「他なる系」として頼る「弱い」人間＝凡夫を批判することなどできないだろう。そうした提案ができる者とは，一体いかなる存在であるのか。ということは，われわれは再びある地点に戻ってきたといえる。弁論家と大衆の二つのタイプの人間がいる世界，そう，あのレトリック的弁論の世界の古代ギリシアである。それはデモクラシーの世界でもあった。ここからは，デモクラシーについて述べていくことにしよう。

古代・中世のデモクラシー

古代におけるデモクラシーを象徴するのが「デーモス」と呼ばれる地縁共同体の創設である。これによって市民は，血縁から地縁へ，種的存在からより類的な存在へと変化した。このシステムはアテナイのクレイステネス（Kleisthenēs 前570頃-前508頃）の改革によるものであるが，市民的アイデンティティの確立と帰属集団は大きく関係することがわかる。市民団の意思決定機関としての地位を確立した民会は，法＝ノモスを制定する主体となり，これに

17）K. W. ネル（村上淳一訳）『ヨーロッパ法史入門　権利保護の歴史』（東京大学出版会，1999年）94-95頁参照。

18）ネル『ヨーロッパ法史入門』（前出注17）95頁参照。

よりノモスの意味が慣習法から民会での決議（多数決）を含むものへと拡張することになったのである[19]。対外的にはペルシア戦争に勝利し，アテナイは他のポリスとのあいだで発言権を強化，支配権を拡大していく。さらにエフィアルテス（Ephialtēs ?-前461）の改革によって民主政を完成させた[20]。

続くローマでも，帝政以前には共和政が取られたことはよく知られている。これは500年あまりも続き，ローマ法の性格もこの中で形成された。ネルによれば，ローマの国制は口頭の伝承に基づいて成長していった憲法慣習のような特徴があったらしい[21]。明確な成文の規律は少なく，ローマ人はわれわれでいうところの憲法問題も父祖の慣習に依拠していた。また，その前提たる主体は階層・身分ごとに区別され，これに従って扱われることになっていた。もちろん，奴隷の存在を前提とするから，デモクラシーといっても，われわれの社会の共和制や民主制との隔たりは大きなものである。さて，周知のとおりローマの民主政には民会（comitia）がある。民会は複数種あり，それぞれ異なる構成と任務をもっていた。ケントゥリア民会，平民集会（concilium plebis）が有名である。

ちなみに，こうした背景を基に次第に形づくられていったローマ法は，中世に至ってはカノン法にも影響を及ぼしていく。具体的な規則や法制度もカノン法に採用された。世俗世界との関係において，教会はカノン法をローマ法と並ぶ知的水準に高める必要があったのである[22]。ネルの指摘では，学者と教皇の共同の努力によって学問的に新しくつくられた手続法は改造・合理化されたものであり，この結果成立した訴訟法は，現代の（ドイツおよび日本の）訴訟法の「直接の先駆者ないし始祖」と見なすことができるという[23]。それほどの影響がある。なお，教会が裁判権をもつというのは，今日のわれわれからすれば，意外な感じがするかもしれない。

ところで，一方でデモクラシーに対しては，すでに早くから否定的な捉え方がなされていた。プラトン（Platōn　前428/427-前348/347）やアリストテレスな

19） 橋場弦「第1章第2節　ギリシア・ポリス世界の繁栄」服部良久／南川高志／山辺規子編著『大学で学ぶ西洋史［古代・中世］』（ミネルヴァ書房，2006年）26頁参照。

20） 橋場「第1章第2節　ギリシア・ポリス世界の繁栄」（前出注19）30頁参照。

21） 以下のローマの国制（Verfassung）に関する説明については，ネル『ヨーロッパ法史入門』（前出注17）15-16，19頁参照。

22） ネル『ヨーロッパ法史入門』（前出注17）77頁参照。

23） ネル『ヨーロッパ法史入門』（前出注17）80頁参照。

ども，そうした見方をしている。例えば，プラトンの場合，選ばれて神寵を受けた者（＝哲学者）は，善の観照によって救済を得，支配者たるに相応しいとされ，善を観照できない一般人（＝被支配者）は，支配者の権威に服従することのみが救済への道である。こうした考えが専制イデオロギーへと繋がることは明らかである。プラトンは，人間の人間に対する支配を正当化する唯一のものとしての善と正義を問題としたが，そこには民衆への失望がある。善や正義が理解できない民衆がソクラテス（Sōkratēs 前470/469-前399）を死に追い込んだと見ているからである。また，アリストテレスにおいても，デモステネス（Dēmosthenēs 前384/383-前322）が民主制こそ自由を意味するとして君主制に隷従の意味を与えたのに対し，民主制の方が堕落した国制ゆえに奴隷的支配であると認識されているのである。

ケルゼンのデモクラシー擁護論

こうした否定的な見方が反転し，この言葉が肯定的な価値を獲得するのは，第二次世界大戦以降のことであるといわれている[24)]。しかし，それに先んじて，ケルゼンは彼らに対する批判を展開しデモクラシーを擁護していた。「プラトンの正義論」という論文は，「哲学者こそ支配の適任者」というプラトンに対する批判の書であり，「アリストテレス政治学の政治的背景」という論文は，アリストテレスが君主制を支持していたことを示したものである[25)]。また「民主制の本質と価値」では，相対主義が民主主義思想の前提となっていることを示して，民主制を政治的相対主義の現われと説いた。価値相対主義とデモクラシ

24） 的射場敬一「デモクラシー」の項目 日本イギリス哲学会編『イギリス哲学・思想事典』（研究社，2007年）387頁参照。

25） Hans Kelsen, 'Die platonische Gerechtigkeit' , in Hans Kelsen, *Aufsätze zur Ideologiekritik*, mit einer Einleitung herausgegeben von Ernst Topitsch, Soziologische Texte Band 16, Herausgegeben von Heinz Maus und Friedrich Fürstenberg（Neuwied am Rhein und Berlin: Hermann Luchterhand Verlag GmbH, 1964)（長尾龍一訳「プラトンの正義論」『ハンス・ケルゼン著作集Ⅴ　ギリシャ思想集』（慈学社，2009年）），およびHans Kelsen, 'Die hellenisch-makedonische Politik und die »Politik« des Aristoteles' , in Hans Kelsen, *Aufsätze zur Ideologiekritik*, mit einer Einleitung herausgegeben von Ernst Topitsch, Soziologische Texte Band 16, Herausgegeben von Heinz Maus und Friedrich Fürstenberg（Neuwied am Rhein und Berlin: Hermann Luchterhand Verlag GmbH, 1964)（長尾龍一訳「アリストテレス政治学の政治的背景――ギリシャ＝マケドニア対立の狭間で――」『ハンス・ケルゼン著作集Ⅴ　ギリシャ思想集』（慈学社，2009年））参照。

ーを受容するケルゼンの立場については第3講でも少しふれたが，より詳しくいえば，価値相対主義を取るがゆえに多数決原理を取るのである。その意味は逆説的なものである。決定の正当性が過半数の意見，すなわち量のトポスによることだけであることを暴露することで，他の可能性を否定し尽くすことの危うさを示すところにある。時間とともに量は変化するからだ。時代が変われば意見が変わるからである。いい換えれば，それは量のトポスを採用することで質のトポスを保持するという方法なのである。だから，平等の観念ではなく，自由の観念こそが多数決原理の根拠であるといっている[26)]。これも一種の可能性の保持の思想であるといえるだろう。大事なのは，まさにこの点なのである。単純に量のみになっていない。量化が全面化していない。質を忘却していないどころか，保持しようとしている戦略である。この講義でも何度も強調してきたが，根源にあるところ――この場合，質のトポスであるが――そういったものは切り離されてしまえば忘却されてしまうものであったが，ケルゼンの論理はそれを反転させたのである。そういう意味で，ケルゼンの立場は興味深い。そして，この中核にあるのは寛容なのである。ケルゼンの考えでは，寛容すなわち自由を意味する限りにおいて，民主制は正しい国家形態ということになるのである。

ケルゼンとロールズ

これらの観点，すなわち寛容，啓蒙，民主制を踏まえて，ロールズの（政治的リベラリズムについての）考えを見ていくとどうなるか。後期のロールズでは，克服しようとしていた相対主義に対する一種の譲歩があった。しかし，相対主義の意義は，ケルゼンが早くから強調していたことである。すでにそのような立場の重要性は，デモクラシーの中核が自由であり，自由は寛容を意味すると考えるケルゼンに明確に示されているのである。ここでケルゼンの正義論にもふれておこう。ケルゼンが表明するのは，「相対主義的正義哲学（relativistischen Gerechtigkeitsphilosophie）[27)]」という自らの立場である。事実から当為を導けな

26) Hans Kelsen, *Vom Wesen und Wert der Demokratie* (Aalen: Scientia Verlag, 1981), S. 9（長尾龍一訳「民主制の本質と価値（初版）」『ハンス・ケルゼン著作集Ｉ　民主主義論』上原行雄／長尾龍一／布田勉／森田寛二訳（慈学社，2009年）7頁）参照。なお，同書は2. Neudruck der 2. Aufl., Tübingen 1929, J. C. B. Mohr (Paul Siebeck) のlizenzausgabe。

いとするケルゼンは，『正義とは何か』という著作において，「人間の行動に対する規範を理性の中に発見できるというのは，人間の行動に対する規範が自然からえられるというのと同様，幻想である[28]」と述べている。さらに彼はこの著作で，自然法論者が互いに最も矛盾した正義原理を主張し合っていることに冷ややかな目を向け，そうした一様ではない正しさの証明という点の逆説的意味を指摘し，自然法論の方法が何も証明していない旨を指摘していた。また，「自然法論と法実証主義」という論文でも，「自然法論者たちの説いたのは一つの自然法論ではなく，複数の，多様極まる，そして相互に矛盾する諸自然法である[29]」として批判した。この批判は，当然，ロールズの正義原理導出の契機，合意にも効いてくる。ということは，ロールズはケルゼンの位置にまで徹底的に退転すればよいのか。実際，ロールズの方向転換を歓迎する論者も存在する。例えば，R. ローティ（Richard Rorty 1931-2007）である。後期ロールズがローティの立場と近いということもいわれたりする。

あるいは，それ以外だとどうすればよいのだろう。もう一度，ケルゼンの位置から見たロールズの立場に対する批判の論点を見てみよう。寛容である。他者を受け入れる寛容の限度について，ケルゼンはデモクラシーの自己破壊性，すなわち「デモクラシーのパラドクス」を全くといってよいほど気にしていない。（もっとも，「逆説」ということをよく用いるケルゼンの場合，そうした態度によってデモクラシーの重要性を啓蒙しようとしていると思われるのだが……。）ただし，それは意見を表明するレヴェルにおいてである。これに対して，実際に民主主義体制を力で排除しようとする行動を阻止することは，デモクラシーにも寛容の原理にも反しないと考えるのである。

ここで重要となってくるのが他者，そして自己否定である。デモクラシー論でも，われわれは自己否定の契機を入れることが本当にできるのか。これが問

27）　Hans Kelsen, *Was ist Gerechtigkeit?*, 2. Aufl. (Wien: Franz Deuticke, 1975), S. 40（宮崎繁樹訳「正義とは何か」『ハンス・ケルゼン著作集Ⅲ　自然法論と法実証主義』黒田覚／宮崎繁樹／上原行雄／長尾龍一訳（慈学社，2010年）211頁）参照。

28）　Kelsen, *Was ist Gerechtigkeit?*（前出注27），S. 38（「正義とは何か」209頁）参照。

29）　Hans Kelsen, 'Naturrechtslehre und Rechtspositivismus', in *Politische Vierteljahresschrift*, 3. Jahrgang, Heft 4 (1962), S. 325（長尾龍一訳「自然法論と法実証主義」『ハンス・ケルゼン著作集Ⅲ　自然法論と法実証主義』黒田覚／宮崎繁樹／上原行雄／長尾龍一訳（慈学社，2010年）242頁）参照。

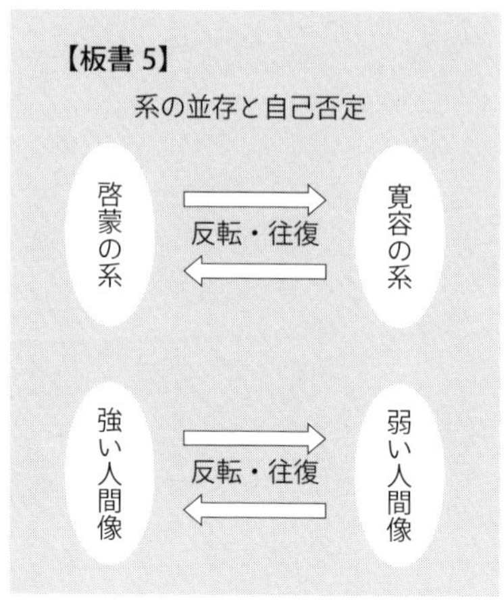

われているのである。とりわけ，個人という主体から国家という主体を導き出すような論理を取っている場合には，そうである。自由が個々の国民から国家人格に移されて，個人の自由に代って国民主権が登場したのだとしたら……。だから，リベラリズムには啓蒙の系がある。もう一つの系が必要である。啓蒙というプロジェクト自体が一つの系なのである。この寛容と啓蒙との系の反転ないし視点の往復作用によって，デモクラシーも辛うじて維持される（**【板書5】**参照）。寛容の系自体の自己否定の契機は啓蒙の系にあり，啓蒙の系の自己否定の契機は寛容の系にある。ロールズのリベラリズムの抱える問題へのヒントは，おそらくこの点にあるのかもしれない。

第9講　リベラリズムとデモクラシー Ⅱ
——正義の原理と憲法上の価値——

本講の目的　1. ロールズのリベラリズムの内容を知る。
2. リベラリズムの憲法上での扱いを確認し，民主制との関係についての理解を深める。

啓蒙思想家の挑戦

今回もリベラリズムとデモクラシーがテーマである。二回目の今回はリベラリズムの憲法上での扱い，すなわちその価値を反映した憲法上での具体的な規定を幾つか見ていきたい。その上で，民主制との関係を論じていく予定である。ただし，前回の内容がかなり難しかったと思うので，まずはそれを補足しつつ復習するところから始めよう。

リベラリズムには二つの淵源があったことをお話しした。「寛容」と「啓蒙」である。「寛容」は，宗派の違いから戦争にまで至ったという痛恨の歴史の反省から来ていた。そして「啓蒙」は，特に社会身分にかかわる様々な柵(しがらみ)から理性による解放を目指したところ，つまり，不自由な状態から自由を手に入れようとしたところから来ていた。何れも多かれ少なかれ，宗教の問題が根底にあった。そして，そこには二つの人間像があった。「弱い」人間像と「強い」人間像である。よく考えれば，二つの淵源にあった惨禍や問題に関してもそこには人間の弱さがあり，ある意味それゆえに招いたものであるともいえる。だから，そこからの反転として「強い」人間像とそれに向かっての方向性に光が当てられ，自己反省と旧来の社会や制度に対する批判が展開されていった。自己反省は当然，それまでの自己否定である。大まかにいえば，こういう話である。これは非常に重要な点なので，リベラリズムのルーツにこうした態度があることを今一度ここで確認しておいてもらいたい。この批判の上に啓蒙思想家たちは，新しい社会を構想していくことになるのだが，ロックやルソーなどは様々なアイデアを提案している。例えば,「社会契約説」などは有名なものであり,広く知られたところである。どんな社会があるべき社会なのか,そして,そのための方策がどういったものかを,彼らは真剣に考えた。

時代を隔てて,ロールズも同じような状況に直面した。ロールズの場合は,前提となる社会が第二次世界大戦後の価値相対主義的な社会であり,価値の序列というものが付けられないものとなっていた。つまり,人によって価値観は皆違うとされ,むしろそれが当たり前である社会となっていた。現代に生きるわれわれも,そうした価値観の違いを前提としているし,それが個性であるとさえ考えているかもしれない。そんな中で,あるべき社会の姿を提案することなどできるのだろうか。どういった秩序をつくるべきなのかは大きな問題となる。資本主義秩序,社会主義秩序,民主主義秩序,専制主義秩序,……。無秩序では困るが,だからといって皆が納得するものなどできない。そういう意味では,ロールズの抱えた問題はわれわれにも直結する。この講義でロールズを取り上げるのも,そのためである。その際に参考になってくるのが最初に多くのアイデアを提案した時代の思想家たちであり,だからこそ,われわれもロックの考え方を振り返っておいた。そしてさらに,ロールズが置かれていた時代の前提をなしていたケルゼンの議論を確認したのだった。この二つの点のあいだで,あれこれ考えてもらったのである。ここまでが前回の内容である。

ロールズの試み

では,引き続きここからお話しするが,こうした中でロールズによって提案されたアイデア,プロジェクトが「平等主義的リベラリズム」なのである。これは「公正」という理念をリベラリズムの根本に据えるもので,この「公正」こそが,彼のいう「正義」ということになる。公正,つまり平たくいえば,平等ということなのである。だから,「平等主義的」といわれる。何が平等なのか。この点は,彼のそのアイデアを取り上げる中で目にすることができるだろう。われわれの最大の関心事は,価値観がばらばらの中でどういう提案をしたのかということと,もう一つは(当然これとも関係するが,)合意の問題である。その提案にどうやって合意するのか。この点に関しては,対話的合理性やコミュニケーション的合理性のところでお話しした内容がかかわってくると思われる。（もっとも，これらの概念は哲学的議論のそれではなく法的議論におけるものであるから，直接的にとはいえないのかもしれないが。）今回のメインテーマに入る前に，ここで時間を使いそうであるが，これは仕方ない。

ロールズが参考にしたのは社会契約的発想である。もちろん現実の社会ではそんな契約が結ばれたことはなく，あくまで社会契約というのは仮想であるが，彼もこのアイデアを用いるのである。その世界では，どんなルールならば人々が納得し合意するのだろうか。それは正義に適ったルールである。といっても何を以て正義というのか。ロールズはそれを「公正」であるとした。ちなみに，fairには「公正な」という以外に「美しい」という意味がある。例えば，西洋の建築物の左右対称性も均整こそが美を表明している。法律も然りで，概念法学の理想は無矛盾な法体系であり，それは公正であって美しいものである。では，なぜ公正だと納得するのか。なぜ公正だと人々は合意するのか。公正の中身が問題となる[1]。それを引き出すための彼の議論を見ておきたい。最初のルールがない状態（原初状態）で，まず人々が合意するのは，自分が自由であるということである。つまり，生命・身体・財産・言論・良心など基本的なものに関して自由でなければならない。もちろん皆が**平等に**そうでなければならない。これは，おそらく合意できる。これが第一原理である。

さて，次の段階が問題である。ここでロールズは一転して不平等を認める。ある一定の条件の場合にのみ，経済的・社会的不平等が許容されるのである。なぜなのか。そうでなければ自由ではないからである。各人がいろいろ経済活動しても，結局，富を皆で平等に分けることになれば，頑張っても意味がないことになる。先ほど述べた第一原理の中に財産も入っていたように，これはかなり重要なものであるからだ。第一原理で基本線を維持した上で，公正な競争の結果として格差が出るのであれば，ある程度は合意できるだろう。ここでは，その程度の値までは示さない。あくまで仮想の，しかも大枠の話である。そして，最も不利な立場の人にその一部を再配分する。どうだろう。これならば受け入れ可能ではないか。ルールの創出の場面において自分がその立場に置かれ

1） John Rawls, *A Theory of Justice*, original edition (Cambridge, Mass. and London: The Belknap Press of Harvard University Press, 2005; originally published 1971), pp. 13-15（矢島鈞次監訳『正義論』（紀伊國屋書店，1979年）10-12頁）参照。具体的にそれは「正義の二原理」として提示されている。*Ibid.*, pp. 302-303（同訳書232頁）参照。

る可能性があるのだから。しかし，これだと二番目，三番目に不利な人は納得しないかもしれないが，彼らも自らが最も不利になる可能性をリアルに感じれば納得するだろう。（そこで，ロールズは「無知のヴェール」という有名なアイデアを用いるが，ここでは省略する。）要するに，そういうことを感じる工夫を入れている。

こういう原理として表明される公正さをもった仮想の社会を現実の社会と比べてみる。現在のわれわれの社会の状態とそれなりに似ていないか。あるいは，彼の仮想的社会とわれわれが理想的に思っているものと比べてみるとどうだろうか。何か当たり前の結論であって，新鮮な感じがしないのではないか。だからである。そうであるから受け入れることができる。ロールズならばそういうだろう。つまり，われわれの感覚と一致しているではないかと。これこそ，われわれが「公正」であると思うところに近いもの，われわれの正義感覚に沿っているものということになる。だから，（そう思える）われわれの社会はある程度はリベラルな社会なのである。そして，そこで重視される価値は第一原理で示されたようなものであるから，皆に等しく認められるべきもの，つまり基本的人権に関するものである。リベラルな社会では，これらは憲法の規定として反映されることも多い。これで，社会の姿の大枠は一応のところ埋まった（と，ロールズは考えた。そうだとしても，ここからである。これでゴールではない。これはスタート地点である）。

リバタリアニズムの立場

さて，しかしここからが現実の世界の問題である。いよいよ本題に入っていく。実際は，憲法上の価値はぶつかっている。（自由と平等のような）憲法の基底的価値や（プライバシーという基本的人権と表現の自由のような）憲法に規定されている価値同士の対立，それらがぶつかる空間が〈法廷〉なのである。ここからは，こういった視点を踏まえながらリベラリズムとデモクラシーの関係について見ていきたい。

すでにロールズにおいて確認したように，リベラリズム（liberalism）は多少の結果の修正と機会の修正を認めるのであった。自由を強調しながらも，そういう考え方を取っていた。これに対し，極力強制を斥けようとするリバタリア

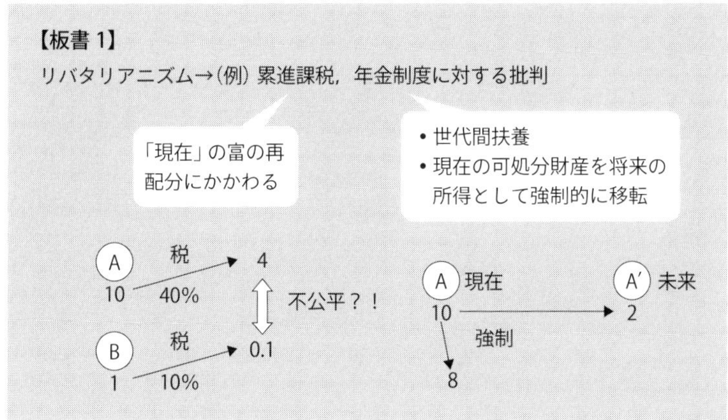

ニズム（libertarianism）[2]と呼ばれる立場もある。その立場からは機会の平等，国家への不信，小さな政府という考え方が出てくる。極端にいえば，人に迷惑を掛けない限りは何でもありなのである（J. S. ミル（John Stuart Mill 1806-1873）の危害原理）。この立場からすれば，累進課税や年金制度も批判される（**【板書1】**参照）。その他，夫婦同姓の家族制度，不妊カップルのための代理母契約の規制，道徳的犯罪の規制も正当化できないと主張される。自己が自己を所有するという権利を有しているのである。自己は他者の所有物ではない。このように自由主義の根幹に身分制や専制体制から自由・権利を獲得したことを措定しているため，①個人的自由の擁護・維持，②拡大国家に対する批判，③市場の有意性を強調する。当然，こうした立場では社会保障制度の充実ということは考えにくい。ということは，憲法上の規定についても，いろいろと問題があることになるだろう。同じ自由を擁護する立場といってもこれだけ開きがある。さらにいえば，リバタリアニズムのように機会の平等ということを最大限考慮するならば，ハビトゥスということまで考慮しなければならなくなる。ハビトゥス（習慣を形づくる要因）によって機会がつくられると考えることもできるからである。生まれながらにしての環境を機会と捉えて，これに平等を厳格に適用すれば遺産相続もなくなる。そうすると，逆説的な事態になりはしないか。非

2）リバタリアニズムの詳細については，森村進『自由はどこまで可能か　リバタリアニズム入門』（講談社，2001年）参照。

【板書2】
憲法上での扱い　　11条：基本的人権　13条：幸福追求権　25条：生存権
81条：違憲審査権（法廷との関連）

常に興味深い。

これらは極端な話であったかもしれないが，ある程度同じ価値観をもっていたとしても，場面によって何が優先されるかは人によって異なってくる。こういう問題がある。むしろ，現実にはそういう方が多いのかもしれない。そして，価値の問題は探究学的思考になる場合が多いのである。

法的価値を規定する

ところで，ロールズの正義の原理の中で出てきた諸価値は，日本国憲法でも表現されている。すなわち，権利というかたちになって規定されている。それは憲法規定ゆえに，もちろん抽象度が高いものではある。けれども最高法規に規定されているということは，それなりの重みが与えられているということに他ならない（**【板書2】**参照）。重みの存在を認めるとして，では，その具体的な中身はどうなっているのだろうか。例えば生存権は非常に抽象的である。「文化的な生活」がどのような水準であるのかはわからない。「健康」というのが具体的にどんなイメージなのかもわからない。というよりも，これらはそのときどきの社会の状態によって決まる相対的なものなのである。だからこそ抽象的に書いてある。

実は，そういった具体的な中身のない規定，すなわち空規定に逸早く注目していたのがケルゼンである。また，日本であれば帝国憲法の起草の中軸になった人々である。彼らは形式のもつ意味をよく理解していた。

ケルゼンの場合を考えてみよう。彼は『正義とは何か』という著作の中で，ギリシアの七賢人の一人が残した言葉「正義とは，つまり，各人に彼のものを与えることである」を引き合いに出し，この定式が内容をもっていないことに着目している[3)]。どういう点がケルゼンの関心を引いたのか。気になるところである。ケルゼンによれば，「『各人に彼のものを』という原理は，『彼のものが何か』ということが，予め決定されているという前提に立ってはじめて適用することができる」ものなのである[4]。その「予め」というところにあるのは，現実の秩序である。われわれは，知らず知らず「彼のもの」についてのイメージを何かしらもってしまっているのではないか。特に（ヒュームのような）経験論の立場だと，ゼロからイメージできないという立場だから，その印象から想像が広がっていく。現実にあるものがイメージの基体のようなものとなる。そういったことが隠されている。実は，ロールズの正義原理にもこれと同じ部分がある。われわれはこの世界に生きている以上，現実を感じている。いくら原初状態を仮想しても薫習による影響は必至だ。例えば，原初状態にいる人間のイメージは皆違うだろう。イメージの中の彼らは服を着ているのだろうか，その場所は平野なのだろうか，それとも浜辺なのだろうか等々である。ロールズはそういうところにふれていない。無知のヴェールによって納得してしまったかもしれないが，ケルゼンはそういうところまで見ているのである。いうなれば，この無知のヴェールは何色なのかというところまで気を配っているのである。だから，われわれがロールズの導いた原理に一種の常識的なものを感じたとしたら，そういうことだ。実際，井上達夫もロールズのそういうところを見抜いていた。まさに烱眼である。

話を戻すと，ケルゼンは「彼のもの」の中身が現実の秩序によって決定されることに関心をもっていたのである。ということは，別の社会では別の中身になる。どんな社会にも対応できるとは，中身を置き換えることができるということ，すなわち内容をもっていないことである。彼は「あらゆる社会秩序を正しいものとすることができる[5]」ものこそ空規定であると考えた。通常，空が充填されている状態では，内容をもっていないことがあまり意識されないのである。彼は「各人に彼のものを」の，こうした点に着目した。抽象的な規定，究極的には空規定はどんな社会にも対応可能である。だから，憲法25条の「健康で文化的な」という文言は，「健康」とか「文化的」とかの水準の変化を前

---

3)　Hans Kelsen, *Was ist Gerechtigkeit?*, 2. Aufl. (Wien: Franz Deuticke, 1975), S. 23（宮崎繁樹訳「正義とは何か」『ハンス・ケルゼン著作集Ⅲ　自然法論と法実証主義』黒田覚／宮崎繁樹／上原行雄／長尾龍一訳（慈学社，2010年）197頁）参照。

4)　Kelsen, *Was ist Gerechtigkeit?*（前出注3), S. 23（「正義とは何か」197頁）参照。

5)　Kelsen, *Was ist Gerechtigkeit?*（前出注3), S. 23（「正義とは何か」197頁）参照。

提としている。そもそも法律条文は，ある程度そうした抽象的なかたちで書かれている。だから解釈が必要になる。解釈学的な，つまり教義学的思考の出番である。ただ，それだけではどうもうまくいかない。そういう場合に，探究学的思考が登場するのであった。

生存権の抽象と具体

ここで具体的な判例を一つ見ておきたい。第6講で司法の積極・消極という話の際にふれた「朝日訴訟[6)]」である。いわずと知れた生存権に関する事案である。この事案は，生活保護法に基づいた医療扶助，生活扶助を受けていた人物（原告）の医療費の自己負担についての争いである。この人物には兄弟があり，社会福祉事務所はその兄弟に対し本人へ毎月仕送りをするように命じた。ちなみに仕送りの金額は1500円である。その上で，日用品費である600円を差し引いた900円分について，医療費の自己負担分として負担するように，保護の内容を変更したが，原告はこの決定の取り消しを求めた。と，掻い摘んでいえばそういう話である。変更処分が違法であるとした一審では，生活保護法が，憲法25条の生存権を現実化・具体化したものであると示している。そして，最低限度の生活水準は，特定の時点において客観的に決定し得るものとしている。これに対し，二審では，最低限度の生活水準は固定的なものではなくて多数の不確定要素を綜合して考えるものであり，この現在の基準が「すこぶる低額」であるが違法とまではいえないとしている。最高裁では，上告人が死亡したことで相続人がそれを引き継ぐ意味がなくなったと判断して，この訴訟は終結する。その際に，生活扶助基準についての裁判所の意見を付加しているが，その中に憲法について言及している部分がある。憲法25条の「健康で文化的な最低限度の生活」について，これは「抽象的な相対的概念」であるから，文化の発達や国民経済の進展など多数の不確定要素を綜合的に考えて決定されるものだとしている。そして，何よりこの規定は，国の責務としての宣言の意味であって，国民に対する具体的権利の賦与ではないのである。ちなみに具体的な権

6） この事例についての以下の内容および詳細は，上田勝美「生存権の性格――朝日訴訟」芦部信喜／高橋和之／長谷部恭男編『別冊ジュリスト　憲法判例百選Ⅱ〔第4版〕』（有斐閣，2000年）290-291頁参照。

利は，憲法ではなく生活保護法によって与えられている。そういう構成になっていると考えられている。

論点はいろいろあるので興味深い内容となっているが，われわれの話の流れでいうと，まずは「抽象的」，「相対的」という部分に着目しなければならないだろう。次に着目すべきは，「具体的」の方が憲法でなくて，法律によって与えられているという点である。他にもあるが，ここではこの二点に限定しておこう。「抽象的」，「相対的」という言葉は，先ほどから見てきたように，どんな社会にも対応可能なように使われている。だから，具体的な内容については何もいっていない。「健康で文化的な最低限度の生活」について綜合的に考えて認定判断するのは，大臣の裁量であるから極めて政治的・行政的な話であると裁判所が考えているように，法的にではなく政治的・行政的に決まるものなのである。憲法のレヴェルではそういう話になっている。

〈法廷〉における生存権

一方，法律のレヴェルでは，生活保護を受ける権利は法的な権利である。ここに，権利についての理解の仕方，すなわち解釈という作業が重要になってくる意味がある。その際，権利とは一体何かというメタレヴェルの思考が出てくれば探究学的思考になっていく。この場合，〈法廷Ⅰ〉と〈法廷Ⅱ〉というコミュニケーション空間の関係でいえば，どうなるであろうか。この点を考えてみよう。〈法廷Ⅰ〉はドグマを前提とした法的コミュニケーションの空間，〈法廷Ⅱ〉はそれを懐疑するコミュニケーションが行われる空間であった。ここでドグマになっているのは生活保護法である。生活保護法に基づく受給の中身についての話が教義学的思考の対象となる。一方，探究学的思考では，生活保護法の諸々の規定や，この法そのものを懐疑することになる。その際，論拠となるのは憲法である。憲法の外から憲法を懐疑すれば，確信犯的思考になる。そういう構図であった。いい換えれば，憲法を改廃するという視点は政治的視点であるが，法的には確信犯的視点に重なるのである。ここでの事例は，〈法廷Ⅰ〉と〈法廷Ⅱ〉という概念によって以上のように分析される。

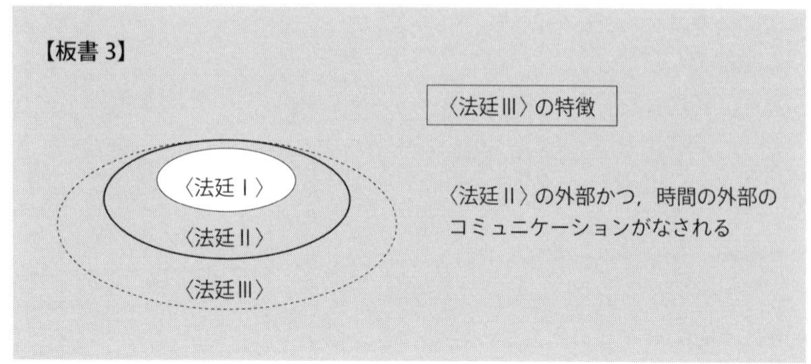

〈法廷Ⅲ〉の存在

なお，ここでさらに一歩進めて，〈法廷Ⅲ〉[7]という概念を導入しておきたい（【板書3】参照）。もちろんこれは，〈法廷Ⅱ〉の外でのコミュニケーション空間を意味する。したがって，政治的コミュニケーション空間である。だから，もし憲法の規定に疑義があるときは，〈法廷Ⅱ〉ではなく〈法廷Ⅲ〉の話になってくる。つまり，法的なコミュニケーションか，それとも政治的なコミュニケーションかである。〈法廷Ⅱ〉においてはコミュニケーション的合理性の実現が目指されるのに対し，〈法廷Ⅲ〉ではロールズ的な一般レヴェルの合意が目指される。そこは，そうした議論がなされる空間となる。ということは，そこでの合意の方法＝作法は，以前にも見たように「時間」というものが制限されることはない。それゆえ，〈法廷Ⅱ〉までは時間の内なる空間，〈法廷Ⅲ〉は時間

7）　なお〈法廷Ⅲ〉のレヴェルについては，小畑の場合〈社会〉と〈良心〉というように表現されている。小幡清剛『コモンズとしての裁判員裁判　法・裁判・判決の言語哲学』（萌書房，2013年）104-107頁参照。私は，以下の五つの理由からそれを〈法廷Ⅲ〉と表記し，この講義でもそれを用いている。①この空間が法に関するコミュニケーション空間であること。②それゆえに，審級（何らかの普遍性を目指している）的性質があること。③決定＝観察によって境界が現われたり，消滅したりすること。④〈法廷Ⅱ〉と隣接している（がゆえに，ここでのコミュニケーションの主体も「聞き手」として〈法廷Ⅰ〉と〈法廷Ⅱ〉の主体から想定されている）こと。⑤〈法廷Ⅰ〉と〈法廷Ⅱ〉が時間を考慮される空間，すなわち時間の内側にあるのに対して，時間の外側にあること部分を一括表記した方がコミュニケーションの質が明確になると考えられること。

また，判決によって各種の〈法廷〉が現われたり消滅したりするが，ここには決定によって観察ができる，つまり観察と決定の同時性ということの重要性が示唆されている。つまり，行為者＝観察者の視点を重視する内部観測的意味である。さらに物理学的な観点，すなわち粒子と波という光の二重の性質のように，観察によって性質を変化させるというイメージとも重なる。観察＝決定した途端，その性質が確定されるのであるから。つまり，観察＝決定されるまでは確率論的に存在しているのである。この点も〈法廷〉のイメージと一致するのである。

の外の空間ともいえる。ここが大きな特徴であった。ある意味，時間を無視してというか，継続して会話し続けることになるのであった。時間の外部ということは，時間内存在である人間を抽象的に扱えるということである。だから未来人の話もできる。将来的なコミュニケーションができる。

一方，〈法廷II〉までは，コミュニケーションは基本的に過去志向になるし，具体的になる。人間には生命＝時間的な限りがあるから，それゆえに，そこでの会話で合意や納得，説得が目指されたりもする。あるいは，裁判でも判決ではなく和解という結論になったりするのである。〈法廷III〉という概念を用いたコミュニケーションの分析は，このようなものになる。

デモクラシーと違憲審査権の関係

では，ここからは憲法81条との関連について見ていきたい。違憲審査権（法令審査権）をめぐる議論である。これは，民主主義ないし民主的な政治制度との関係において浮上する問題である。宮沢俊義によると，憲法の最終的な公権的解釈を誰に任せるかは，立法政策の問題であり理論で決まるものではない。日本国憲法の場合，「裁判所は，その裁判において適用する法律の合憲性については，立法者（国会）の判断に拘束されることなく，自主的に判断すべきであり，それを違憲と判断するときは，その適用を拒否できる[8)]」のである。このように考えられている。この権限が人権保障にとっては極めて重要であることは論を俟たない。先に見たリベラリズムが重視する価値を反映した最高法規である憲法上の規定と一般レヴェルの法律の整合性を問うものとして，リベラリズムの立場からも重要視される。ここまではよいだろう。問題というのは，違憲審査権がデモクラシーの中でどのように正当なものとして捉えられるのかである。

芦部信喜によれば，「民主政」という政治制度は，「多数者支配的民主政（マジョリタリアン・デモクラシー）と立憲民主政」とに区別される[9)]。前者が「多数者支配（majority rule）の要件に重点」が置かれるのに対し，後者は「自由と平等，それを基礎づける人間人格の

8)　宮沢俊義『憲法講話』（岩波書店，1967年）175頁参照。

9)　芦部信喜『憲法訴訟の現代的展開』（有斐閣，1981年）152頁参照。なお，この講義では制度という意味を強調し，「民主制」と表記しておく。

【板書 4】

（違憲審査権と民主制との関係）

多数者支配的民主制 ⟶ （徹底した多数者主義）
最高裁の違憲審査権は少数の（一部の）人間によって行使される権限であるから本来的には多数者主義とは相容れない＝非民主的な機関（だから究極的には違憲審査は異質な権力行使である）

立憲民主制
↓
①実態に目を向ければ，議会や内閣の諸制度においても非民主的なものが認められる。
②多数者支配は，共同体の構成員の人権が守られているという前提の上での原則である。
つまり，違憲審査制は民主的な制度である

尊厳および人権保障の原則に重点」が置かれる[10]。こういった性格・傾向の違いによって区別されている。多数者主義の前者の立場が違憲審査権と相容れないことは，なるほどそうかもしれない。この緊張関係は，それ自体興味深いものであるが，芦部の関心は後者にある。というのも，彼の考え方では日本は後者に位置付けられるからである。したがって，結論からいえば，日本では違憲審査権はデモクラシーの中でも正当化されるものであり，そもそもこうした齟齬の問題はないのである。以下，詳しく見ておきたい（**【板書4】**参照）。

この立場からすれば，こうである。もし，仮に日本が多数者支配主義であったとすれば，違憲審査の規定は許容されない。違憲審査権が規定されていることが日本が立憲民主制であることの証となる。つまり，立法者が憲法の規定に最高裁判所の違憲審査権を明示しているということが，多数者支配主義ではなく立憲民主主義の立場にあることの証明になると考えることができるのである。一方，徹底した多数者主義においては，少数の（一部の）人間に重要な権限を認めることは基本的に許されない。最高裁の違憲審査権は，少数の（一部の）人間によって行使されるものであるから，本質的にこうした多数者主義とは相容れないという非常にシンプルな理由である。つまり，この立場からすれば，最高

10） 芦部『憲法訴訟の現代的展開』（前出注9）152頁参照。

裁は非民主的な機関なのである[11)]。だから多数者支配的民主制の社会では，違憲審査はノーマルではない異質な権力行使ということになる。

それに対して，立憲民主制では相対的に人権保障に重点が置かれていた。ということは，多数者主義を取りつつも，この点について何らかの配慮や考慮が必要である。そういった工夫がいる。でなければ，多数者支配的民主主義になってしまう。したがって，次のように解釈される[12)]。①制度の建前でなく実態に目を向ければ，議会や内閣の諸制度においても非民主的なものが認められる。あるいは，議会や内閣の意見も形式ではなく，その実質に目を向けるならば，これが必ずしも国民の多数の声とイコールではない。（例えば，消費税の創設があったとき，高齢者の医療制度の創設があったとき，世論はどうであっただろうか。）②そもそも多数者支配は，共同体の構成員，とりわけ少数者の人権が守られているという前提の上での原則である。このような理解こそ，多数者主義における一定の工夫である。このように理解するならば，多数者主義と違憲審査制は矛盾せず，違憲審査制はその意味で民主的な制度であるといえることになる。こうした論理である。逆にいえば，現在の日本国憲法で多数者支配主義を徹底することは，立憲民主主義，すなわち日本的な民主主義に反することになる。もっとも，そうしようとした場合，憲法は変更されることになる。

リベラリズムの違憲審査権擁護論

立憲民主制の考え方によれば，少数者の意見であっても憲法上の価値の主張が〈法廷II〉で可能となる。いい換えれば，一般レヴェルの法律が違憲であると主張できるのである。なるほど，これは説得的である。しかし，全く別の考え方がある。リベラリズムである。先ほどは民主制の内部に着目したが，今度はそれ以外にも視野を拡大することにしたい。

井上は違憲審査制を立憲民主制との関係で説明するのではなく，リベラリズ

---

11)　最高裁が非民主的機関であることを前提にしつつも，憲法的政策形成（「非解釈的司法審査」）の正当化を試みているものとして，Michael J. Perry, *The Constitution, the Courts, and Human Rights: An Inquiry into the Legitimacy of Constitutional Policymaking by the Judiciary* (New Haven: Yale University Press, 1982)（芦部信喜監訳『憲法・裁判所・人権』（東京大学出版会，1987年））参照。

12)　芦部『憲法訴訟の現代的展開』（前出注9）153-154頁参照。

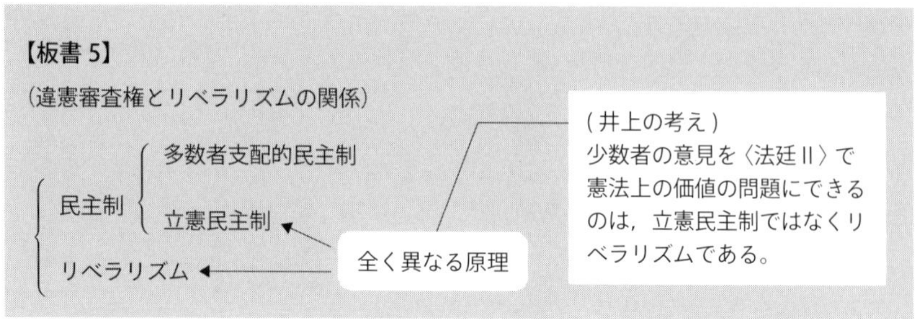

ムというデモクラシーとは異なる原理で説明する(**【板書5】**参照)。異なる原理を用いるとは，つまり，民主主義の原理の枠組みを使わないで，ということである。違憲審査権を，民主主義の枠組みの中での原則と例外のような関係として考えないということである。実は，井上も民主主義を二つに分けて考えているのであるが，自らは，そのどちらでもない第三の視点であるリベラリズムの立場であることを強調している。これは，全く別の原理を一緒に使うことによって，並列させるというハイブリッドなイメージなのである。つまり，政治に対する捉え方が異なる別々の原理に依拠するものであり，複数の視点の並存戦略ということもできるだろう。彼の考えを見てみよう。

まず興味深いのは，民主主義の分類である。彼は，民主主義を代表原理を核心とするタイプと参加原理を核心とするタイプに分けている。その上で，「多様なものの自由かつ対等な共生という，この社会の理念に最も適合的な集合的決定方式は，やはり民主主義である。特に，参加民主主義の活性化は，重要な課題である[13]」として，民主主義の意義と参加民主主義の立場を強調した。このように，井上は民主主義が「政治的決定過程への民意の反映ないし人民の参加を，政治的決定の正当化根拠とする[14]」原理に支えられている点を重視するのである。要するに，自分たちの問題を他人任せにしないで，主体的にかかわっていく。そういう民主主義である。これが第一の視点である。

一方，第二の視点は，リベラリズムの視点である。この視点は，共生の確保

---

13) 井上達夫「第一章　天皇制を問う視角――民主主義の限界とリベラリズム」井上達夫／名和田是彦／桂木隆夫『共生への冒険』(毎日新聞社，1992年) 102頁参照。

14) 井上「第一章　天皇制を問う視角」(前出注13) 59頁参照。

に加え，「民主的な政治過程がかかる共生を破壊する帰結をもつ可能性をも直視し，多数者が獲得する民主的権力の専制化に対する制度的抑制の確保[15]」にも関心を払うものである。以前，民主主義のパラドクスの回避のために，リミッター装置を設けるという話をしたことがあるが，これを思い出してほしい（第3講参照）。つまり，そこで確認したリベラリズムの視点がもつデモクラシーの自己破壊性を直視する態度は，ここにも繋がってくるのである。要するに，このリベラリズムの視点は，権力を一点に集めること（独裁）を抑制するという民主主義のパラドクス問題だけでなく，逆方向にある問題を照射する視座にもなり得るのである。つまり，こちらの方面においてもリミッターとして機能するということである。

参加と共生の原理

井上のリベラリズムは，政治権力の存在理由を共生の確保に求めるものであるから，「共生」の原理を核心としている。他方，民主主義の核心は「参加」の原理だった。この二つの原理によって，政治というものを捉えているのである。もちろん，リミッター機能となる以上，リベラリズムの方がより強力なものと考えられている。

こういう立場を前提にして集合的決定方式が論じられることになる。つまり，「参加」に支えられた集合的決定方式である多数決が望ましいものとなる。決定方式の議論のレヴェルに現われる理想的な決定方式とは，（よりメタレヴェルにある「参加」の原理に支えられた民主主義の）「多数決」に（これもよりメタレヴェルにあるリベラリズムの）「共生」の原理が重なったものということになる。井上のリベラリズムの根本理念は「正義」であったことは，前回でも少しふれた。だから，彼のいう「正義」すなわち「普遍」は，人々の「共生」なのである。実際，ある論文で，リベラリズムの根本理念を「異質で多様な自律的人格の共生[16]」といっている。彼のリベラリズムに正義—普遍—共生という図式を見出せる。

なお，それに続く箇所では，こうもいっている。「それは個人の自由を尊重

15)　井上「第一章　天皇制を問う視角」（前出注13）59頁参照。
16)　井上「第一章　天皇制を問う視角」（前出注13）59頁参照。

【板書6】

国民主権 ⇔ 基本的人権	どちらが前提となり，憲法が構成されているのだろう？
（前文）　（11条，97条）	11条 ≦ 前文　or　97条 ≧ 前文
	（芦部）　（井上）

するが，自由な個人の関係の対等化と自由の社会的条件の公平な保障を要請する平等の理念をも重視し，自由と平等とを，共生理念によって統合する[17]」のであると。自由と平等の両立である。（当たり前かもしれないが，自由と平等の両立に関心を払っている点は，ロールズと共通している。）「共生」という原理に支えられたリベラリズムであるからこそ，平等を両立させることができるのである。

というわけで，話を戻すと，違憲審査制がなぜ民主主義に適合した制度なのかであるが，もはやここまで来ると理解できる。違憲審査制はリベラリズムを反映しているからである。わかりにくければ，こういい換えておこう。共生という原理からなるリベラリズムが，民主主義を根底から支えているからである。

主権と人権

さて，以上のような芦部と井上の考え方を比べた場合，憲法の構成に対する理解も異なってくると思われる。例えば，国民主権と基本的人権はどちらが前提なのか，というような疑問である。もちろん，この二つは次元を異にするのであるが，そういった条文のあいだでの価値の優先順位の問題がいろいろと考えられるのである（**【板書6】**参照）。例えば，立憲民主制の立場からすれば，憲法の条文にあるから，いい換えれば，主権者によって憲法に記述されたから基本的人権を憲法上の価値として守らなければならないことになるが，リベラリズムの立場からすれば，憲法の条文に書かれてなくても基本的人権はリベラルの根幹であるので当然守られるべきであるということになる。ということは，後者は主権者のレヴェルよりも，人権のレヴェルの方がより根本的であると見

17）　井上「第一章　天皇制を問う視角」（前出注13）59頁参照。

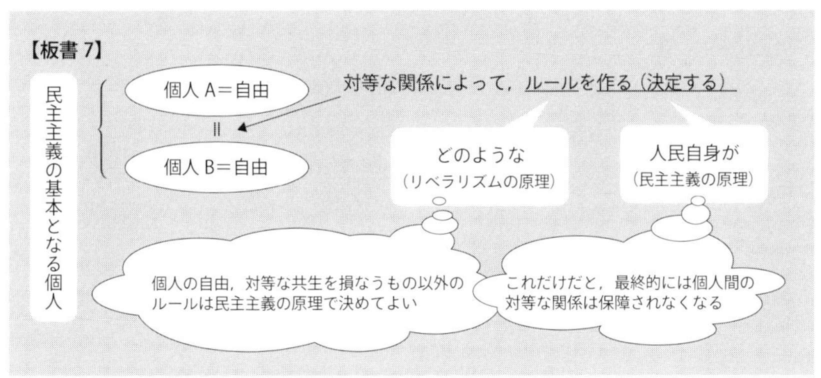

ていることになる。すでに確認したように，リベラリズムは，政治権力の存在理由を共生の確保に求めるものであった。

デモクラシーは国民が主権者であるから，その図式は，統治者＝被治者である。ただ，実際は多数者の意見（により委託された者の意見）ということになる場合があることは，否定できない。井上の立場から見れば，芦部のいう民主制（立憲民主制）も民主主義の図式に則っていることには変わりない。この図式を擬制することによって立論している以上，徹底していけば，やはり多数者支配となる。そのため，全く別の原理が必要となるのである。

だから，これらの二つの原理は，ルールを決める（法をつくる）上でも，その焦点が全く異なっている（**【板書7】**参照）。民主的な集合的決定を行うためには，まず各人が対等な関係になければならない。その上でルールを決める。その際，民主主義はこのルールを誰が決めるかに焦点がある。他方，リベラリズムはどのようなルールかという内容に焦点がある。前者は人民が決定することを要求しているし，後者は個人の自由・対等な共生を損なうものであるかどうか，そういう内容については決めてはいけないことを要求することになる。

憲法を制定する力と法の支配

これは憲法の制定や改変にもかかわる。つまり，法の問題ではなく，政治の問題である。そして，リベラリズムは政治哲学である。ここまで来ると，この話題の舞台は〈法廷III〉のレヴェルとなっている。ちなみに，憲法自体が国民

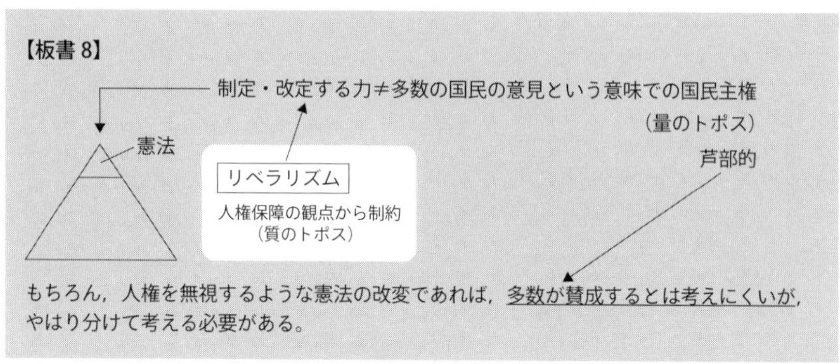

に与えている憲法改正権力を発動して司法審査制を廃止することもできるが，その場合，元の憲法との法的な連続性を消失し，「革命」がなされたことになると井上はいう[18)]。つまり，憲法改正権力といえども憲法に根拠をもっているから無制限ではないのである（**【板書8】**参照）。これは，しかし自己言及である。脱しようとしても，無限遡行に陥る。憲法改正権力の憲法上の規定はどこから来たのか。憲法制定した者，すなわち憲法制定権者によってである。では，さらに遡って，憲法制定権者の権限はどこから来たのか。この問題は，結局ケルゼンの問題と同じところに行き着くだろう。しかし，「ある」の世界の限界には根本規範はない。そこにあるのは，カリスマ的人間による支配，現実の力による支配，すなわち，人の支配，力の支配である。といっても，人間は皆凡夫であって，そのような理想的な人間にも欠点はある。本当に完璧な人間など現実世界にはどこを探してもいない。また，力で支配されることを歓迎する者がそれほど多くいるとは考えにくい。その力が衰えれば秩序はすぐに覆されるし，それが許容されている世界である。こうしたことは，歴史を振り返れば一目瞭然である。これでは誰も納得しない。

これに対し，「普遍的なるもの」による支配というのはどうだろうか。サンスクリットで普遍的なるものの意味をもつdharmaは，法と訳される。すなわち，法の支配はどうだろうか[19)]。ちなみにdharmaには保つものという意味があ

18）　井上「第一章　天皇制を問う視角」（前出注13）110頁参照。
19）「法の支配は憲法創出権力の支配に還元されてはならない」ものとされている。井上達夫『立

【板書9】

（法的なコミュニケーション空間）

〈法廷I〉……憲法とその他の法律との矛盾といったことを問題にしない〈法廷〉

↓

- 多数の国民によって支持された法律は正しいという前提
- 法律と行為の関係のみ問題となる（構成要件）

量のトポスによって支えられている

量的な観点の内部での争い

〈法廷II〉……憲法とその他の法律との矛盾を問題にする〈法廷〉

↓

- 多数の国民によって支持された法律が憲法に合致していない
- 法律と憲法の関係が問題となる

質のトポスによって支えられている

憲法に存在する（「質」に対する）量の矛盾

〈法廷III〉……〈法廷II〉を超えるレヴェル。憲法上の価値同士の対立，矛盾や憲法上の価値と現実の社会との矛盾を問題にするコミュニケーション空間。

る。これは，普遍的ゆえにいつの時代でも支配としては適している。剥き出しの現実的な力ではなく，抽象化・普遍化された力によって支配されるならば，どうだろう。先ほどよりも抵抗が少なくなった気がするかもしれない。なぜだろうか。それが普遍性である。普遍的といえるためには，皆が受容可能なものでなければならないからである。力で支配を開始しても，それを普遍的なものへと転換しなければならない。その意味では，宗教もそうであった。現代社会では，支配者とは「主権を有する者」に当たるわけだが，彼らは「普遍的なるもの＝法」の中身をそういうものに保ち続けていかねばならないのである。だからこそ，コミュニケーションが重要になるのである。「普遍的なるもの」を維持し続けていく，つくり続けていくということは，コミュニケーションを維持し続けていくということがなければ不可能である。

もっとも，「法の支配」という言葉は多義的に用いられるものである。法の一般遵守という意味や，憲法上の意味，すなわち法による権力の拘束，立法府

憲主義という企て』（東京大学出版会，2019年）104頁参照。

や行政府に対する司法部の優位などである。その他では理念的な意味で用いられる場合もある。今，私が述べたのは，この理念的意味においてである。なお，深田三徳によれば，理念としての「法の支配」には，形式的考え方と実質的考え方がある[20]。フラーの八つの条件などに示されたものが，形式的考え方に当たる。この内容については，以前に見たとおり手続的なものであった。実質的考え方は，法の支配という場合の，その法が内容的に正しくなければならないというものである。

最後に，法的なコミュニケーション空間についてのまとめを図示しておこう（**【板書9】**参照）。〈法廷Ⅱ〉や〈法廷Ⅲ〉における質と量のトポスの対立は，リベラリズムによらなければ量のトポスに還元されてしまうことになるのである。

20） 深田三徳「司法改革の理念としての「法の支配」」深田三徳／濱真一郎編著『よくわかる法哲学・法思想〔第2版〕』（ミネルヴァ書房，2015年）171頁参照。

第10講 〈法廷〉と立法事実 Ⅰ
――訴訟当事者と〈法廷〉の選択――

本講の目的 〈法廷〉の選択に関して，当事者の側は常に無力ではないことを確認する。

現代型訴訟の特徴

これまでの講義ですでに明らかなように，法的コミュニケーション空間である〈法廷〉は多様である。今回は，このコミュニケーション空間の選択ということについて，もう少し考えを深めてみたい。もちろん，〈法廷Ⅱ〉レヴェルの議論が含まれる憲法訴訟がここでも中心になってくる。

ところで，近年ではこうした憲法訴訟も「現代化」していると考えられている。一応確認しておくと，日本においては，その制度上，民事，刑事，行政の三種類の訴訟があり，憲法訴訟というものは，これらとは別のかたちにおいて用意されていない。したがって，この中のどれかに付随するかたちで行われる。いわゆる「付随的審査制」である。それゆえ，「現代型」という場合，この三つのどれかがそうであるという意味になる[1]。つまり，本体である訴訟が現代型訴訟であれば，それが憲法訴訟となる場合には，憲法訴訟も「現代型」ということになる。

では，「現代型」といわれる所以，すなわち一体どこにその特徴が認められるのだろうか。まず目に留まるのは，その目的である。一般的な裁判のイメージは，損害が発生した場合にその賠償を請求する事案のように，事後的な救済を求めて行われるというものだろう。これに対し，「現代型」の場合，事前に被害を防止したり，その被害の拡大を防いだりする目的で差止を請求するなど，

1) 毛利康俊「憲法判断の方法」深田三徳／濱真一郎編著『よくわかる法哲学・法思想〔第2版〕』（ミネルヴァ書房，2015年）152頁参照。

【板書1】

現代型訴訟の特徴

①当事者・被害……社会的経済的弱者が国・自治体・企業を相手に提起するというように訴訟当事者が非対称的であり，被害の規模や範囲の特定が難しい。

②請求・目的………損害賠償による事後的個別的救済にとどまらず，被害の事前防止，判例による新しい権利の承認（法創造），政策形成過程への波及効など，将来に亘る一般的効果が裁判に期待されている。

③裁判官の役割……争点の複雑化や多様化，訴訟当事者の対等性の確保などのため，後見的な訴訟指揮の強化が裁判官に期待されている。

未来志向的なところが見られるものがある。法的なコミュニケーション，すなわち法廷弁論が過去志向的であるという特徴は第3講でも述べたが，これはそうした基本イメージを覆すものである。他にも，新しい権利の承認，つまり事実上の法創造や判決による波及効など，従来の訴訟の目的の中には収まり切らないような内容のものであるがゆえに，「現代型」と称される。また，訴訟当事者についても，従来の訴訟とは異なる傾向がある。一方が国や地方自治体，大企業などであるのに対し，もう一方は社会的弱者や経済的弱者であるとか，あるいは集団で提起されるなど，個人対個人の争いではなく，これも従来のイメージと異なるのではないだろうか。さらに，被害の程度や範囲，その認定が難しい場合が多いということなども特徴といえる。その定義については，一様ではなく論者によって様々であるが，共通項は存在する（**【板書1】**参照[2)]）。

司法のイメージと裁判の正統性

こうした特徴を有しているがゆえに，現代型訴訟は政策形成訴訟，公共訴訟ともいわれる。政策を形成するとか，公共の，といってもあまりピンと来ないかもしれない。紛争の解決をその役割と捉える限り，なかなかこうした言葉がイメージできないのは当然であろう。裁判の制度的枠組みは規準・手続・対象において制約があり，それに則るものであるかどうかが，正しい裁判であるか

2）現代型訴訟の主な特徴を整理したものとして，田中成明『現代法理学』（有斐閣，2011年）286-287頁，大沢秀介『現代型訴訟の日米比較』（弘文堂，1988年）15-16頁参照。

どうかにかかわるからである。基本的に，既存の実定法への準拠，公開や当事者主義，具体的争点などがなければ，この法的コミュニケーション空間での議論としては適切ではない，あるいは馴染まないとされているのである。いわゆる「裁判の正統性」である。だから，法や裁判は，紛争の解決というよりも紛争の処理を行うといった方が，より実態に近いのである。紛争の解決は，あくまで「法的に」という意味であって，現実の生活でのレヴェルで本当に解決するのかというと，おそらく実感としてそうはならない。むしろ，隣人とのトラブルなどの場合，却って紛争処理後に厄介なことになりそうな気がするのは，容易に想像できるだろう。とすれば，あまり裁判に期待できそうにない。あるいは，直接自分とは関係がない世界の話に思えてくるのは仕方がないであろう。

しかし，現代社会においては，被害というものが不特定多数の人々にかかわってくる可能性が増大している。そうしたことが紛争の原因であることが現代型訴訟の特徴であった。つまり，個々の人がそれぞれ常にそういう被害を蒙る可能性に直面しているのである。特に環境や公害に関する問題では，そうした可能性は否めない。多くの人々がそうしたリスクに曝されているのである。まさに，それは公共政策レヴェルでの問題である。にもかかわらず，こういう話が専ら政治や行政の話であって司法にはあまり関係がないと思われるのは，そうした司法に対するイメージが多くの人々に共有されているからである。司法や裁判の守備範囲，つまり権力分立ということでいわれているイメージが定着しているといってもよい。したがって，裁判の正統性が，民主制や権力分立制とのかかわりで捉えられていることが，基本的に理解されているということである。

実際問題，そうした制度的枠組みになっているから，それを超えた運用には当然限界がある。だから，「現代型」は様々な難問を抱えることになるのである。特に，先ほど出てきた「正統性」である。何を以て正統（正当）となすのか。正しい，本来の役割とは何なのか。目の前にもち込まれた現実の紛争を解決する，あるいは解決しようとする姿勢を見せることが適切なのか，守備範囲外だというのが適切なのか，何れがそうなのであろうか。正統性の問題は，司法や裁判に対する信頼性の問題でもある。だから，憲法訴訟の事例でも言及したように，憲法判断の回避によって信頼の低下と上昇を同時に行うことで，システム全体としては，それを維持することに努めるのであった。

期待される現代型訴訟

さて，現代型訴訟に対する期待の高まりということは，そうした問題が扱われる「場」としての裁判という捉え方の広がりを感じさせる。例えば，行政政策の変更という場合に，政治的影響力をもたない者が，本来の政治的手段に代替するものとして裁判を選択するケースもある。こうした場合，勝訴によってというよりも，むしろ社会に問題をアピールすることで政策に影響を与えるという捉え方がなされていると見てよい。

では，なぜ，裁判に対する新たな捉え方がなされるようになったのだろうか。法的コミュニケーションの空間である〈法廷〉が社会的な力関係を排除し，普遍的な価値を重視しているのは当然の理由であるが，新たな傾向にはそれ相応の理由があると考えられる。その一つとして重要なものが，裁判の波及効への注目である。この点は憲法訴訟にも共通する。憲法訴訟以外でも，こうした観点が重要になってきているのである。裁判所が判断を行えば，何らかの波及効を生み出してしまう。しかも，その影響は小さくはない。ということは，裁判官はそれも考慮しないといけないということになるのだろうか。そうすると，裁判官の判決や裁定というものが非常に難しいものになってくる。だから，以前に紹介したルーマンのような手続を重視するかたちでの正統性の確保という考え方も出てくる。あるいは，他にどういった理由が考えられるだろう。日本の裁判所では行政訴訟についても扱いの対象になっているからという理由なのであろうか。しかし，それならば，以前からそうである。

ところで，実際，現代型訴訟は増えている。今後も増加すると思われる。以上のような，裁判に対する正統性の基本的な理解やイメージをもちながら，他方で，なぜこれほど裁判に対する期待が高まっているのだろうか。なぜそこまで期待されるのか。政治学者・国法学者として知られるドイツのH. ヘラーによれば，現代国家は，「司法の活動そのものがすでに行政活動と同様に，主観的決定と自由裁量を最も重要な要素としており，従って人間による支配を含まざるをえなくなっている[3)]」状況なのである。しかし，しばしば指摘されるように，そうした司法の政治化は危険でもある。民主主義の観点に反することになるし，権力分立原理の崩壊にも繋がる。この点は憲法訴訟でも同様の論点であった。それゆえ，ブランダイスの準則により憲法判断は回避される傾向にあることを確認した。ただし，憲法訴訟の場合，憲法判断についての傾向は少しずつ変わってきている。1990年代末から司法制度改革が進められたことも背景にあるのかもしれない。最高裁は発足以来50年で5件の違憲判決を下していたが，2000年代に入ってからは，15年ほどで5件の違憲判断を下しているのである[4)]。そうしたことの影響，すなわち，間接波及効も多少はあるのだろうと思われるが，根本的ではない。

不確実な社会

根本にあるのは，究極的には不確実性である。やってみなくては，どうなるのかわからない。これである。誰にも読めない社会という漠然としたイメージの増大である。そして，これはイメージだけの話ではない。現実にそうなのである。つまり，前例がない，ということである。しかし，どうだろう。この世に前例などというのがあるのだろうか。「ある」ともいえるし，「ない」ともいえる。それは，どういう枠組みで現実を切り取るかにかかっている。先ほどの例だと，紛争が「法的に」切り取られた場合，「処理」は「解決」として扱われた（つまり，法的にのみ解決され得る）。一方，ここでは「法的に」のさらに内部での枠組みの話である。ここでの従来の切り取り方では，前例が「ない」状態なのである。だから不確実である。つまり，「現代型」を扱うためには，その枠組みを変えるかどうかになる。単純化していえば，法や裁判のシステムに組み込むかどうかである。もっとも，そうすればシステムは複雑化してしまう。それが現状の機能を低下・麻痺させるおそれは十分にある。だから，ルーマンはこれとは逆方向に議論を進めたのである。もちろん，ルーマンの場合，単なる諦めや無策ではない。代替措置を講じている。しかし，何れにしても大きな

---

3) Hermann Heller, 'Genie und Funktionär in der Politik' , in Hermann Heller, *Gesammelte Schriften, Zweiter Band: Recht, Staat, Macht* (Leiden: A. W. Sijthoff, 1971), S. 615（今井弘道／大野達司訳「政治における天才宗教と大衆自生主義」『北大法学論集』第40巻第1号（北海道大学法学部，1989年）249頁）参照。

4) 見平典「第3部第4章　近現代における司法と政治」高谷知佳／小石川裕介編著『日本法史から何がみえるか　法と秩序の歴史を学ぶ』（有斐閣，2018年）299頁参照。

流れとしては，裁判に対する期待が高まる方向にあることは間違いない。また，ラディカルな提案がルーマンのように現実社会の人々に受け入れられるとは考えにくい。では，どうするのか。

ということで，今回の講義では，訴訟当事者の側に着目したい。以前の講義でわれわれが検討した恵庭事件は，かなり特殊な事例だったかもしれないが，しかし，究極的には「訴訟の舞台」である〈法廷〉の選択のイニシアティヴは裁判官にあることがはっきりした。であるならば，訴訟当事者はこの点に関し全く以て無力なのだろうか。この答えについては，「必ずしもそうではない」と答えておこう。場合によっては，それが尊重されるのである。いい換えれば，訴訟当事者による〈法廷〉の選択が実現する可能性が見出せるのである。（もし，そうなったとすれば一定程度は高まる期待に沿うことになるのではないだろうか。）後で見るように，例えば「ブランダイス・ブリーフ」などがこれに該当する。

立法事実と判決事実

さて，その前に，先ほども少しふれたのであるが，そもそも行政訴訟というタイプの訴訟がある。これは，行政庁の行った処分の取消や変更を求めるものであるが，現在の日本では，このタイプの訴訟も行政裁判所という特別な裁判所によってではなく司法裁判所が行っている。また，憲法裁判所というのもない。そういった意味では，司法裁判所には制度上かなりの機能が集中させてあるということになる。なぜ，そうなっているのか。これも違憲審査権と同じく，リベラリズムの観点からも理解できるかもしれない。ここではこの点について論じる余裕はないが，各自で一度考えてみてもらいたい。実は，そうしたことを考えること，なぜそのシステムになったのかを考えてみることは，「立法事実（legislative facts）[5]」を考えることでもある。それと同類の思考である。法がつくられた何らかの事情，その背景，その目的についての様々な事実を前提に立法というものがある。法は，こういう事実を前にして立法者が意思し，考えをめぐらせたものが現実化したものということができる。だから，立法者の意思を想像するには，この立法事実を考える必要がある（**【板書2】**参照）。

5）　立法事実については，芦部信喜『憲法訴訟の理論』（有斐閣，1973年）152頁以下，および毛利「憲法判断の方法」（前出注1）152-153頁参照。

【板書 2】

〈法廷〉における事実

{ 判決事実……係争中の事件に直接かかわっている事実
  立法事実……法律形成の背景にある事実

法的ないし判決三段論法

大前提…………制定法規範

＋

小前提…………具体的事実（判決事実）

↓

結論

なお，「判決事実（adjudicative facts）」という語は，問題となっている事件を解決（処理）する上で確定されなければならない直接の当事者に関する事実である。事件を解決（処理）するには，誰が，いつ，何を，どこで，どのように，どんな意図で，ということの確定が必要となる。前に，法的三段論法，あるいは判決三段論法ということをお話ししたが，そこにかかわる。つまり，判決事実は係争中の事件に直接かかわっている事実であり，立法事実は法律形成の背景にある事実ということになる。ちなみに，芦部によると，もともとこの二つの区別は行政法の領域で提唱されたものらしい[6)]。

芦部によれば，立法事実の確定が必要とされるのは，次のような場合である。「①裁判所が意識的に新しい判例法のルールを定めるとき，②法律のポリシーが反復する社会の事実状態に適合しなくなったとき，とくに，③法律の合憲性が一定の事実状態の存在に依存しているとき[7)]」である。日本で考えると，①は制度的に直接関係ないが，②や③は参考になるだろう。

専門家のパラドクス

「でも，立法事実を考えるなんて……とても難しい。できそうにない。」といいたくなるのは，われわれだけではない。これは裁判官にとっても難問である。

6）芦部『憲法訴訟の理論』（前出注5）152頁参照。
7）芦部『憲法訴訟の理論』（前出注5）153頁参照。

それゆえ，（法の分野の専門家である）裁判官も（各分野の）専門家に頼ることになる。そうせざるを得ない。しかし，そこが一つの問題となる。つまり，（その分野の）専門家によって示されたその内容の判断はできるのであろうか。素朴であるが，根本的な疑問である。結局，（その分野の）専門家の意見に従うことになると，事実上，判断を下したのは（法の分野の）専門家ではなく，（その分野の）専門家ということになるのではないか。こうした問題が出てくる。こういうと，陪審裁判や裁判員制度はどうなるのか，という意見が出てきそうであるが，論点が拡散するので踏み込まずにおこう。ここでは，要するに専門家が専門家を頼り，それによって自らの専門家としての存在（の意味）を切り崩すという，いわば「専門家のパラドクス」という事態を喚起することを指摘しておきたい。これを「専門家のパラドクス問題」といっておこう。

もちろん，立法事実のような背景を考えることが必要であるのは，こうした憲法訴訟だけでなく「現代型」の場合にもいえることである。まさに，今，その背景を問題として提起されているからである。むしろ，こちらが論点とされている。あるいは，判決事実が立法事実と重なっているといってよいだろう。ということは，〈法廷〉も重なっているイメージである。こちらでも，同様に「専門家のパラドクス問題」が出現する。

アメリカの憲法事例

話を進めよう。具体的な事案を見ていきたい。今回はアメリカの憲法判例を用いる。裁判所は，具体的にどのようにして立法事実を把握しようとするのか。ここで出てくるのが，「ブランダイス・ブリーフ」と呼ばれる上告趣意書である。法律の合憲性を支持するために用いられたことから，「合憲性推定の控え壁（buttress for the presumption of constitutionality）[8]」と呼ばれる。もっとも，科学的なものである以上，違憲性の推定にも使用可能であるのだが。

では，Muller v. Oregon, 208 U. S. 412 (1908)[9] を見ていこう。アメリカ・

8） Paul Abraham Freund, 'The Supreme Court and American Economic Policy', in *The Juridical Review. New Series: The Law Journal of the Scottish Universities*, vol. 4 (1959), p. 148.

9） この事例についての以下の内容および詳細は，宮川成雄「Muller v. Oregon, 208 U. S. 412, 28 S. Ct. 324, 52 L. Ed. 551 (1908)　経済的自由とデュー・プロセス条項（2）」藤倉皓一郎／木

オレゴン州では1903年に女性の労働時間を制限する法律を制定し，工場や洗濯作業所（クリーニング工場）などでの労働は，1日10時間を超えてはならないことになったが，その規制が問題となった事案である。規定の上限時間を超えて就労させたとされる洗濯作業所（クリーニング工場）の所有者に対する有罪判決は，州最高裁でも支持されたが，この人物は州法が合衆国憲法に違反すると主張して連邦最高裁に上訴した。

この事案は，はっきりいってかなり古い。が，しかし，そんな昔の判例にもかかわらず，注目すべき点は少なくない。当時は長時間労働による弊害が多く出ており，年少者や女性にそうした被害が集中して表面化していた状況であり保護が必要とされていたのだった。日本でも明治44年（1911年）に工場法が制定されている。これは工場労働者を対象にしたものである。また，戦後には労働基準法により，全労働者が法の対象になった。ここでも年少者と女性の特別保護の規定がある。例えば，妊産婦についての規制などである。女性の場合，一般的な保護規定は次第に緩和されていき，こうした母性保護規定のみが残ることになった。

憲法成立前史

ところで，内容の検討に入る前に，アメリカの司法制度について言及しておかなければならない。ここで出てきたように，最高裁が二つある。不思議ではないか。州の最高裁と連邦の最高裁（合衆国最高裁判所）である。これを説明するためには，合衆国憲法成立に至る歴史を振り返る必要がある[10]。少し回り道になるが，説明しておこう（**【板書3】**参照）。

周知のように，アメリカはイギリスからの移民によって植民地として形成されてきた歴史がある。この植民地には，自治植民地（国王からのcharter（特許状）によって社団などに自治を承認），領主植民地（国王からのcharterによって個人に統

下毅／高橋一修／樋口範雄編『別冊ジュリスト 英米判例百選〔第3版〕』（有斐閣，1996年）76-77頁参照。

10） 以下のアメリカ憲法成立についての説明は，田中英夫『英米法総論 上』（東京大学出版会，1980年）187-189，226-227頁，および田中和夫『英米法概説〔再訂版〕』（有斐閣，1981年）36-39頁による。合衆国憲法のnationalとfederalとの調整的性格については，田中『英米法総論 上』222-223頁も参照。

【板書 3】

〈アメリカ憲法成立前史〉

| 17 世紀 | イギリスからの移民によって植民地として形成

- 自治植民地（国王からの特許状によって社団などに自治を承認）
- 領主植民地（　　　〃　　　個人に統治権を承認）
- 王領植民地（国王直轄）

| 18 世紀 |

1776 年　独立宣言採択　13 の植民地がそれぞれ独立の state（邦）になった
各邦はそれぞれ成文憲法（邦憲法）をつくっていく（～1780 年）
1777 年　連合規約の可決
1781 年　連合規約の発効　それぞれの state が緩やかな連合を形成＝邦連合
事実上の戦争終了
1783 年　パリ条約でイギリスが独立承認
↓
稳健派 × 急進派の権力闘争が憲法制定の動きを促進
連合規約の改訂　→　連邦国家（合衆国）の創出
1788 年 6.21　憲法賛成派が 9 邦となる＝成立

治権を承認），王領植民地（国王直轄）などがある。1776年の独立宣言で13の植民地がそれぞれ独立のstate（邦）になったのである。そして，1781年にArticles of Confederation（連合規約）によって，それぞれのstateが緩やかな連合を形成した。邦連合が合衆国の基礎である。ちなみに「衆」の文字については，「州」の字を使用するのを見掛けることがあるが，現在のわれわれには，その方が成立の意味がわかりよいかもしれない。しかし，邦が単なる区画ではなく，邦を形成した人々を抜きにして語ることができないことの意味を重視すれば，「衆」の文字も十分に適切である。1783年にアメリカはイギリスからの独立を達成することになる。憲法については，漸くここからである。穏健派と急進派の権力闘争が憲法制定の動きを促進したのであった。1788年，ついに憲法賛成派が9邦となって，合衆国（連邦）の憲法が成立した。合衆国憲法が「妥協の産物」といわれるのは，こうした背景による。

このように，州は一つの邦であるから，そこには基本的な統治機構があり，司法制度がある。もちろん法もある。それらが連邦を構成しており，このレヴ

ェルでの権限が与えられた機関が存在するのである。

科学的論証による〈法廷 I〉への移行

さて，話を戻すと，契約の自由が尊重されるアメリカでは，労働時間の規制というものは，心理的にもかなりの抵抗があったものと考えられる。従来の判例においても規制することは，原則として違憲なのであった。もちろん，健康に直接の影響のある場合などは例外である。また，当時の州法でも，女性は男性と同じく契約上の権利及び個人的権利が保障されていた。この事案には，このような背景があった（**【板書4】**参照）。上訴人（被告人）側の主張は，「州法は違憲だから無罪」というものである。契約自由が原則である。これに反する州法は誤りである。女性と自由な契約を結んでどこが悪いのかということになる。

一方，州側の主張は「州法自体は合憲であるから有罪」というものである。その際，労働時間の規制を認めさせるために，州側の弁護士であったブランダイスは次のような手法を用いた。すなわち，契約の自由と女性の保護という原理と原理の対立として議論を行うのではなく，従来の判例の枠組みの中で議論を行うかたちにするということである。つまり，この事案が，判例が認める原則と例外のどちらに当たるのかという問題構成にするということである。いい換えれば，議論の舞台を〈法廷 II〉から〈法廷 I〉へと移すという戦略である。そのために，ブリーフにおけるほとんどが，長時間労働による女性の健康への悪影響についての科学的論証や統計資料であった（**【板書5】**参照）。

まず，ここで注目しなければならないのは，このケースでは〈法廷〉の決定について訴訟当事者が主導的な役割を果たしているということである。恵庭事件で，裁判官が〈法廷〉の決定について強力に主導したことと比較してもらい

【板書5】

両者の主張

上訴人（被告人）側の主張：州法は違憲だから無罪

州側（ブランダイス弁護士）の主張：州法自体は合憲であるから有罪

ブランダイス弁護士の手法

①法原理の問題ではなく，法準則の問題として再構成する

②そのために健康についての科学的論証を用いる

↓

議論の舞台を〈法廷II〉から〈法廷I〉へと移す

たい。たしかに恵庭事件でも，訴訟当事者はそれぞれが自らの主張を行う舞台である〈法廷〉を選択して，提示していた。しかし，それはブランダイスのような手法ではない。重要なのは，科学的論証を用いて法的コミュニケーション空間である〈法廷〉を裁判官に提示することの意味である。裁判官は法の専門家であるが，このような科学の専門家ではない。これは，憲法問題，すなわち〈法廷II〉についてのアプローチにおいて重大な徴候なのである。

ここには，〈法廷〉の決定についても当事者主義の流れを見出せる可能性がある。社会学的法学（Sociological Jurisprudence）のもつ可能性である。どのような場合に，訴訟当事者が〈法廷〉を決定できるのか。そこでは，そうした条件を考えねばならない。特に〈法廷II〉を選択する場合の条件が，どのようなものになるのかは非常に興味深い。これ以外にも，社会学的法学を実践するような判例は存在する。次回の講義で取り上げて検討するBrown v. Board of Education of Topeka, 347 U. S. 483 (1954)（Brown I）もそうである。今回は，ブランダイスが〈法廷I〉を選ぶために社会科学的証拠を用いたが，〈法廷II〉を選ぶために使用されるケースもあるだろう。Brown Iはまさにそうした事案である。そこでは，社会科学的証拠が，実質的に立法事実を把握するための証拠として用いられる。〈法廷〉でのコミュニケーションは法的ないし判決三段論法に見られる形式であったが，立法事実に着目した場合，この形式の大前提が正しいのかどうか，あるいは，大前提がどういう背景の下につくられたものであったのかを考える探究学的な思考となる。さらに大前提を正しいとする

場合でも問題がある。この場合，科学的分析による事実は極めて重要になるが，しかし専門家だけの視点でよいのかが問われることとなる。何れにしても，この点は次回検討する。

憲法と人種差別問題

さて，残りの部分で，州と連邦の関係についてもう少しふれておくことにしたい。この関係こそ合衆国のアイデンティティにかかわるテーマであり，繰り返し問題となってきたからである。人種差別問題もこれと関連が深い。

合衆国憲法制定当時から，奴隷制を禁止していた州（自由州）と奴隷制が存続していた州（奴隷州）が存在していたが，その後の州の加入においてもその比率は拮抗していた[11]。奴隷であるのか市民であるのか，州によってその地位が異なっていたのである。このように奴隷制は州内問題とされていた。Dred Scott v. Sandford, 60 U. S.（19 How.）393（1857）[12]では，合衆国憲法起草者は黒人を合衆国の市民とは解していなかったとされ，連邦裁判所に提訴する資格が否定された。つまり，州の市民として認められている黒人の場合にも，合衆国の市民としての地位にはないとされたのである。遡ること独立宣言（1776年）には，「われわれは，自明の真理として，すべての人は平等に造られ，造物主によって，一定の奪いがたい天賦の権利を付与され，そのなかに生命，自由および幸福の追求の含まれることを信ずる」という有名な一文があるが，これに続く部分では，「これらの権利を確保するために人類のあいだに政府が組織された」とある[13]。イギリスに対して有力なトポスであったこの自然法思想は，合衆国の市民というレヴェルには及ばなかったのである（**【板書6】**参照）。

この判決の後，アメリカは武力衝突に突入していく。この事件は，南北戦争

11）　岡山裕「第2章　大陸規模の民主主義の成立と展開」久保文明／岡山裕『アメリカ政治史講義』（東京大学出版会，2022年）46頁参照。

12）　この事例についての以下の内容および詳細は，長内了「Dred Scott Case〔Scott v. Sandford〕, 60 U. S.（19 How.）393, 15 L. Ed. 691（1857）　奴隷制と合衆国最高裁」藤倉皓一郎／木下毅／髙橋一修／樋口範雄編『別冊ジュリスト　英米判例百選〔第3版〕』（有斐閣，1996年）54-55頁参照。

13）　斎藤真（解説・訳）「9　独立宣言」高木八尺／末延三次／宮沢俊義編『人権宣言集』（岩波書店，1957年）114頁参照。斎藤は，普遍主義的なレトリックが駆使されている独立宣言の特殊アメリカ的意味（時空的限定，普遍性の劣弱）に注目している。斎藤眞『アメリカ革命史研究　自由と統合』（東京大学出版会，1992年）165-166頁参照。

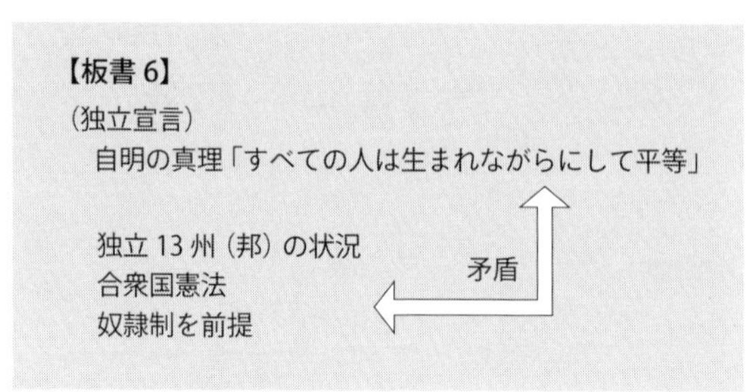

(1861-1865) にも少なからず影響を与えたと考えられるのである。つまり，南北戦争は，こうした憲法上の価値をめぐる争いでもある。内戦後の1865年，合衆国憲法第13修正（修正第13条）が成立し奴隷制の廃止が宣言され[14]，その後，第14修正（修正第14条）が追加されて，合衆国市民の権利を州が剥奪制限できなくなった[15]。

法の専門家同士の議論

ところが，その後も差別意識は根強く残り続ける。連邦議会は市民的権利を保護するため1875年の公民権法（Civil Rights Act）を制定し，公衆が利用する施設における人種差別を禁止したが，これに基づいた複数の訴えが起こり，連邦最高裁は判断を仰がれることになった5件をまとめて審理した（Civil Rights Cases, 109 U. S. 3 (1883)）[16]。結果は公民権法を違憲とするものであった。判決で示されたのは，第14修正は州政府の行為を規制するものであって，私人の行為に対する制約ではないとした厳格な解釈であった。つまり，私人による差別を禁止する公民権法は，連邦議会の立法の範囲を超えているとの判断である。したがって，一般の私人の私有地（施設）の利用に関する行為については，規制されていないことになる。もっとも，この事案では裁判官の意見が一致した

14） U. S. Const. amend. XIII, §1. 松井茂記『アメリカ憲法入門〔第8版〕』（有斐閣，2018年）459頁参照。

15） U. S. Const. amend. XIV, §1. 松井『アメリカ憲法入門〔第8版〕』（前出注14）460頁参照。

16） この事例についての以下の内容および詳細は，藤倉皓一郎「The Civil Rights Cases, 109 U. S. 3, 3 S. Ct. 18, 27 L. Ed. 835 (1883)　私人による差別と州の行為」藤倉皓一郎／木下毅／高橋一修／樋口範雄編『別冊ジュリスト　英米判例百選〔第3版〕』（有斐閣，1996年）38-39頁参照。

【板書 7】
合衆国憲法第 14 修正の解釈
{文言どおりの解釈 → 公民権法は不適切・不平等（ブラッドレー判事ら多数意見）
制定の意味・歴史を踏まえた解釈 → 公民権法は適切・平等（ハーラン判事の反対意見）

わけではない。有力な反対意見もある（**【板書7】**参照）。

ここでは裁判官の意見の相違に注目したい。法的コミュニケーションの舞台は〈法廷Ⅱ〉に設定され，裁判官が「公民権法＝ドグマ」について問題視，疑問化している状況にある。見方を変えれば，〈法廷Ⅱ〉で裁判官同士が争っているということである。この点は非常に重要といえる。まず，立法事実についての考慮がある。さらに，当事者主義を念頭に置いたとすると，訴訟当事者の主張を深い解釈の知識をもつ専門家同士でより深めて検討している。しかも，その専門家は中立的立場で裁定を下さなければならないという制約がある者たちである。だからこそ，彼らの言動は強い波及効を生む。ということは，そうした少数意見をもつ裁判官であったとしても，訴訟当事者の主張がその中の誰かに響けば，その主張が立法事実のレヴェルを含むかたちで解釈学的に深められる可能性がある。つまり，裁判官とのあいだでも真実性の一致を考えることができるということになる。ただ現実には，この判決（での多数意見）により，黒人は連邦政府に法的救済を求める途を失うことになる。

なお，この事件は，法律の内容が同じであったとしても，立法の主体によって合憲なのか違憲なのかが分かれるというアメリカ法特有の構造がよくわかる事例である（**【板書8】**参照）。連邦がどういった存在であるのかという，その原点をあらためて意識させるものがある。[17]

この続きは次回の講義でふれるが，そういうと「なんだ，結局，差別は解消

17） 連邦の権限範囲の問題として理解されるこの事態に注目するならば，そこにあるのは国家設立の背景としての事実である。「立法事実」という語に準え，これを「立国事実」（あるいは厳密には「連邦事実」なのかもしれない）と呼ぶとすれば，立法事実と立国事実の対峙となる。何のために法や国家をつくったのだろう。R. ノージックやロールズのアイデアが立国事実を踏まえているのは，こうしたアメリカの歴史と無縁ではないように思われる。ノージックについては第12講参照。

【板書8】

合衆国憲法 → 連邦議会の権限の範囲について定めている
- 連邦議会の「公民権法」は越権＝違憲
- 州議会の「公民権法」は認められる＝合憲

されないままではないか……」ということになりそうである。しかし，今回の講義の目的は，そういったことではなかった。あくまで〈法廷〉の選択に関しての理解を深めることが主眼である。そして，とりわけ「現代型」と呼ばれるケースにおける，それである。ここで幾つかの古いアメリカの判例，すなわち歴史を概観したのは，次回でお話しする内容の前提の確認である。そして，付け加えるならば，現代社会との対比である。たしかに人権保障と救済を裁判の目的としている当時のアメリカにおいては，敗訴はそのまま目的達成の失敗ということになるが，これが現代社会においては少々事情が違ってくる。裁判の目的が多様化している「現代型」のようなものだとすると，問題の開示としては成功しているし，場合によっては政策の変更に繋がる可能性も出てくる[18]。

立法事実を考慮するケースにおいて，法の専門家同士が議論を深めるのと，科学者の意見を用いて争うということの二つのタイプを紹介してきたが，この現象は「現代型」を考える上でも非常に興味深いことではないだろうか。今回は，ここまでにしておこう。

---

18) こうした政治手段に代替するものとして訴訟が選ばれ，用いられることについては，村山眞維／濱野亮『法社会学〔第3版〕』(有斐閣，2019年) 196頁参照。

第11講 〈法廷〉と立法事実 II
――社会科学的方法と時間的要素――

本講の目的　立法事実の把握における社会科学的方法の可能性を考える。

専門家の視点の相対化

さて，前回に引き続き〈法廷〉と立法事実についてのテーマでお話ししたい。少し，整理しておこう。前回の最後で述べたのは，立法事実に関して，法の専門家と法以外の専門家の議論が存在するということであった。そして，この問題を考える上で，キーワードになっていたのが「ブランダイス・ブリーフ」であった。つまり，科学的論証を用いる手法をどのように捉えるかの問題がそこにはある。さらに，場合によっては，それは「専門家のパラドクス問題」に発展するということも指摘しておいた。こうした問題の背景には現代社会の不確実性がある。それは裁判官にとっても同じである。にもかかわらず，不確実性ゆえに人々は紛争解決や救済を求めて裁判所に期待するのである。この期待の高まりは，人々の社会の不確実性に対する不安を象徴しているのである。ある意味で，不安を専門家の見解によって緩和しようとしている。その専門家はさらに別の領域の専門家に依拠していく。不安が転嫁されていき，ますます不安が増大する。こういった，いわば社会心理学的な視点なしに目の前の現象だけで分析・判断するならば，現実とはかけ離れた一面的な値をはじき出す。それを以て客観的と見なして，それ以外の領域に全面的に用いようとする。ヴィーコが批判したのはそのような態度であり，この批判自体は，現代社会にも十分に当てはまるものである。専門家はその分野のことしかわからない。さらにいえば，その分野のことでもわからない。わからないから研究しているのである。そして更新し続けている。例えば，科学全般に通じたゆえに「驚異的博士

(Doctor mirabilis)」と称される中世のフランシスコ会の修道士R．ベーコン(Roger Bacon 1220頃-1292頃)は，イギリス経験論の先駆者とも見なされる人物であるが，彼は「人間の諸発見にあっては何一つ完全ではない」とする立場から，「われわれ後代の者たちは先人たちの欠陥を補わねばならない」といっている[1]。一方に永遠に到達しない完全性，すなわち真理があり，そこに向かわなければならないとすれば，それは不確実なことだらけである。

凡夫たる人間は，何かに頼りたくなるのは仕方ないことである。しかし，他方ですでにそうした専門家が当てにならないということに気が付いている。だから，専門家の見解を頼りにしつつも，その見解が当たっているのかどうかという観点で捉えている。(素人ではない)専門家の「予想」である。予想である以上は外れることもあるのだ，ということを前提にした確率論的な見方をしている。これは，ある種の諦めではないか。実際，そうしたラディカルな地点からスタートするのがルーマンである。手続による正統化，すなわち「手続のみ」というのも，そうした透徹した視線から来るものである。だから，ルーマンはパラドクスを転嫁させる。しかも積極的に転嫁させる。先ほど述べたように，これだと不安が増大することになるが，ルーマンは自分のように透徹した見方をすれば，問題ないと考えているのかもしれない。だから，自分の理論であるシステム理論についても，「この枠組みに乗るか乗らないかしかない。さあ，どうする。」とわれわれに迫っている感がある。そういう意味では，ルーマンの見方，方法は一つの解決方法である。だから，不確実性社会の一つの到達点である。ただし，そのためには，そこまで開き直ることができる「強い」人間でなければならないだろう。ルーマンが社会学において，法や経済，宗教など非常に幅広い領域に分析の手を広げていけるのは，その透徹さがあればこそなのである。

立法事実の把握

少々，話が脇道に逸れてしまったが，要するに立法事実に関する把握におい

1) John Henry Bridges (ed., with introduction and analytical table), *The 'Opus Majus' of Roger Bacon*, vol. 1 (Frankfurt/Main: Minerva GmbH, 1964), p. 57(高橋憲一訳『大著作』上智大学中世思想研究所編訳監修『中世思想原典集成　精選5　大学の世紀1』(平凡社，2019年)455頁)参照。

【板書1】

立法事実の扱い

〈法廷Ⅰ〉→「立法事実」の把握という作業は，大前提を決定する作業なのでここでは扱えない。（仮に大前提に疑問をもったとしても，大前提の否定はできない〈法廷〉）

〈法廷Ⅱ〉→「立法事実」の把握が行われる。（大前提は正しいのかを探究することができる〈法廷〉であるから，場合によっては大前提の否定がなされる）

ては，専門家の視点だけでよいのかということである。あるいは，こう問い直してもよい。「誰もが立法事実の把握について不確実であるとき，一体どうすればよいのか」と。つまり科学は進歩する。変化する。ある時点での知見を用いたとしてもすぐにそれは陳腐化する。それがどうして証拠になるのか。審理が長期化すればするほど，変更の幅は大きくなる。ということは証拠としての能力がなくなる。で，最新のものを用いる。そして裁定を下した後も進歩し続ける。つまり，すべては時間の内部にある。もともと真／偽という論理学的命題のイメージで，証拠を捉えるならば，時間の要素は無視できるものであったかもしれないが，もはや進歩が速すぎるため，それは不可能であろう。時間の要素が組み込まれたならば，どういった変化が起こるのか。予測は不可能である。法的に安定しない。今回の講義では，こういったことにも少し踏み込んでみたいと考えている。

まずは，もう一度コミュニケーション空間の確認をしておこう（**【板書1】**参照）。立法事実の把握作業は，法的ないし判決三段論法における大前提を決定する作業なので，〈法廷Ⅰ〉では扱えない。仮に大前提に疑問をもったとしても，そうしたことが許容されていないコミュニケーション空間である。これに対し，〈法廷Ⅱ〉では立法事実の把握が行われる。ここでは，大前提が正しいのかを探究することができるから，場合によっては大前提の否定もなされる可能性がある。

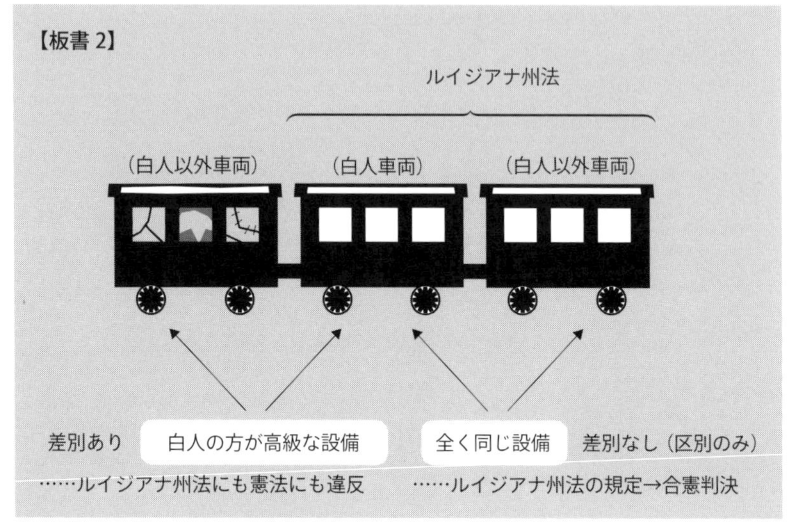

宗教的確信行為と憲法的確信行為

では，ここで大前提に対する探究が「平等」という観点からなされていることに注意しながら具体的な判例を見ておきたい。

Plessy v. Ferguson, 163 U. S. 537 (1896)[2)] では，州内における鉄道会社に白人種と有色人種が別々・同等な設備となる車両の提供を求め，乗客には人種の区別に従った座席以外に着席することを禁止していた1890年制定のルイジアナ州法が問題とされた。ルイジアナ州に住するプレッシーは，旅客列車に乗るため一等切符を購入して白人用の車両に乗車したが，車掌からそれが指定された人種のものとは異なっているとして移動することを求められ，それを拒否した結果，州法に反する行為として起訴された。もちろん彼の立場は，州法が合衆国の憲法に反して無効であるというものである。しかし，その主張は斥けられ，州の最高裁は州法を合憲であるとした。結論としては，連邦最高裁もこの州法を合憲とした（**【板書2】**参照）。

2）この事例についての以下の内容および詳細は，紙谷雅子「Plessy v. Ferguson, 163 U. S. 537, 16 S. Ct. 1138, 41 L. Ed. 256 (1896)　分離すれども平等の理論」藤倉皓一郎／木下毅／高橋一修／樋口範雄編『別冊ジュリスト　英米判例百選〔第3版〕』（有斐閣，1996年）56-57頁参照。

【板書 3】

宗教的確信行為者と憲法的確信行為者

	（第一局面）		（第二局面）
宗教的確信行為の場合（第 6 講参照）	確信犯	→	確信犯
憲法的確信行為の場合（プレッシー）	州法に対する確信犯	→	確信犯

最初から〈法廷 II〉での闘いを選択

アメリカ法を中心とした研究を行っている民事法学者の藤倉皓一郎（1934- ）によれば，「彼はこの州法の合憲性を争うために，その行為をした[3)]」とされている。つまり，プレッシーは，ドグマであるルイジアナ州法の懐疑を実際の自らの行為で遂行したということになる。彼は，最高裁によってドグマの懐疑を確認するために〈法廷Ⅱ〉レヴェルの主張を行った。恵庭事件の被告人も，〈法廷Ⅱ〉レヴェルの主張を行っていたことを想起しながら見ていこう。また，第6講で見た宗教的確信犯の場合も併せて思い出してもらいたい（**【板書3】**参照）。そこで取り上げた確信犯の場合には，法廷の第一局面においても第二局面においても話し手が誰であるかは関係がない状態であった。これに対し，プレッシーの場合はどうか。第一局面では，いわば州法に対する確信犯的立場で自らの意見を述べている。彼は憲法が正しいと信じて州法を批判しているのだから，憲法的確信行為者である。そして，第二局面で裁判官の判決（意見）が下されたことで，彼の州法に対する確信犯としての主張が，確信犯としての主張として確定したことになったのである。以上のような図式である。では，なぜ確信犯的状況になったのか。それは，結局〈法廷Ⅱ〉での闘いが（裁判官の下す判決によって），人権保障の「場」とならなかったからである。

分離すれども平等

さて，この事件によって「分離すれども平等」の原則ということが確立したといわれるようになった。この原則は完全な形式論理である。すなわち，白人

3）　藤倉皓一郎「四　平等条項と連邦最高裁判所」川又良也編『総合研究アメリカ　第4巻　平等と正義』（研究社，1977年）129頁参照。

が白人以外の座席に座ることは禁止されている。白人以外が白人の座席に座ることは禁じられている。つまり，同等の扱いを受けているので平等である。また，白人の座席と白人以外の座席の造りが全く同じである。つまり，提供されるサービスの質も平等である。こういう論理に基づく平等理解である。形式的正義の典型的な解釈・援用方法である。「等しきものは等しく，等しからざるものは等しからざるように」という形式的正義の要請においても，空規定と同様にその意味が重要となる。空規定については第9講のケルゼンのところでも確認したが，そこでは「各人に彼のものを」であった。今回は，「空」の中身が同等の設備や同等のサービスになっているのである。現代社会の場合ならば，こうした観点とのかかわりで，「女性専用車両」に関する議論を想起する人も少なくないのではないだろうか。

ところで，この最高裁判決についても，裁判官が全員一致したわけではない。反対意見がある。それによると，同等な設備の提供というのは見せかけで，州法の目的が特定の人種を侮辱することにあることが明らかであるとされている。こうした「分離すれども平等」のような形式的平等，形式的正義の用い方を見ればわかるように，同等な設備の提供という表面的な現象の背後にある差別的意図は根深く深刻であり，むしろそちらの方が問題なのではなかったか。それとも，差別的意図は主観的なものだから，客観的な方法で明示されていなければ法的には関係ないというのだろうか。逆に，それに介入することは思想・信条の自由に反するのだろうか。あるいは，パターナリズム（本人のために本人の自由に干渉する）になるのだろうか。平等をめぐる形式と実質のあいだには，このような正義の問題がある。だから，正義の問題は普遍的問題である。

さて，判例に戻ると，連邦最高裁は人間の〈公／私〉の二分法を重視したといえる。鉄道というある程度公共性の認められる機関をこの区別で振り分け，純粋に「公」ではない＝「私」であると判断したことになる。これは，純私的空間における差別の容認を半公共的空間における差別の容認へと拡張することを意味する。こうした意味を考えたとき，形式的正義や形式的平等で果たして十分といえるのだろうか。表層だけを見ていては，あるいは形式だけで判断すれば，そういうことになってしまう。ちなみに，英米法学者の紙谷雅子の指摘するように，この判決そのものは，人種隔離が法による人種的優劣の表明になるという主張を否定したということであって，分離された施設について判断したわけではない[4]。しかし，事実上，それを承認したことを意味する。ここにも，形式と実質，あるいは直接効と波及効の関係が見られる。

「分離すれども平等」の法理は，その後60年近く平等条項の解釈の論拠＝トポスとなるのである。これはある意味で，波及効が60年ものあいだ他の事件の論拠となったということになる。波及効の将来に亘っての影響は「現代型」の特徴でも言及しておいたが，ここでも確認できた。

科学的論証の援用と批判

では，60年後どうなったのか。Brown v. Board of Education of Topeka, 347 U. S. 483 (1954)[5] において，公立学校における人種別学制度についての違憲判決が下された。さらに，裁判所はBrown v. Board of Education of Topeka, 349 U. S. 294 (1955) において，別学制度撤廃のための枠組みを提示した。Brown Ⅰと呼ばれる前者が違憲判断の判決，Brown Ⅱと呼ばれる後者が救済実施の判決である。藤倉によると，同一の事件で違憲確認と救済実施に判決が分かれ，しかも短期間で下されたというのは極めて異例であるという[6]。

連邦地裁においては「分離すれども平等」の先例に従った判決が下されたものの，判決文に付けられた別紙で，心理学者の証言を採用している。つまり，社会科学的・心理学的分析による科学的論証という「ブランダイス・ブリーフ」の手法が利用されたのである（**【板書4】**参照）。本来，これは「合憲性推定の控え壁」であるが，そうした手法を逆用したことになる。「人形テスト」と呼ばれる実験で，人種別学法による制度下で学ぶ黒人児童らは，人種による隔離を社会的に劣等な地位の現われとして受け取っていることが認められ，劣等感の形成が証明された。

---

4) 紙谷「Plessy v. Ferguson」（前出注2）57頁参照。

5) Brown ⅠおよびBrown Ⅱについての以下の内容および詳細は，藤倉皓一郎「Brown v. Board of Education of Topeka (Brown Ⅰ), 347 U. S. 483, 74 S. Ct. 686, 98 L. Ed. 873 (1954)／Brown v. Board of Education of Topeka (Brown Ⅱ), 349 U. S. 294, 75 S. Ct. 753, 99 L. Ed. 1083 (1955) 公立学校における人種別学制度の違憲性」藤倉皓一郎／木下毅／高橋一修／樋口範雄編『別冊ジュリスト 英米判例百選〔第3版〕』（有斐閣，1996年）62-63頁参照。

6) 藤倉「Brown v. Board of Education of Topeka (Brown Ⅰ)／Brown v. Board of Education of Topeka (Brown Ⅱ)」（前出注5）63頁参照。

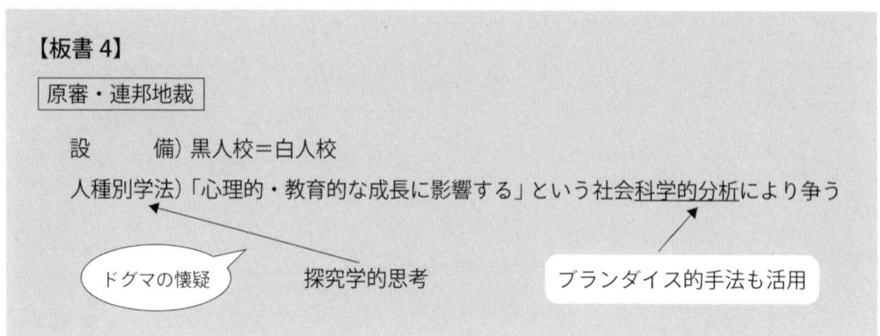

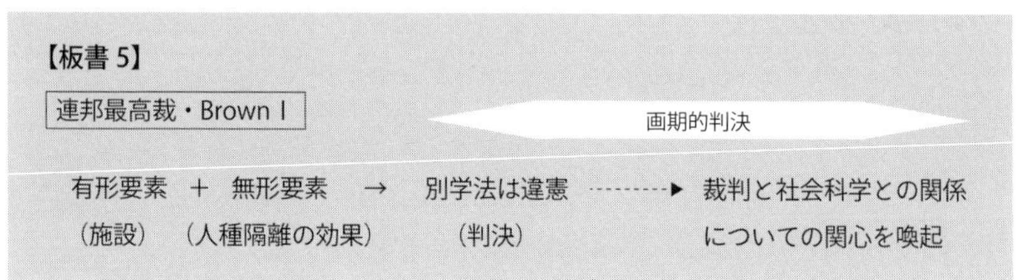

逆用できるという点，誰でも使えるという点は，「中立性」，「公正」といった概念においても主たる特徴の一つといえるだろう。そういう特徴がイメージできるから科学やその客観性ということが説得力をもってくる。それゆえに，先ほどの形式との関係で同様の問題が発生する。「形式をどんな目的で用いるのか」は，「科学をどんな目的で用いるのか」という観点に通じている。どのような「実質」によって，「形式」を充填するのかが重要なのである。

こうした科学的証明については，最高裁でも重要な論点となった（**【板書5】**参照）。すなわち，最高裁がその審理で最初に行ったのは立法者の意思，第14修正の立法者が人種別学を禁止する意図をもっていたかどうかの検討であるが，これは資料からは不明であった。したがって，人種別学は公立学校教育の今日的意味から考えなければならないとして，公立教育の平等性が検討されるのである。法の強制を伴う別学において，黒人児童らに劣等感・悪影響を与えているならば，彼らの利益は奪われており，平等ではないことになる。この審理において，最高裁は，すでに有形要素（建物・教科・教師の資格と給与など）の平等は下級審で認められているとして，それ以外の要素，すなわち無形要素につい

【板書 6】

判決への批判点

①違憲判断した理由（心理的被害）

②憲法判断に援用した方法（法の理論（解釈）ではなく，科学的方法論）

[②により → ①を導出] ……②の方法は適切かの問題

↓

立法事実を知らない裁判官に専門家が立法事実を教える方法

（専門家の科学的意見によって判決が決まる）

【板書 7】

「分離すれども平等」法理と「第 14 修正」の関係

① [別学合憲] ⇔ [別学違憲] → 教育という一つの制度についてのみ違憲が確定

×　○

② [法理合憲] ⇔ [法理違憲] → 立法者の原意については未確定

△　△

ての判断が求められていることを直視してこの点に踏み込んだ。その結果，無形要素の影響を認定したのである。このように，最高裁は別学制度による心理的被害を違憲判断の理由にしたが，憲法判断のために心理学等の社会科学的証拠を援用した。これには強い批判が浴びせられた。結論には賛成だが，方法が問題であるということである（**【板書6】**参照）。

法理と憲法の関係

以上のように，このケースでの「分離すれども平等」法理は否定されたわけだが，第14修正との微妙な関係は存続することになる。どういうことなのか。つまり，人種別学制度に関するこの法理の排斥が，そのまま一般的にこの法理を排斥することにはならないということである（**【板書7】**参照）。公教育の領域から「分離すれども平等」の法理を排除したにすぎない。というわけで，なか

【板書8】

憲法的確信行為者と憲法的確信行為者

この違いは何か？

	（第一局面）		（第二局面）
憲法的確信行為の場合（プレッシー）	州法に対する確信犯	→	確信犯
憲法的確信行為の場合（ブラウン）	州法に対する確信犯	→	憲法の精神をもつ人間

最初から〈法廷Ⅱ〉での闘いを選択

なか差別はなくならないのである[7)]。

確信的行為の憲法適合化

ここで，法の平等な保護を求めているブラウンと先ほどのプレッシーの置かれた状態を比較しておこう（**【板書8】**参照）。プレッシーとブラウンは，第一局面では，州法というドグマを懐疑する立場から憲法に依拠した主張を行った。いわば州法に対する確信犯的立場で自らの意見を述べている。彼らは憲法が正しいと信じて州法を批判しているのだから，両者は共に憲法的確信行為者である。そして，第二局面で裁判官の判決（意見）が下されたことで，彼らの州法に対する確信犯としての主張が，憲法に合致するかどうかが確定したのである。憲法に合致するブラウンと合致しなかったプレッシー，こういう図式である。

では，なぜブラウンは憲法の精神をもち，それを具現化した人間として見なされるようになったのか。それは，結局〈法廷Ⅱ〉での闘いが（最高裁裁判官の下す判決によって），人権保障の「場」となったからである。判決により，ブラウンの主張・良心は普遍的なものへ変化した。他方，プレッシーの主張・良心は普遍化されず，個人的な意見にとどまってしまった。つまり，そういう違いがある[8)]。

また，これと併せて宗教的確信行為者のケースも比較してもらいたい（**【板書**

7）　例えば，この判決以後の時期で，人種による裁判傍聴席の区別がなされた事例（Wells v. Gilliam, 196 F. Supp. 792（E. D. Va. 1961））について，塚本重頼『アメリカ憲法研究——違憲性の審査基準——』（再版）（酒井書店，1989年）261頁参照。

8）　小畑清剛『魂のゆくえ——〈人間〉を取り戻すための法哲学入門——』（ナカニシヤ出版，1997年）120頁参照。

【板書9】

良心の普遍化可能性

A：宗教的確信行為者の良心 → 普遍化されず，個人的な考えにとどまる
B：プレッシーの良心 → 普遍化されず，個人的な意見にとどまる
C：ブラウンの良心 → 普遍的なものへと変化

3】・**【板書9】**参照）。そうすると，どういったことが見えてくるだろうか。各ケースをそれぞれA，B，Cとしておこう。まず，舞台についていえば，〈法廷Ⅱ〉ということが関係するのはBとCである。Aは〈法廷〉そのものを否定しているからである。当然，彼の良心は法的コミュニケーション空間の外にあるため，扱いの対象から外されてしまう。次にBとCであるが，両者は共に〈法廷Ⅱ〉を選択し，裁判官もそれを受け入れた点では同じである。（ということは，良心の普遍化可能性はあった。）ただしCに関しては，〈法廷Ⅱ〉の選択で科学的論証の手法を援用しているところが，Bとは異なっている。そして，結論としては，Bは普遍性を獲得し得ず，Cは普遍性を獲得したということである。Cのケースでは憲法における普遍的価値を具現化した主張であると認められた[9)]。B

9）救済において，憲法に具現化されている公共的価値の実現という点を重視していくとO. フィス（Owen Fiss）の立場に近いものとなる。フィスの立場については，大沢秀介『現代型訴訟の日米比較』（弘文堂，1988年）189-191頁参照。裁判の本質を「われわれの有する公的価値に意義を与えること」とするフィスの主張には，個人よりも社会に重点が置かれていることが窺知できる。この点，大沢秀介『現代アメリカ社会と司法――公共訴訟をめぐって――』（慶應通信，1987年）207-208頁参照。なお，こうした理解の仕方の問題については，同書213-215頁参照。フィスが憲法上の価値に意味を与えることを憲法事件における裁判官の任務として捉えていることに関連して，M. J. ペリィ（Michael J. Perry）は，その背後にあるアメリカ人の（人民の結合という意味での）宗教的自己理解の重要性を示唆し，人権事件における非解釈的審査の機能に預言的意味を見出している。Michael J. Perry, *The Constitution, the Courts, and Human Rights: An Inquiry into the Legitimacy of Constitutional Policymaking by the Judiciary* (New Haven: Yale University Press, 1982), pp. 96ff.（芦部信喜監訳『憲法・裁判所・人権』（東京大学出版会，1987年）141頁以下）参照。なお，こうした実体的価値の実現を目指すような考え方に反対し，司法審査の役割をプロセスの保障に限定すべきであると考えるJ. H. イリィ（John Hart Ely 1938-　）は，「憲法問題を決定する裁判官は，自己の役割を，成文憲法に明規されているかあるいは明らかに含意されているような規範を執行することに限定すべきである」という考え方を司法審査における解釈主義（interpretivism），「裁判所はこのような枠組を越えて文書の範囲内に見出しえないような規範をも執行すべきである」という考え方を非解釈主義（noninterpretivism）とした上で，これらを垂直に横切る概念として積極主義（activism）と消極主義（self-restraint）を捉えている。John Hart Ely, *Democracy and Distrust: A Theory of Judicial Review* (Cambridge, Mass.: Harvard University Press, 1980), p. 1（佐藤幸治／松井茂記訳『民主主義

とCの違いは何であったのか。その最大の違いは時間である。何といっても60年の開きがある。これは圧倒的に大きい。Cでは立法者の意思が不明であったから,「人種別学の今日的意味」,すなわち,「Bの60年後の人種別学の意味」が考慮されることになったのである。時間によって,同じ内容の主張でも普遍性を獲得し得たのである。

そして,注目しなければならないのは,もちろんこれだけではない。〈法廷Ⅱ〉の「選択→決定」に関し,科学的論証手法の援用が影響したかどうかという観点も非常に重要である。Bの場合もCの場合も,憲法判断が回避されるかもしれなかった。今回はB,C共に憲法判断がなされた。だから,もちろん,これだけでは判断できない。しかし,推測は可能である。なぜなら,Cで見たように立法者の意思が不明な場合,時間的要素が加味される。というか,それが圧倒的に力を発揮する。つまり,立法時点ではなく,現在時点の社会的意味,背景,事実が基礎になる。この「現在」の把握が普遍性獲得の基礎となる。そして,「現在」とは「不確実」であった。現代社会とは不確実社会である。客観的と見なされる科学的論証に依拠しようとする社会である。こうした社会では,科学的論証は有力なトポスとなる。

今後,複数の判例分析を行い,科学的論証が必要なケース,つまり立法事実の把握が不確実なものの場合の方が,憲法判断回避が回避される蓋然性が高いということになれば,現代型訴訟を考える上で重要な示唆を得ることになると思われる。なぜなら,「現代型」はまさに,そうした不確実性を多分に帯びているというのが特徴であったからである。さらに,現代型憲法訴訟ともなれば,科学的論証を用いることは十分にあり得る。そして,不確実性が増大すれば,訴訟当事者による〈法廷Ⅱ〉の選択の実現可能性を高める上で,科学的論証の援用が大きな要因となると考えることも視野に入ってくる。芦部によれば,日本では重要な立法事実の論点が安易に提出され,時として独断的な認定が行われることも少なくなく,彼は,こうした立法事実の本質的論点に目を掩(おお)い,あるいは何らの証拠に基づかずに健全な社会常識と見なしてしまう傾向を問題視し,これを司法審査権を放棄したものとして厳しく非難しているのである[10]。と

と司法審査』(成文堂,1990年)1頁)参照。

10) 芦部信喜『憲法訴訟の理論』(有斐閣,1973年)162頁参照。

【板書10】

Brown IIの概要

①教育委員会は，共学実施の責任を負い，早急に実行に着手する。
②裁判所は，教育委員会の共学案を審査し，その実施を監督する。
③原告を可及的速やかに共学の公立学校に入学させる。

いうことは，逆にいえば，訴訟当事者が科学的論証を用いて彼らを説得する余地が大いにあると思われる。

議会弁論的判決

ここからは，Brown IIについて見ていきたい。Brown Iで違憲判決を下した最高裁判所は，その後，共学の実施に向けた口頭弁論を開いて審理を重ねた上で，連邦地裁の監督下でできるだけ速やかに共学の実施を命じるという判決を下した（**【板書10】**参照[11)]）。Brown Iの実施の枠組みと手順を示したこの第二の判決がBrown IIであり，ここでの裁判官の弁論は，アリストテレスの区別でいう議会弁論に当たる。議会弁論の特徴は，最も有益なことを見出すことを目的として，勧告や制止を行うというものであった。Brown IIは救済の判決であり，不平等な状態に置かれている児童にとって最も有益なこと，すなわち共学の実施（入学）を目的として，共学の早期実行を教育委員会に命じ監督行為を地裁に告げる弁論なのである。

救済としての判決の内容と意味

Brown IIの内容は非常に興味深い論点を含んでいるので，これについても少し詳細に確認しておくことにしよう。

一つ目は，現代型訴訟との関連においてである。すでに確認したように，「現代型」では訴訟当事者の目的が（被った損害の補償などではなく）行政政策の変更に置かれる場合があり，そのために裁判という方法を使うケースがあると

11） 藤倉「四　平等条項と連邦最高裁判所」（前出注3）138頁参照。

述べておいたが，それを裁判官が実行しているのである。

二つ目は，救済命令の作成・実施に当たって，エクイティの法理が用いられていることである。エクイティとは何か。英米法の歴史においては，厳格な法理に基づいた普遍的な正義を求めるコモン・ローと具体的事件で柔軟な救済を可能とする個別的正義を求めるエクイティの二つの体系があり，それぞれの裁判所がそれぞれの判例法を発展させてきた[12)]。それぞれ別の体系として発展してきたコモン・ローとエクイティは現在では融合されており，例えばアメリカの連邦裁判所には，コモン・ロー上の裁判所としての性格とエクイティ上の裁判所としての性格の併有が指摘されている。救済に関してもそうした二つの要素が存在し，差止命令などはエクイティ上の救済の代表である[13)]。これは，権利侵害が直近かつ実質的で，これがなければ回復し難い権利侵害が生ずる場合に限定されると理解されている。と同時に，この救済は裁判所の裁量[14)]という点に大きな特徴があるといえるだろう。それゆえ，アメリカでは，しばしば現代型訴訟という難しい問題に対して柔軟に対応するために，このエクイティの法理に基づく救済が活用されるのである。なお，エクイティ救済で裁判所が援用する法理として，「比較衡量（balancing the equities）の法理」と「被害に合致する救済（tailoring the remedy）の法理」がある[15)]。前者は当事者の利益と公益の調整を行うもので，別学解消に際して移行期間を設けたのもこれなのである。後者は

12）藤倉皓一郎「アメリカにおける裁判所の現代型訴訟への対応——法のなかのエクイティなるもの」石井紫郎／樋口範雄編『外から見た日本法』（東京大学出版会，1995年）331-332頁参照。

13）藤倉「アメリカにおける裁判所の現代型訴訟への対応」（前出注12）334頁参照。

14）裁量をめぐっては，ハートとドゥオーキンの論争が有名である。法をルールの体系として捉えるハートは，難事件（ハード・ケース）における司法的裁定で裁判官は司法的裁量を行っているとするが，法に原理が含まれると考えるドゥオーキンは，裁判官は難事件においても原理を用いて司法的裁定を行うことができるから裁量を行っていないとする。深田三徳「ドゥオーキンの法実証主義批判：統合性としての法」深田三徳／濱真一郎編著『よくわかる法哲学・法思想〔第2版〕』（ミネルヴァ書房，2015年）66頁参照。ドゥオーキンの議論を受け入れ難いとする見解については，長谷部恭男『法とは何か　法思想史入門【増補新版】』（河出書房新社，2015年）139頁以下参照。こうした違いは，彼らの視点に対する意識とかかわりがある。酒匂一郎『法哲学講義』（成文堂，2019年）86-87頁参照。これらの議論に対し，「法的言語行為空間」における「未分化な内部空間」の存在を前提として議論を展開する「法的自己組織性理論」の立場は，メタレヴェルの位置にある。これは〈法廷〉を「実体」としてではなく，「関係」として捉えるところに起因する。小畑清剛『言語行為としての判決——法的自己組織性理論——』（昭和堂，1991年）253-255頁参照。

15）藤倉「アメリカにおける裁判所の現代型訴訟への対応」（前出注12）336頁参照。

【板書 11】
Brown 判決……裁判官があるべき社会をつくるために意図的に下した判決
=「自己組織性の法」(小畑)
判決は，議会弁論=立法的であるという意味で「法」
これによって，以後，裁判官が拘束されるという意味でも「法」

ハイエクの二分法的思考
テシス(立法の法)……組織のルール
ノモス(自由の法)……自生的秩序のルール

被害を受けた者をできるだけ本来のあるべき位置に戻すという原状回復的な救済である。彼らは，この二つの体系をうまく活用しているのである。系を並存させ，相互作用させているのである。これこそが，英米法が複数の系をもつことの強みである。

三つ目は，言語行為の観点においてである。小畑によれば，Brown判決は「自己組織性の法」である(**【板書11】**参照)。自己組織性の法とは，ハイエクが二つに区別して示した法の類型[16)]であるテシス(立法の法)とノモス(自由の法)に加えて，小畑が提示した第三の類型である。裁判官があるべき社会をつくるために意図的に下した判決は，組織の内部から意図的に創出されることを特徴とする「自己組織性の法」の特徴をもつ[17)]。また，判決は議会弁論=立法的であるという意味で「法」であり，これによって，以後，裁判官が拘束されるという意味でも「法」なのである。したがって，公的教育に関して，「分離すれども平等≠正義」という法的言語行為を行った裁判官は，これによって司法審査制を自己組織化したということになる[18)]。なお，さらに詳細に分析を行うならば，

16) ハイエクは，組織と自生的秩序という二つの秩序原理が必要とするそれぞれのルールを区別し，これらのルールが異なる法概念のモデルを提供してきたということを示す。Friedrich August von Hayek, *Law, Legislation and Liberty, A new statement of the liberal principles of justice and political economy*, complete edition in new one-volume paperback (London, et al.: Routledge & Kegan Paul, 1982), pp. 48, 51 (矢島鈞次／水吉俊彦訳『ルールと秩序――法と立法と自由 I ――〈新装版ハイエク全集第8巻〉』(春秋社，1998年) 65, 68頁) 参照。

17) 小畑『魂のゆくえ』(前出注8) 121頁参照。

18) 小畑『魂のゆくえ』(前出注8) 121頁参照。なお，ハイエクの場合，裁判官の行為は「内在的批判」による努力であり，外在的な創造である「設計主義的(または素朴な)合理主義」と区別

Brown Ⅰが自己組織性の第一段階（自省）であるのに対し，Brown Ⅱは第二段階（再構成）に当たるものとして理解することができる。第二段階は日本には見られない現象であることから，私は自己組織化の段階の区別が必要であると考え，「自省」と「再構成」という名称でこの区別を導入している。

四つ目は，判決の内容についてである。殊に時間論的意味である。エクイティ救済の比較衡量の法理による，別学解消の移行期間設定の際の「可及的速やかに」というのは，将来に向けて，この時点＝現在から進行していくということである。また，裁判所（地裁）にその終了までの期間の監督を命じたということは，この時点＝現在というピンポイントの時間ではなく幅がある。通常，判決の効果はそれが下された時点＝現在を中心に考えられる，すなわち直接の効力は「点」で影響を与えるが，このケースでは直接の効力が「線」になっている。しかも，完了形ではなく進行形になっている。結果として40年かかることになるが，この言語行為は長期に亘って自己（裁判所）を拘束する。

救済における時間的要素

最後に，人種別学に関するその後（20世紀後期）の判例を見ておきたい。エクイティの柔軟性をもったBrown Ⅱが，アリストテレスの議会弁論としての性格とある程度馴染むものであることはわかったと思うが，それだけではない。そこには当時の時代状況，時代背景が色濃く反映されている。実際，最高裁判例において1960年代から1970年代前半と1970年代後半以降とでは，下級審の救済権限に対するスタンスが変化しているのである。ここで取り上げるのは，次の二つの事例である。それらは，時間問題の重要性をわれわれに示してくれる。Freeman v. Pitts, 503 U. S. 467 (1992) とMissouri v. Jenkins, 515 U. S. 70 (1995) である。

まず，Missouri v. Jenkins[19]の方から見ていこう。藤倉は，Brown判決から

される。これは「進化論的（または批判的）合理主義」の側に位置付けられるものであるがゆえに，裁判官は「新秩序の創始者ではなく，既存秩序の機能の維持，改善に努める召使い」とされるのである。Hayek, *Law, Legislation and Liberty*（前出注16），pp. 118-119（『ルールと秩序』153-154頁）参照。

19) この事例についての以下の内容および詳細は，藤倉皓一郎「Missouri v. Jenkins, ——U. S.——, 115 S. Ct. 2038, 132 L. Ed. 2d 63 (1995) 裁判所による人種別学解消措置の限界」藤倉

約40年経過したこの事案によって，今後別学制度の解消の分野から連邦裁判所が撤退することを示唆する。なぜなら，この判決で，これまで認められてきた人種別学に関する具体的救済措置を命ずる広範なエクイティ権限が，かなり制限されることになったからである。40年間という長期間で社会の状態は大きく変化していた。多くの白人が郊外に移り住んだことで，別学を解消し共学にしようとしても学区内に住む白人が少ない状態である。加えて，違憲当時の別学制度と現時点での因果関係が曖昧であることも指摘されている。つまり，このような長期間で原因と結果という「点」と「点」を繋ぐことが困難になったということである。法理論における因果関係というのは，ある意味で法的関係での根本なのであるが，この関係を認めることが困難になってしまった。こうした時間論的背景がある。

この事件の概要であるが，これは非常に複雑なので，ここでは掻い摘んで述べておくことにしたい。連邦地裁は1984年に州政府と市学区教育委員会に別学制度維持の責任を認め，1985年に広範な救済措置の実施を命じていた。強制的な共学命令ではなく，他の学区や私立校からの自発的な転入学を誘発するために様々な改善措置が取られた。こうした中，1992年以降の改善措置の一環として連邦地裁が命じた内容が，救済権限の範囲を越えるかどうかなどが争われたのである。共学の誘発に繋がるという理由で連邦地裁が認めていた市学区の教職員の給与の引き上げは，連邦最高裁によって，別学解消とあまりにも関連性がないと見なされたのである。要するに，これまでに最高裁は，先例において因果関係，原状回復，教育の地元支配を尊重することなどを救済権限を行使する上での方針として示してきたので，連邦地裁はそれに従うような命令を出すべきだとしたのである。

次に，Freeman v. Pitts[20]である。これは，二元的であった学校制度の一元化が達成されるということをどう捉え，どう扱うかを考えさせる事案である。一元化というのは段階的なかたちで捉えるものなのかどうか。もし，そうである

皓一郎／木下毅／髙橋一修／樋口範雄編『別冊ジュリスト 英米判例百選〔第3版〕』（有斐閣，1996年）70-71頁参照。

20） この事例についての以下の内容および詳細は，毛利透「30 公立学校における人種分離撤廃訴訟の部分的終了 Freeman v. Pitts, 503 U. S. 467 (1992)」憲法訴訟研究会／芦部信喜編『アメリカ憲法判例』（有斐閣，1998年）220-227頁参照。

ならば，達成された部分についての裁判所の役割は終了していることにならないか。こうして，命令が完全に実施された部分については，州や当局の管理監督に戻すことができるのかについて判断がなされたのである。裁判所による監督の部分的放棄は容認された。ここでも時間論的に重要であるのが，現在の人種の偏り状況と過去の違憲状態のあいだの見極めである。われわれは進行形という様相に直面せざるを得ない。進行形の中で完了地点を見出していくことができるかどうか。結局，進行形と完了形を統御できる場合に因果関係の考え方は機能するのである。社会科学的方法を以てスタートした場合，その終了地点も社会科学的方法に依拠するがゆえに難問となるのである。

科学的方法はその時点での最新の成果でしかないこと，また最新の成果が必ずしも最善の成果ではないこと，この手法を用いるとしてもそのことはよく押さえておかねばならない。しかし，このことは根本的にはわれわれが時間の内部にいることと関係がある。時空内存在であるわれわれにとって，刻々と変化する世界が現実の世界である。むしろ静態的な世界で判断を下すという構成の方が，近代法的なフィクションなのである。われわれは，移り行く現実世界の中で絶えず完了地点を見出していかねばならない存在なのである。

因果という形式

このように，時間とともに因果関係は薄れゆくのが現実である。原因と結果を直結させることができると考えるのは，そういう形式に，ある出来事をそれぞれ当てはめているからなのである。だから，本当はこうした変化については何も驚くに当たらない。驚くのはこういう形式的思考に慣れている人たちだけである。エクイティ救済の限界を乗り越えていくには，関係当事者のコンセンサスが必要である[21)]。こうしたことから，裁判の中にそれを取り込もうとする動きが現われてきたが，ある意味，これも当然である。そもそもここで裁判所が行っている行為は，事実上行政的なものである。現代型訴訟においてコンセンサスを得る方向に打開していくのは，行政的な行為を行っている以上，当然そうなる。

21） 藤倉「アメリカにおける裁判所の現代型訴訟への対応」（前出注12）359頁参照。

【板書12】

（今回のまとめ）

①社会科学的方法をめぐる議論

②裁判の目的の多様化（「現代型」での訴訟当事者と「憲法裁判」における裁判官の制度改革的議会弁論）

③時間的要素の重要性

ということで，われわれはコミュニケーション的合理性の話に戻っていくことになる。再びこの点を考えていかねばならない。その際，重要になってくるのはアメリカ法からの示唆である。何を受け取るかである。ちなみに，藤倉は裁判官の裁量を広く活かすと同時に，その裁量の手続を透明化することで正統性を担保するという点にそれを見出している[22]。コミュニケーション的合理性の確保についてのヒントは，もちろんアメリカ法以外にもある。それらを参考にしつつ考え続けることが必要であることはいうまでもない。

22） 藤倉「アメリカにおける裁判所の現代型訴訟への対応」（前出注12）362-364頁参照。

第12講　自由と共同体 Ⅰ

——「自由」の伝統と共同体論——

本講の目的　リベラリズムの問題点を確認するため，リバタリアンとコミュニタリアンの主張を理解する。

共同体と属性への着目

今回からは，新しいテーマに入っていく。自由と共同体ということでお話ししよう。自由については，これまでの講義でもリベラリズムを中心にデモクラシーやロールズとの関連において論じてきた。一方，共同体については，それほどふれてはいなかったと思う。なぜ，共同体に着目するのか。その理由は，こうである。ここまでの講義において，リベラリズムの重要性は十分確認できたはずである。実際，その意義をかなり強調してきた。だから，今度はその問題点についても見ておく必要があるということなのである。実は，リベラリズムに対する批判は様々あるが，コミュニタリアニズム，すなわち共同体論からの批判がなかなか鋭いのである。リベラリズムと同様に，その立場はわれわれに対してかなり説得力をもっている。ということは，その主張には何らかの普遍的なるもの，普遍性が見出せそうな気がする。リベラリズムとデモクラシーとの意見のぶつかりが法的なコミュニケーション空間である〈法廷〉で起こることについては，すでに確認しているが，そこでは，それらを質のトポスと量のトポスという比較において検討したのだった。コミュニタリアン（共同体論者）の主張も，そういう意味では量のトポスと関連が深いものとなる。ただし，共同体であるから，ある程度個別的（「種」的）であって，こちらもデモクラシーのように普遍とは結び付かないような気もするが，さてどうだろうか。このあたりも気にしながら，講義を進めていくことにしよう。

また，これまでは話の前提となる人間像をある程度無色透明な主体として考

【板書1】

ここまでのまとめ——二つの系の並存状況と相互作用

ロゴスとパトス	強い人間像と弱い人間像
真理性と真実性	寛容と啓蒙
トピカとクリティカ	リベラリズムとデモクラシーの原理
質のトポスと量のトポス	コモン・ローとエクイティの系統
〈法廷Ⅰ〉と〈法廷Ⅱ〉	負荷なき自我と位置ある自我（今回）
教養学的思考と探究学的思考	

えてきた。要するに，抽象的な人間像として話を進めてきた。「強い」人間像も「弱い」人間像もそうである。敢えて，そうした具体性，属性を入れずに語ってきた。それは，主体が自由であるということを前提にしておいた方が，リベラリズムの話が複雑にならず，わかりやすくなるからである。しかし，本当のところ，実際の人間主体は属性だらけである。今回は，そうした現実の人間主体に張り付いた属性の問題，これがテーマとなるのである。

ところで，すでにお気付きのことかもしれないが，ここまで11回の講義を重ね，それらに通底するメッセージも見えてきた（**【板書1】**参照）。すなわち，常に複数の系があり，その系が他の系を必要としているということである。ある存在が他なる存在によって生かされ（活かされ）ているということである。もちろん，今回もそうした視点を意識している。

リバタリアニズムの多様性

さて，自由についていえば，リベラリズムのところでリバタリアニズムについても少しだけふれた（第9講参照）。リベラリズムと比べればより自由の度合いが高い立場であるから，コミュニタリアニズムからすれば，リベラリズム以上に問題のある立場かもしれない。（制約の少ないという意味での）自由ということであれば，むしろ，こちらの方がわかりやすいのである。コミュニタリアニズムの前に，まずはリバタリアニズムの立場を見ておこう。すでにリベラリズムについては，ロールズを取り上げたときに詳細に論じたので，ここでは補足的にのみ言及する。

【板書 2】

リバタリアニズムの多様性

アナルコ・キャピタリズム（無政府資本主義）▶ フリードマン

最小国家論 ▶ ノージック

古典的自由主義 ▶ ハイエク

リバタリアニズムは自由至上主義とも訳されるように，個人の自由を最大限に重視する。例えば，この立場で有名な論者には，R. ノージック（Robert Nozick 1938-2002）やハイエクといった人物が挙げられる。ただし，リバタリアンも必ずしも一枚岩というわけではない。ロックの自然権を重視する立場や帰結主義など，それが支持される理由は様々である。その他，L. ミーゼス（Ludwig Edler von Mises 1881-1973），J. ブキャナン（James McGill Buchanan 1919-　）らもリバタリアンとされている。最も先鋭的なリバタリアニズムは，D. フリードマン（David Friedman 1945-　）のアナルコ・キャピタリズム（無政府資本主義）の立場である（**【板書2】**参照）。

社会には様々な制約がある。それは，どんどん増えている。そんなイメージはないだろうか。実際，法社会学では「法化（Verrechtlichung, legalization）」と呼ばれる現象についての研究も盛んである。規制や管理を行う立法が爆発的に増えており，様々な問題を生んでいるのである。リバタリアニズムは，こうした問題の根源が拡大国家にあるとして，最小国家を目指す方向にある。よく耳にする「小さな政府」とか，「新自由主義・保守主義」とかいわれる言葉は，個人の自由や規制緩和，経済的効率を重視したこうした立場を指していることが多い。拡大国家に対する批判にも濃淡があり，国家の廃止・撤廃を主張するものから，国家民営化論，最小国家論（制限国家論），古典的自由主義までその幅はかなり広いのである。

法哲学者でリバタリアンの森村進は，リバタリアニズムを次の二つの論点によって捉えている。一つが，今述べたような容認できる国家の役割による規模，すなわち「いかなる国家（政府）までを正当とみなすか」であり，もう一つが，自由についてのトポス，すなわち「諸個人の自由の尊重を正当化する根拠は何か」である[1]。さらに，この二つの論点に関連してそれぞれ三つの立場が示されている[2]。前者の論点において区別されているのは，第一がアナルコ・キャピタリズムあるいは市場アナーキズム，第二が最小国家論，第三が古典的自由主義である。後者の論点では，自然権論，帰結主義，契約論である。ということは，かなりの組み合わせがあるということがわかるだろう。なお，自然権論は，所有権の自由を重視する立場である。帰結主義は，結果的に自由を重視する社会の方が他の社会よりも人間は幸福で繁栄するという考え方をする。経済学者にそうした傾向が窺えそうである。契約論は，合理的な人間ならば理性的に考えて自由を重視する社会に合意するという考え方である。また，リバタリアンの一部では，ロックやA. スミス（Adam Smith 1723-1790）といったイギリスの啓蒙思想家の系を引いているものがあり，そういう意味でも第8講で取り上げたロックの意味は大きい。

ノージックの最小国家

ここでは，まずロックの影響が強いとされるノージックの立場について見ておこう。彼は国家が存在しないアナーキー状態からスタートする。このあたりは，社会契約論的な説明に近い。このいわば，原初の自然状態においては自由である反面，安全性も担保されない。そこで，人々の一部に相互保護協会を設立するものが現われる[3]。この団体も複数できるが，次第に淘汰されて一つになる[4]。団体加入者の利益を団体非加入者から守るために，団体非加入者の行為を排除する場合が出てくる。団体は，彼らに対し，その対価として団体加入者と同等のサービスを提供することになる[5]。こうして最小国家ができ上がるという説明になる。だから，これ以上の国家，すなわち拡大国家を容認する理由はない。それゆえ，この立場からすれば，平等主義的な立場のロールズだけでなく，

1） 森村進『自由はどこまで可能か　リバタリアニズム入門』（講談社，2001年）21頁参照。

2） 森村『自由はどこまで可能か』（前出注1）21-22頁参照。

3） Robert Nozick, *Anarchy, State, and Utopia* (New York: Basic Books, 1974), p. 12（嶋津格訳『アナーキー・国家・ユートピア――国家の正当性とその限界』（木鐸社，1992年）19頁）参照。

4） Nozick, *Anarchy, State, and Utopia*（前出注3），p. 16（『アナーキー・国家・ユートピア』24頁）参照。

5） Nozick, *Anarchy, State, and Utopia*（前出注3），p. 112（『アナーキー・国家・ユートピア』177頁）参照。

【板書 3】

ロックの影響

　プロパティ（property）概念

資産・財産，所有，
所有権，特性，性質，
固有性・属性など

「自分自身の」を意味する proper に「性質・状態」を意味する ty が付加されている。
本来的に自分自身のものだから，自分が自由に使えるものである。　←神への義務

功利主義的な立場も斥けられる。国家が配分にかかわることは認められないからである。最小の国家には，等価交換や不法行為にかかわる交換的正義・矯正的正義だけが認められ，配分的正義といったこともない。まさに，国家は正義においてもミニマムなのである。ちなみに，ロックは消費税を含む曖昧な税が「人々の自由にたいする群なす敵を維持する[6]」ものであるとして注意を促している。

　ロックの影響ということでは，プロパティということも忘れてはならない（**【板書3】**参照）。むしろ，これが自由を考える上での基礎である。ロックの場合，この概念は神と密接に結び付いていた。だから，自由についても本来神との関連の中で理解されるべきものである。白紙の状態で生まれた人間が，それを経験によって埋めていく。彼がこういうイメージで生得観念を否定するのも，神から授かった能力を使って，自力で信念や知識を獲得する努力をしなければならないと考えるからである。神の栄光に仕える，神の作品としての自己を完成させる義務，そうした枠組みの中にプロパティは位置付けられている[7]。神への義務を果たすためには，プロパティは誰にも譲れない。神から与えられたもの，与えられた能力を使って得たもの，それらは神の栄光に仕えるためにこそ用いられなければならない[8]。

6）John Locke, ʻPoliticaʼ , in John Locke, *Political Essays*, edited by Mark Goldie, Cambridge Texts in the History of Political Thought (New York: Cambridge University Press, 1997), p. 252（山田園子／吉村伸夫訳「20　政治　Politica」マーク・ゴルディ編『ロック政治論集』（法政大学出版局，2007年）154頁）参照。

7）加藤節『ジョン・ロック――神と人間との間』（岩波書店，2018年）61, 92頁参照。

8）なお，ロックの場合，世界，すなわち大地とそこにあるすべてのものは神から人間に対し，生存を維持し快適にするための共有物として与えられたものであり，それを最大限に利用するための理性も人間に与えたと捉えられている。それを専有（利用）するためには，労働（自らの行為）

ハイエクの自生的秩序

一方，スミスやヒュームらの進化論的合理主義の影響を受けているのがハイエクである。彼の「自生的秩序（spontaneous order）」の考え方はそれを継承するものである。自生的秩序とは，その名の示すとおり「自然に発生した」秩序である。ただし，純然たる自然の摂理という意味ではない。あくまで，人間界の，すなわち社会秩序である。社会秩序はもちろん人間がつくり出したに違いないが，しかし必ずしも理性的，合理的につくったものばかりではない。むしろ，重要な社会秩序は人間の様々な行為の累積によって，徐々にでき上がっていった。すなわち，人間の意図的な操作としてではなく，自然と形成されたのである。このように考えている。したがって，社会秩序は組織のように理性的・合理的につくられたものと行為の結果でき上がったものとの二つに大別される。ハイエクについては，前回講義でも少しだけ出てきたが，そのときお話をした「ノモス」=「自由の法」というのが，この自生的秩序の法のことなのである。これに対し，「テシス」=「立法の法」というのが，組織の法である。もちろん，ハイエクは社会秩序に関しては自生的秩序を重視し，法に関してもノモスを重視する。だから，法実証主義者に対しても批判的姿勢となる。実際，われわれの身の回りを見渡しても合理的につくったはずものが，却って問題を生み出していることが少なくないだろう。効率を重視して，逆に非効率的になっていないか。そうしたことをハイエクは問い掛けているのかもしれない。

イギリス古典経験論が人間の知性の限界，それゆえの漸進主義や進歩という考えを基本軸としていたことは第8講でも指摘しておいたが，ヒュームやスミスの思想も，こうした主体像，人間像と分かち難く結び付いている。産業活動と知識と人間性の結び付きを踏まえた視点は，ヒュームだけでなくスミスにおいても継承されている[9)]。つまり，彼らのいた時代背景を抜きにしては考えられ

を混合させることが必要である。一方で，「たとえ，大地と，すべての下級の被造物とが万人の共有物であるとしても，人は誰でも，自分自身の身体に対する固有権（プロパティ）をもつ」のである。John Locke, *Two Treatises of Government*, in John Locke, *The Works of John Locke*, a new edition, corrected, in ten volumes, vol. 5 (London: Thomas Tegg etc., 1823), p. 353（加藤節訳『完訳　統治二論』（岩波書店，2010年）325-326頁）参照。

9）　この点を商業ヒューマニズム（商業共和主義）の系譜の観点から理解するものとして，田中秀夫『スコットランド啓蒙とは何か――近代社会の原理――』（ミネルヴァ書房，2014年）130頁参照。シヴィック・ヒューマニズム（市民的共和主義）からの商業ヒューマニズムの展開について

ないのである。ハイエクの人間理解にもそうしたところは影響していると見てよいであろう。やや回り道になるが，あまり馴染みがないと思われるので，歴史的な部分にも少しふれておこう。

イギリス古典経験論とスコットランド

スコットランドは1707年にイングランドとの連合により統一王国となったが，その後も独自の教会や法，教育組織をもっており，カルヴィニズムとスコットランド法学を知的伝統としていた。[10)] とはいえ，政治的な独立を失ったことの影響は小さなものではない。一方で，連合の結果，経済的には発展した。これに伴い，市民社会は変化し，またスコットランドの伝統も次第に衰退していくが，そうした変動の中で市民社会のあり方に取り組んだのがヒュームあるいはスミスなのである。18世紀後半のイギリスは工業化に突入する時期でもあるが，その人口は1750年からの半世紀で50パーセント増加，続く半世紀で倍増しており，農業革命と併せて工業化促進の要因となった。[11)] この点だけでも大きな社会変動である。彼らに代表されるいわゆる「スコットランド啓蒙」が興起したこの地には，中世から大学が存在していたが，ヒュームがエディンバラ大学で学ぶ頃には，すでにロックやニュートンの学問にふれる機会を手にしていたようである。[12)] ロックからヒュームへと至るいわゆるイギリス古典経験論の系譜は，「理知の越権」への反発を含んでおり，この地でそれが展開したのである。スミスの考える市民社会の倫理基準が，到達困難な徳，すなわち「完全な適宜性」ではなく，一般の人間が到達できる「ふつうで通常の程度の感受性または自己規制」，さらには「人間のうちのもっとも弱いものでさえもが行使しうる程度」の自己規制である[13)] という点も，経験主義の漸進の意味，凡夫性を踏まえたものである。ちなみに，スミスとヒュームは道徳哲学でも「共感」と

は，同書108頁以下参照。

10） 中才敏郎『ヒュームの人と思想　宗教と哲学の間で』（和泉書院，2016年）5-6頁参照。

11） 渡辺恵一「産業革命」の項目 日本イギリス哲学会編『イギリス哲学・思想事典』（研究社，2007年）196-197頁参照。

12） 中才『ヒュームの人と思想』（前出注10）9頁参照。

13） Adam Smith, *The Theory of Moral Sentiments*, with an introduction by E. G. West (Indianapolis: Liberty Classics, 1976), p. 72（水田洋訳『道徳感情論（上）』（岩波書店，2003年）64-65頁）参照。

【板書4】

イギリス古典経験論の特徴

ロック：単純観念の経験主義（第8講参照）

漸進主義と「理知の越権」批判

産業活動・知識・人間性の結合（スミス：取引の主体＝人間と分業社会）

いうことを重視する。スミスの場合，自己愛や自己利益に基づいて他者との取引や交換を行う人間像と，これによって成り立つ商業社会，分業社会がイメージされていて，人間にはそういった性質が具わっていると考えられている[14)]（**【板書4】**参照）。

ハイエクにおいても，過去200年での人口増加が着目され，その多くが都市の産業における被雇用者であることに注意が払われている[15)]。こうした背景にある産業活動は知識や人間性と結び付いているがゆえに，法に対する捉え方も時代とともに変化していく可能性がある。具体的にはノモスからテシスへの変化である。しかし，言語，取引，法など長きに亘って積み重ねられたものの方が信頼できるとハイエクは考える。だから，それらは残ってきた。超越的な人間がつくったものであれば，後の人間がその上に積み上げることはできない。繰り返して慣習にすることなどできない。凡夫にもできることだからこそ，繰り返し行われて形成されたのである。そうすると，これはある意味で民主主義ではないのか。時間軸を横に取った同時代的なそれではなく，時間軸を縦に取っ

14）　スミスのつくり出した「公平な観察者」という（普遍的な）視点が受け入れられるには，現実の人間がその視点に共感する必要がある。スミスの道徳論における共感に，「想像上の立場の交換」性が指摘される（柘植尚則『イギリスのモラリストたち』（研究社，2009年）117頁参照）のも，こうした理由による。それが可能となるためには，人々の富裕の程度が平準化されなければならない。あるいはすべて同じ身分＝商人にしなければならない。主体自体の一元化・一般化がここに始まるのである。様々な属性をもつ「質」的な主体を，一旦，単一の主体像（「量」的な存在）に還元してしまい，その上で，かかる主体が「質」を自由に追求する方法を提示したと見ることができる。この場合，商業世界，すなわち市場が主体を「量」的存在として扱うがゆえに「公」的世界である。公と私の区別であると同時に公と私の対の意味が重要である。この点は，ペレルマンの概念分割に関する議論が示唆的である（第2講参照）。

15）　Friedrich August von Hayek, *The Constitution of Liberty* (London: Routledge & Kegan Paul, 1960), p. 119（気賀健三／古賀勝次郎訳『自由の価値――自由の条件Ⅰ――〈新装版ハイエク全集第5巻〉』（春秋社，1997年）172頁）参照。

たかたちでの民主主義ではないのか。そうした疑問が出てきそうである。一応これを「縦時間の民主主義」と呼んでおこう。ただ，ここでこの話をすると論点が拡散しそうなので，この点は後に回したい。

ノモスと法の支配

ハイエクの時代には，すでに立憲主義である。彼らはJ. ベンサム（Jeremy Bentham 1748-1832）以後の世界に住んでいる。法は立法者の命令であるという，法＝テシスのイメージがもち込まれている。功利主義者として有名なベンサムは，立法や法典の重要性を唱導した人物でもあって，その影響は絶大であり，J. オースティン（John Austin 1790-1859）へと法実証主義の流れを形成した。すでに法＝テシスのイメージが強くなっている世界となっていたのである。ヒュームやスミスらは，ベンサム以前の世代であるから，法＝ノモスを前提にしていた。200年後のハイエクの同時代人たちよりも，そうした根源（法＝ノモス）がより身近で，よりリアルであった。

ハイエクはそういうヒュームあるいはスミスの思想の影響圏にある。だから，ハイエクの「法の支配」に対する考え方も，ノモスを基本とするものである。彼よれば，人類は，「長く，かつ苦しい経験[16)]」の末に自由の法を獲得したのであり，そこには，その歴史の中で刻まれた特質がある。これが法の支配の理念である。法の支配とは，それゆえに「立法府の権力をも含めて，あらゆる政府の権力の限界を設定している」のであり，「立憲主義以上のもの」であると理解されている[17)]。「法の支配とは法律の規則ではなく，法律がどうあるべきかに関する規則，すなわち超－法的原則（meta-legal doctrine）あるいは政治的理念[18)]」なのである。したがって，こうした前提を立法者が自覚していないと，法の支配の本来の意味を単なる適法性を意味するレヴェルに引き下ろしてしまうことになる。つまり，何でも立法＝テシスで片付けてしまうことになるのである。ここにも根源に対する忘却への警鐘を鳴らす姿勢を窺うことができるだろ

16）　Hayek, *The Constitution of Liberty*（前出注15），p. 205（気賀健三／古賀勝次郎訳『自由と法——自由の条件II——〈新装版ハイエク全集第6巻〉』（春秋社，1997年）103頁）参照。

17）　Hayek, *The Constitution of Liberty*（前出注15），p. 205（『自由と法』（前出注16）103-104頁）参照。

18）　Hayek, *The Constitution of Liberty*（前出注15），p. 206（『自由と法』（前出注16）104頁）参照。

【板書5】

ハイエクの思想

ノモスとテシス → ノモスを重視，法の支配や民主主義もノモスが前提

進化論的合理主義と設計主義的合理主義

自生的秩序 → 意図的でない行為の累積

「否定」的，消極的表現の積極的意味

う。ヴィーコ，フッサールらもそうした根源性の忘却の問題を指摘してきたことは，すでに述べた。ハイエクも同じようなことをいっているのである[19]。ヴィーコがクリティカ偏重のデカルトを批判したように，ハイエクはテシス偏重の法理解を批判するのである。

また，多数の人々が，こうした「法の支配」の理念を共有していなければ民主主義も成り立たない。それゆえ，民主主義の場合でも，人々はそうした法の支配に刻まれた歴史を忘れてはならない。多数決で以て立法する場合も，その根底には，この超－法的原則がある[20]。これは，すべての根底である。だから，ハイエクは『自由の条件』の中で，経済活動の自由とは，法の下での自由であることを強調している[21]。それゆえ，そこではこの前提の範囲で政府の活動の余地は存在する。スミスやミルが政府の干渉に反対する場合にも，政策が法の支配に服しているという暗黙の前提に立ってなされているということである。つまり，根底に法の支配がある。しかし，法の支配という前提を忘却して彼らの見解を見ることで，そうした人たちは，彼らの立場を政府の一切の活動の排除として誤解してしまうのである。ハイエクによれば，そうした見方はテシス的な法の捉え方だけが強調されたがゆえに出てくるのである（**【板書5】**参照）。

19）「裁判上の手続の外面的な形式に依拠すれば，法の支配が維持されるであろうという信念は，その維持にとって最大の脅威である」。Hayek, *The Constitution of Liberty*（前出注15），p. 219（『自由と法』（前出注16）122頁）参照。

20） ハイエクは，「多数決は，もしうけいれられている共通の原則によって導かれないとすれば，だれもが望まなかったような全体的結果をとくに生みだしやすい」として注意を促している。Hayek, *The Constitution of Liberty*（前出注15），p. 111（『自由の価値』（前出注15）161頁）参照。

21） Hayek, *The Constitution of Liberty*（前出注15），p. 220（『自由と法』（前出注16）124-125頁）参照。

設計主義の非合理性

さて，ハイエクはこういう立場であるから，やはり平等主義や功利主義的立場は看過できない。それらは，基本的に合理的な社会の制度を設計できると考え，あるいはそうした制度によって諸問題をコントロールしていく考え方をもっているからである。以上のような社会秩序についての考え方に基づいて，全体主義はもちろん，福祉国家や社会主義的国家も拡大する国家として批判されることになる。だから，社会的正義を達成しようとする設計主義的な社会的立法も，ハイエクからすれば合理的ではない結果を招くことになる。

また，こういったタイプの法は，設定した目的を達成するために，人々に具体的な内容を命じ，あるいは誘導していこうとする。そういう意味では，本質的に積極性をもっている。すなわち，自由に介入する傾向がある。これに対し，自由の法であるノモスは対照的である。「○○せよ」ではなく，「○○してはならない」という禁止的な表現がわかりやすいと思うが，先ほどの設計主義的な法と比較すれば，消極性が目立つ。禁止そのものは，強く厳しい表現であるが，いい換えれば，それ以外は自由なのである。しかも，ノモスゆえにそれまでに受容されてきた，つまり昔の人を含め一般人が達成できる程度の内容なのである。さらに，最大の特徴は「○○してはならない」ということが被治者に（だけ）向けられたものではなく，（専ら）統治者に向けられたものであるということである。この意味でも，先ほどの設計主義的な法とは対照的である。こうした消極性は自由の尊重と結び付いている。ノモスが自由の法である所以である。ということは，否定をマイナスのイメージでのみ捉えてはいけない。それは，一面的である。いい換えれば，否定の論理は自由の論理なのである。

リバタリアンの民主主義観

ハイエクは，また民主主義と自由主義の性格の違いについても述べている。「自由主義は法がどうあるべきかについての主義であり，民主主義は何が法となるであろうかを決定する方法に関する一つの教義である[22)]」。あるいは，「自由主義は，政府の範囲および目的について，そのうち民主主義によって何を選択

22)　Hayek, *The Constitution of Liberty*（前出注15), p. 103（『自由の価値』（前出注15）151頁）参照。

すべきかを説く教義の一つであるのにたいし，民主主義は，一つの方法であって，政府の目的に関してはなにも語らない」[23)]。また，「民主主義は究極的，あるいは絶対的価値ではなく，それが何を成し遂げるかによって判断されるべきもの」であって「目的それ自体ではない」から，「なんらかの集団的行動の必要が明白な場合には，民主主義的決定方法を好ましいとする想定が有力であるとしても，集団的支配の拡張が望ましいかどうかの問題は，民主主義それ自体の原則以外の根拠にもとづいて決定されなくてはならない」という[24)]。もちろん，ハイエクはそれが自由主義であると考える。こうした点は，リベラリズムと共通する。例えば，井上のリベラリズムでは，「ルールの決定」に際し，民主主義は「人民自身が」という点に，リベラリズムは「どのような」という点にかかわるという主張であったことは，すでにお話しした（第9講参照）。まさにそれと対応している。ただし，ハイエクの場合，その自由はノモス的な法の支配と結び付いている点が特徴ではある。また，さらに「多数意見が一部の人たちによってつねに反対されるからこそ，われわれの知識と理解は進歩する」ともいっており，少数意見は「文明を発達させた原理」として，かなり重要視されているのである[25)]。同じ意見の者が集まって議論しても，あまりインスパイアされないということであろうか。だから，「討論はたいせつではあるが，人びとが学びおぼえる主要な過程ではない」といい，「かれらの見解や願望は，個個人が自身の計画に従って行動することによって形成される」としているのである[26)]。こうした，人間観がリバタリアンの根底にある。もちろん，リベラリズムにもそれはあるが，より鮮明なかたちで打ち出されているのは，単なる表現上の違いではなく，人間観の現われであると見てよいのではないだろうか。

それゆえ，井上のリベラリズムが民主主義との関連性で「参加」型の民主主義を重視していたのに対し，森村のリバタリアニズムが民主主義との関連で

23） Hayek, *The Constitution of Liberty*（前出注15), p. 104（『自由の価値』（前出注15）151頁）参照。

24） Hayek, *The Constitution of Liberty*（前出注15), p. 106（『自由の価値』（前出注15）154頁）参照。

25） Hayek, *The Constitution of Liberty*（前出注15), pp. 109-110（『自由の価値』（前出注15）159-160頁）参照。

26） Hayek, *The Constitution of Liberty*（前出注15), p. 110（『自由の価値』（前出注15）160頁）参照。

「参加」が「国民を国家と一体化させ，忠誠心を強要するおそれがある[27]」としていることは，やはり重要な相違点であると思われる。たしかに，どちらも基本的人権が優先された上での話であるから，その点では同じかもしれない。しかし，この意識の差は決して小さなものではない。むしろ非常に大きなものだと考えられる。基本的人権をもつ主体の理解の仕方の根本にかかわってくるからである。自律した諸個人が何らかの共同体をつくっていく方向に重きを置くのか，あるいは逆に，現に存在する何らかの共同体からの隠然たる影響を振り払う方向に重きを置くのか。こうした方向性を理解するには，基本的人権を有している主体にどんな意味が込められているのかを想像してみる必要がある。時間的意味に注目するならば，仮想空間におけるロールズとノージックの主体には大きな違いがある。ロールズの無知のヴェールの下での選択は，相互保護協会が進展していったのとは異なり時間の観点が希薄である。逆にいえば，ノージックの場合は，仮想空間にも時間の観点が取り入れられている。それぞれの主体は，そういうかたちで描かれたのである。こうした時間の観点は，参加したくない人をフリーライダーとして捉えるか，最小国家論に登場するような国家形成時における団体非加入者と見るかの違いとなる。リバタリアンからすれば，リベラリズムは，「共同体の構成員であるにもかかわらず，参加しないとは！　けしからん！」という見方を導くものと理解される。これは，団体を団体たるべき存在にするために，団体非加入者に加入してもらったという点を忘却しているということになる。時間の流れ（歴史）が反映されているということは，具体的であるということである。現実の世界にも時間はある。われわれは時空内存在である。コミュニタリアンがリベラリズムを批判する際に，「負荷なき自我」として一つの論点となるのもこの部分である。

スタート地点に置かれる主体像を，量のトポスに還元されてはならないものという否定的定義と，それそのものの絶対性において捉える肯定的定義の差として考えれば，これは神学における神の定義，いわゆる否定神学か肯定神学かの違いと似ている。あるいは，これはテシスの積極性とノモスの消極性の反映なのだろうか。そうしたことも想起させる。テシス性とノモス性の何れにおい

27）　森村『自由はどこまで可能か』（前出注1）130頁参照。

て自由を捉えるのかも，結局のところ，その立場が自由の伝統をもっているかどうか，自由を自らの伝統として捉えることが可能かどうかにかかわっている。

否定という方法

法の支配，あるいは前回の「現代型」に顕著であった救済という要素に鑑みれば，正義をめぐる議論は，不合理や差別，様々な問題となる要素を取り除くという点に大きな意味があった。それらは，いい方を換えれば，正義に対する消極的なアプローチである。例えば，幸福や快を最大化する功利主義においても，不幸を最小化するような考え方を取ることができる。実際，ハイエクと同じウィーン出身で同時代の哲学者K. R. ポパー（Karl Raimund Popper 1902-1994）の消極的功利主義は，苦痛を最小化するような立場である[28)]。だから，神学同様，法学においても「否定」という方法は非常に重要なのである。コンセンサスに対しても有効に働く可能性がある。価値が多様化している中で，正義についての人々の考えが一致することは難しいが，不正義については相対的に合意しやすいといわれるのも，こういう考え方による。

縦時間の民主主義

さて，ここで後回しにするといっていた「縦時間の民主主義」について言及しておきたい。ハイエクの場合，言語，取引，法など長きに亘って積み重ねられたものの方が信頼できるのであった。それゆえに，それらは残ってきた。超越的な人間がつくったものでなく，凡夫によって繰り返されることで形成され慣習となったのである。そして，そのことは，ある意味で，民主主義を意味するのではないか……と，こういう話であった。一見すると，そうした考え方，見方は不可能ではないように思える。民主主義の本質に量のトポスがあるからである。したがって，各時代各時点での多数意見の総体が自生的秩序を形成しているのではないかということである。しかし，ハイエクはそうではないという。こうした考えを拒絶する。なぜだろうか。なるほど，たしかに民主主義は量のトポスである。自生的秩序にもそうしたところがある。が，それは表面的

28）濱真一郎「正義問題への消極的アプローチ」深田三徳／濱真一郎編著『よくわかる法哲学・法思想〔第2版〕』（ミネルヴァ書房，2015年）127頁参照。

にしか見ていない見方であるとハイエクは考えている。「量」についていえば，それには変化というものがある。最初は少数の人間の意見であったが，時間をかけて多数の意見になったとも考えられる。さらに，根本的な違いは人々の意識（意図）なのである。自生的秩序には，意識的につくったり決定したりする契機（意図）が含まれていない。これが根本的な違いなのである。民主主義の量のトポスは，意識された（意図的な）「量」である。自生的秩序の量のトポスは，無意識的な（非意図的な）「量」である。これらの量のトポスのあいだでは，「質」の違いがある。少々，ややこしいいい方をしてしまった。そもそも，ハイエクは意識的な（意図的な）「量」を信用していなかったのではなかったか。多数決を信用していなかったというと語弊があるかもしれないが，多数決や多数意見そのものが正しいという見方の誤りを指摘し，それに注意するように呼び掛けていたはずである。むしろ，少数意見こそ文明の原理なのであった。

なるほど，たしかにハイエクのいうとおりである。であるならば，さらに複合的な見方ができることになる。「量」のトポスの二層性である。意識的（意図的）と無意識的（非意図的）の重層性である。それは，連綿たる無意識（非意図的な）の層の上に，その時々の意識的多数者の意見（意図）が乗っているというイメージである。ハイエクからすれば，下層にあるのがノモス的な法の支配の層である。上層にあるのが，多数決の結果として明示された意見（立法）であるということになろうか。ただし，それだとこの関係性は調和しない。相互作用が見えてこない。単に区別して終わりである。意識と無意識の（意図と非意図の）相互作用の，より綿密な分析が必要になってくる。この下層を形成する無意識（非意図）の伝統はヴィーコにいわせれば共通感覚である。したがって，当たり前であるが，リバタリアニズムがその伝統を有している場合には，コミュニタリアニズムとの齟齬がより少ないというか，調和する。だから，共通感覚を多数決と結び付けるならば，コミュニタリアニズムの理解に近くなる。つまり，先ほどハイエクが拒絶した立場である。したがって安易に共通感覚を多数決に結び付けて論じることは，ハイエクを誤解する原因となる。こうした点を指摘しておきたい。

なお，その上で，すなわちハイエクの区別に則ったかたちで「縦時間の民主主義」，すなわち各時点の多数決の結果の総和は，「横時間の民主主義」，すな

【板書6】
コミュニタリアニズム（共同体論）……共同体および具体的な人間関係を重視する立場
▶ サンデル，ウォルツァー，マッキンタイア，テイラーら

わち同時代の多数決の結果よりも信頼できるだろうかという疑問も成り立つだろう。この点を考えてみるのも，面白いかもしれない。以上，長くなったが，リバタリアニズムの代表的存在であるノージックとハイエクについて見てきた。リベラリズムとの重点の置き方が違っていることを，理解してもらえたのではないかと思う。

コミュニタリアニズムの立場

ここからは，いよいよコミュニタリアニズム（共同体論）について見ていくことにしよう。コミュニタリアニズムは，自由主義的な理論に対して根本的な批判を展開する。ただし，この立場の論者もまた，足並みが揃っているわけではない。しかし，その多様性こそが組み合わせ材料の豊かさなのであり，人間の財産である。経験主義的論者ならばそういうであろう。自由主義的な正義の理論ではロールズがその代表格であるが，これに対してコミュニタリアンの側では，アメリカの政治哲学者のM. サンデル（Michael Sandel 1953- ）とM. ウォルツァー（Michael Walzer 1935- ），スコットランド出身の哲学者で倫理学者のA. マッキンタイア（Alasdair MacIntyre 1929- ），カナダの政治哲学者Ch. テイラー（Charles Taylor 1931- ）らの名前がしばしば挙げられている[29)]（**【板書6】**参照）。

透明でない主体

彼らに共通する批判としては，まずはアイデンティティの問題がある[30)]。これ

29）例えば，菊池理夫『日本を甦らせる政治思想　現代コミュニタリアニズム入門』（講談社，2007年）37頁以下参照。サンデルとマッキンタイアについては，それぞれMichael J. Sandel, *Liberalism and the Limits of Justice*, second edition (Cambridge: Cambridge University Press, 1998)（菊池理夫訳『自由主義と正義の限界〔第2版〕』（三嶺書房，1999年）），Alasdair MacIntyre, *After Virtue: A Study in Moral Theory*, second edition (Notre Dame, Ind.: University of Notre Dame Press, 1984)（篠崎榮訳『美徳なき時代』（みすず書房，1993年））を参照。ウォルツァーとテイラーについては後の講義で言及する。

【板書 7】

二つの人間像

{ 共同体的人間像（共同体に根付く＝位置ある自我）
　個人主義的人間像（共同体から遊離する＝負荷なき自我）

- 浮遊する自我
- 自分とは何か？
- 自分探し
- 何のために生きているのか？

} これらのアイデンティティ欠如は個人主義的な見方をする自由主義的な理論の産物

正と善の関係

正と善は切り離せるか（正は中立か）？　区別できたとして，正は善に優先できるか？

市場の性格と国家の中立性の問題

市場は公の領域か私の領域か？　国家は中立性を主張できるか？

- 自由競争の結果，巨大企業が勢力拡大
- 弱者保護のため福祉国家の肥大
- 市場の安定のために公的資金を投入
- 貨幣的価値の一元化（市場価値に変換できない様々な価値の衰退）

は，人間像に対する批判でもある（**【板書7】**参照）。自由を基底とするリベラリズムの人間像は，当然アトム的個人を前提とする。あらゆる軛（くびき）や柵から解き放たれた主体でなければ自由ではない。したがって，それ自体で自足する，まるで原子のようなばらばらの個人である。わかりやすい。しかし，コミュニタリアンからすれば，こういったあらゆる制約から自由である純粋な選択主体——これは「負荷なき自我（unencumbered self）」，「主意主義的自我（voluntarist self）」と呼ばれている——が，つまり，そういう前提があまりにも非現実的であると目に映る。人間はこの世界に存在すると同時に何らかの共同体に属している。というか，共同体の中に生まれる。「わたし」とは家族・地域共同体・国・民族・宗教など特定の属性を帯びてしまっている存在である。無色透明な全くの無の絶対空間に突如として出現するものではない。もっとも，物理学に

30）　以下のコミュニタリアンの主張については，平野仁彦「第4章　法と正義の基本問題」平野仁彦／亀本洋／服部高宏『法哲学』（有斐閣，2002年）166頁以下，濱真一郎「共同体論のリベラリズム批判」深田三徳／濱真一郎編著『よくわかる法哲学・法思想〔第2版〕』（ミネルヴァ書房，2015年）120-121頁参照。

おけるミクロのレヴェルであっても「場」の論理という考え方があるから，空間に依存していることになる。何れにしても，あらゆるものから切り離された存在という前提で，主体を捉えるかどうか，この点が問題なのである。アイデンティティの欠如問題は，自由主義社会の病弊といわれるように，社会的問題でもある。「自分らしく生きよ」とか「自分探し」とかいった言葉をよく耳にするが，では自分とは何か。何のために生きているのか。あなたは，即答できるだろうか。自分自身が自分自身のことを最もよく把握しているからこそ選択の主体になれる，あるいは責任の主体になれる。そういうはずだった。しかし，どうだろう。今の質問に即答できないのではないだろうか。自分に最も詳しいはずの人間であるにもかかわらず，である。ショッキングないい方をすれば，われわれはすでに属性を奪われていることになる。コミュニタリアンからすれば，これらのアイデンティティ欠如はリベラリズムをはじめとする個人主義的なものの見方の産物なのである。属性を奪われた人間は，一層権力に依存することになるのではないか。「リベラリズムのパラドクス」ともいえる様相をコミュニタリアンは冷静に見ているのである。リベラリズムは，このような抽象化された人間像を生み出したと批判されるのである。これが，第一点目である。

正よりも善

第二点目は，正義原理の普遍主義的基礎付けの問題である。リベラリズムが正を重視していることは，すでにロールズに関連して幾つかの箇所で示唆したとおりである。正がなければ善は追求できない。しかし，関係性の欠如した抽象的主体を前提にした公正や正義の中身は，一体何であるのか。形式的正義の具体的な中身は何なのか。手続的正義の手続自体は，どのような手続なら受け入れられるのか。こういったこと考えずに，正を考えるということは不可能ではないか。こうした素朴な疑問をもつコミュニタリアンは善を重視する。彼らの主張する善，すなわち倫理的な共有価値は，具体的・実質的な他者との関係性を踏まえている。つまり，正＝価値の中立が善に優先すると考えるリベラリズムに対し，コミュニタリアンは善から切り離された正などないと考える。

価値の一元化と中立性問題

第三点目は，国家の善に対する中立性の問題である。正を優先するリベラリズムは特定の善に対して中立の立場を取ろうとするから国家に対しても中立性を要請する。その場合，公と私の領域は峻別されており，もちろんそれは前者の領域のことである。リベラリズムは本当に中立性を主張できるのであろうか。そこに何らかの価値観は混入してはいないか。無意識的にか，それとも意図的にか，中立性を標榜しながら何らかの価値に事実上コミットしていないだろうか。第二点目に通じるが，コミュニタリアンは，そのような正に基づく中立性の秩序を疑問視し，関係性の秩序を主張する。コミュニタリアンは，共同体の歴史や文化を保持し，共同善を実現することが国家の重要な役割であると捉えるのである。ちなみに，これは経済の領域に関しての話であるが，自由な社会では市場の自由競争の影響をそのまま受け取ることになる。市場の価値に還元されない様々な価値をもつものは衰退する。すなわち価値は，多元化せずに市場の価値に一元化するのである[31)]。多元化しているように見えるのは，市場価値の枠内での多様性にすぎない。昨今よく謳われている伝統の再発見という仕方を見ても，市場価値にいかに変換するかという視点しかない。果たして，これは中立か。もっともこれは私的領域のことであるともいえるが，リベラリズムはリバタリアニズムではないから，全く公の領域とは関係がないとはいうことができないはずである。むしろ，こうしたところが，特定の価値によりながら，中立性を標榜していると批判されるのである。これは次のような疑問とも関連する。そもそも公／私の区別は可能か，という問いである。可能であるとすれば，その区別はどういった価値（基準）に基づいているのか。例えば，（第二波）フェミニズムは，社会構造に潜む価値観に目を向けており，私的領域での抑圧を問題視して，公／私を区別するリベラリズムがこの部分を等閑視していることを批判する[32)]が，この区別の基準自体が何らかの価値に依拠しているのではな

31）　平野「第4章　法と正義の基本問題」（前出注30）167頁参照。

32）　F. オルセン（寺尾美子編訳）『法の性別　近代法公私二元論を超えて』（東京大学出版会，2009年）88頁以下参照。なお，フォーマルがインフォーマルな世界に対して法的介入を齎している事態は「法化」であり，この主張は，生活世界の植民地化の問題と関連が深いものとなる。実際，経済法，労働法，社会保障法などの実質的法は市場の枠組みの維持＝公私の区分だけでなく，国家介入の手段や道具的機能を有している。さらに，「法化」概念として「形式的法の実質化説」を採用するG. トイプナー（Gunther Teubner 1944-　）の場合，形式的法の実質化は「介入主義

いかという視点では，コミュニタリアンの疑念と通じるだろう。

生ける存立基盤

このように，リベラリズムの主張には，かなり重要な問題点が含まれていることが指摘できるのである。それゆえにか，ロールズも後期には自説に修正を加えていったのである。どれも重要な論点だが，例えば人間関係が希薄になり共同体が崩壊すると，それは逆説的だが，リベラリズムの存立基盤をも危うくする可能性がある。換言すれば，共同体が存在するからリベラリズムの議論が成り立つ。ということは，両者は結び付いているのである。つまり，こういうことである。現在の，今このときの社会は，今このときのリアルな共同体の存在そのものである。そこにある問題を抽象的に取り出して，現実に修正を加えようとすると，そのベース自体が変化する。リベラリズムは問題を「どのように」修正するのかに視点があり，コミュニタリアニズムは修正によって「どのような」問題が惹起されるのかに視点がある。個人の自律を重視する社会への修正は，人間関係を希薄にしてアイデンティティの存立基盤である共同体を崩壊させ，個人の自律を困難にするという見方は，こうした見方である。家族という共同体システムが崩壊しても，個人が自律していれば，やっていけるというのはそうであろうか。その共同体から自律したと見られる個人は，実は福祉国家によってどうにか支えられている存在なのではないだろうか。ということは，単に別の共同体システムに代わっただけではないか。自律ではなく，私の領域を公の領域に振り替えただけではないか。さらにいえば，私の領域＝自由の領域を減少させたのではないか。つまり，人間の属性を剥ぎ取っていくことは，本当に自由なのかという根本的問題に突き当たる。これは，もはや完全に哲学である。

東洋の哲学，殊に仏教哲学では，自由は「みずから＝おのずからによる」ということである。仏教思想家の鈴木大拙（1870-1966）は，自由について，「自らに在り，自らに由り，自らで考え，自らで行為し，自らで作ることである[33]」と

法」によって引き起こされるのであり，その「正統性は介入の成功いかん」となるが，フェミニズム法学はこうした問題とも向き合わねばならないのである。トイプナーのこの点については，樫沢秀木「介入主義法の限界とその手続化――「法化」研究序説――」ホセ・ヨンパルト／三島淑臣編集『法の理論10』（成文堂，1990年）143頁参照。

いっている。自他という対象的な「自」でもなければ，属性を剥ぎ取り抽象化することでもない。そういったことが自由の最終目標ではないはずである。自由が重要なのは，絶対独立の「自」性，すなわち「わたし」という人間そのものの尊厳である。

こうして見てみると，リベラルな社会とコミュニタリアンの社会，どちらの社会であっても自由の問題は容易ではないことがよくわかる。

33）鈴木大拙「明治の精神と自由」鈴木大拙著・上田閑照編『新編　東洋的な見方』（岩波書店，1997年）285頁参照。

第13講　自由と共同体 Ⅱ
——中立性と二元論——

本講の目的　リベラリズムに対する批判への再批判などをとおして，リベラリズムの理解を深める。

自由の困難さと自己の探究

われわれが自由を保持するには，やはり相当の努力が必要なのである。デモクラシーについてもそうであった。しかし，そうしたことがわかったからといって，われわれ凡夫にそんなことが可能であろうか。そうかといって，困難であるから諦めようという選択肢は実際のところはない。「自」というのは，絶対独立の「自」性，すなわち「わたし」という人間そのものの尊厳であった。自由を諦めるという選択は，自らを諦めるという選択である。前回，リベラリズムの問題点としてアイデンティティということを指摘した。そこでの問い掛け，すなわち「自分とは何か」に答えることや，あるいは「わたし」という存在について考えることは，非常に難しいと感じたのではないだろうか。ある意味，それは当然なのである。なぜなら，実は，自分や「わたし」を考えることは，（あるべき）法を考えることと繋がっているからである。どういうことか。

「わたし」を考える，すなわち自分とは何かを考えるには，どうしても他者の存在がなくてはならない。「わたし」を定義する属性は他者との関係性によるものだからである。「○○会社の△△です」という自己紹介の仕方が典型的であるが，通常そうした仕方で「わたし」というものを定義・説明している。ということは，「わたし」を考えるということは，他者と「わたし」の関係性を考えることでもある。共同体論の主張を俟たなくても，われわれが誕生するということは，現実の世界，リアルな世界に存在するということである。そこには，すでに他の人間が存在している。他者との関係性というのは，そのあい

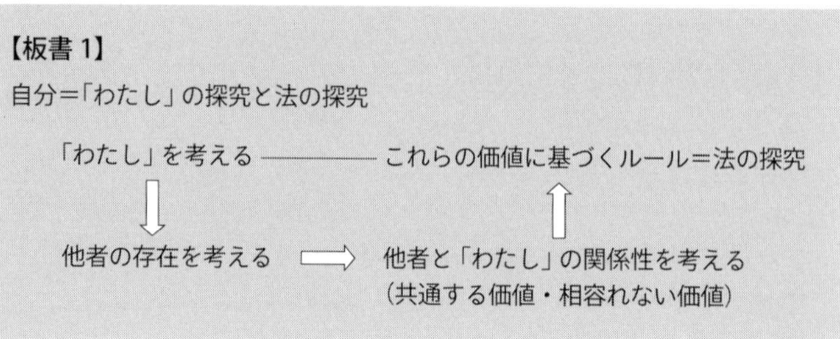

だにある価値によって決まってくる。実際，自分の周りの人間との関係で考えてみればすぐわかるように，そこには何らかの価値がある。愛，慈，敬，仁，義，礼……，憎，蔑。それが身近な人間関係でなくても，中立，公正，平等，正義，慈悲……というようにそこに何らかの価値を見ることができる。無関心というのも一つの関係性である。他者との関係がこれらの価値に基づいているから，その関係性を規定する法もまた，これらの価値の問題を内在しているのである。ルールが，他者とのあいだで共通する価値あるいは相容れない価値を基準につくられることは，ロールズをはじめ，これまでの講義で論じてきたことである。したがって，「わたし」を考えることは，法を考えることでもあり，法を探究することは，「わたし」の探究と繋がっているのである（**【板書1】**参照）。ということは，自らを諦めるということは，他者との関係を諦め，あるいは法を諦め，リアルな生の条件を諦めることを意味する。

鈴木大拙によれば，「自由」という文字は本来東洋思想のものであるが，liberty や freedom に対する訳語がなく，仏教の語であるこの文字を用いたという。そのため，この文字の意味が，本来の意味とは異なった西洋的な意味で使用されているのである。すなわち，「西洋のリバティやフリーダムには，自由の義はなくて，消極性をもった束縛または牽制から解放せられるの義だけである[1]」。これに対し，東洋的仏教的な元の自由の意味は，「ものがその本来の性分から湧き出る」のをいうのであり，そこには「抑圧も牽制もなにもない，『自ら』または『自ら』出てくるので，他から手の出しようのないとの義である[2]」。し

1) 鈴木大拙「自由・空・只今」鈴木大拙著・上田閑照編『新編　東洋的な見方』(岩波書店，1997年) 64頁参照。

かし，これらが全く関係がないかといえば，そうではない。そうした「自」性を，政治的・社会的に保持しようというのが西洋的な自由である。だから，こちらの場合には，政治的あるいは法的な意味が含まれている。法や政治は他者との関係を扱う領域である。しかも，話さなくてもわかる関係ではなく，どちらかといえば，話せばわかる関係，さらには話してもわかり合えない関係を具体的に扱っていかなければならない領域である。法学，政治学はそうした学問である。もっとも，鈴木の場合，政治の領域においても精神的自由（霊性的自由）は必要とされるのだが。果たして，日本社会はこの保障が十分になされているのであろうか。

さて，このように見たとき，自由や自己あるいは他者を諦めないこと，すなわち現実を諦めない，リアルを生きるということが学問と深く繋がっていることがわかる。そのような自己や他者という個人の尊厳を本当に考えているのは，リベラリズムなのかコミュニタリアニズムなのか，どちらなのか。真剣に考えているのは両者ともそうであった。質問を変えるとしよう。個人の尊厳が保たれるのはどちらの立場か。これも難問である。結局のところ，それぞれの価値観によるのではないか。だからこそ，多様な価値観についての理解を深める法哲学には重要な意味がある。ついでにいっておくと，本人の利益のために本人の自由に介入するパターナリズムも個人の尊厳を保とうとする立場である。リベラリズムのアイデンティティの喪失問題でも見たが，この立場などは，自分（の利益）を最もよく知るのは誰かという問題に深くかかわっている。

すでにリベラリズムに対する諸批判を見てきたということで，今回は，逆にリベラリズムの側からの反論についても紹介し，さらに理解を深めてもらうことにしよう。

コミュニタリアンへの応答

まずは，コミュニタリアンに対してはどうであろうか。どんな反論が考えられるだろうか（**【板書2】**参照）。第一に，これはちょうど善の裏返しであるが，善という共同体の重視する価値に反する，あるいはそれとは合致しない考え方

2）　鈴木「自由・空・只今」（前出注1）65頁参照。

【板書2】

コミュニタリアンへの反論
　①不寛容，偏見，全体主義
　②善（中心価値）の多元性，共同体の相対性
　③存在意義

は認容されないおそれがある。さらに不寛容や偏見，差別を招く危険性がある。あるいは違った意見，少数意見を提示しにくいことや場合によっては無視されてしまう可能性があるだろう。これらは共同体が伝統的な場合を想像するとわかりやすい。

第二に，今度は共同体を新しくつくる場合を想像してみればよい。そこでは善とは何であるかを決めなければならない。そうしないと共同体にはならない。その際，価値観は個人のあいだで多様であり，中心価値について合意できるのかの問題が出てくるだろう。このケースは，自律した個人を出発点にした共同体の創造だから民主主義にかかわる問題点でもある。現に存在する共同体においても同じで，新たな価値が出現した場合，どの価値が優先されるかの決定が可能なのかということである。既存の共同体の構成員でもメタレヴェルでの価値観は一致しても，細かいところまでは合致するはずはないからである。加えて，人間は複数の共同体に同時に所属しているのであり，さらにそのうちの幾つかには加わったり脱したりしているものがある。すなわち，共同体の存在とその共同体の中心価値である善は，主体にとって絶対的なものではなく相対的なのである。

第三に，これは根本的な問題であるが，共同体の存在意味である。これは共同体の規模を想像して考えればわかりやすくなる。「世界的正義」という言葉があるように，共同体といってもその規模は，世界を一つの共同体と見るのか，ローカルなものを考えるのかで全く異なってくる。前者を想起すれば，普遍ということが出てくるし，そうなってくれば，価値の中立，善よりも正の立場に近付く。すなわち共同体の意味がなくなってくるだろう。グローバル化に目を向ければそうなってくる。一方，よりローカルなあるいは伝統的・閉鎖的な共

【板書3】

パターナリズムの類型区分
強い（ハード）／弱い（ソフト）……被介入者が任意的でも介入するか否か
直接的（純粋型）／間接的（非純粋型）……被介入者と被保護者が同一か否か
強制的／非強制的……法的サンクションを伴うか否か
積極的／消極的……目的が被介入者の利益増進か危険の回避や救出か
（例：年金積立，自殺防止）
能動的／受動的……一定の作為を要求するか不作為を要求するか

同体を想起すれば，最初に見た問題点が出てくるだろうし，そもそも，現代社会ではそういったローカルな伝統的共同体が崩壊しているのである。伝統や共同体の重視は，むしろそうした危機感からいわれるようになったのである。

パターナリズムとの応酬

次に，パターナリズム，フェミニズム，多文化主義からの批判とそれに対する反論である。これらに共通する批判というのは，何であろうか。そんなものがあるのか。順に見ていくことにしたい。

先に述べたようにパターナリズムは，本人の利益や保護のためにその自由に介入する。リベラリズムが自明視する自己選択，自己決定というその根本に疑問を突き付けている立場である。現代社会が不確実性に満ちていることは前にも述べたことがある。そのような社会において，われわれは，何が自分の利益であるかを本当に知っているといえるのか。自己決定というのは絶対的なものなのか。暗がりの中で，多くの人々が自己決定を迫られることが常態化しても，全く保護する必要はないのか。一口にパターナリズムといっても，強い（ハード）／弱い（ソフト），直接的／間接的，強制的／非強制的，積極的／消極的，能動的／受動的など様々な観点から分類，類型化できる[3]（【板書3】参照）。

パターナリズムである以上，当然，その正当化理由に被介入者本人の利益が

3）田中成明『現代法理学』（有斐閣，2011年）179-180頁，菅富美枝「法的パターナリズム」深田三徳／濱真一郎編著『よくわかる法哲学・法思想〔第2版〕』（ミネルヴァ書房，2015年）90-91頁，服部高宏「第2章　法システム」平野仁彦／亀本洋／服部高宏『法哲学』（有斐閣，2002年）75-76頁参照。

なければならないが，一方でそれは国家によって法的になされるがゆえに，社会的利益にもかかわってくる点には注意が必要である。逆にいえば，本当は社会の利益のためであるにもかかわらず，個人の利益を理由として用いられる可能性がある。リベラリズムからすれば，こうした反論があり得るであろう。個人の利益と社会の利益が相反していれば，その可能性は低いが，それらが合致している場合にこそ，その可能性は高いのであり，また批判を受けにくいのである。

個人の利益と社会の利益の合致という点で，これは個人の幸福の総和を最大化しようとする功利主義とも共通する特徴である。通常，ミルの危害原理から考えても功利主義とパターナリズムは相性が悪いはずである。にもかかわらず，こうした点でいえば，歩調が合ってしまうのである。ちなみに，ミルの危害原理（他者危害原理）とは，他者に対する危害を防止する場合にのみ，個人の自由の制限が許容されるというものである。だから，本人の幸福のためであっても，そうした理由で自由を制限することは認められないのであり，また個人も他者に危害を加えない限り，自らの自由に対する干渉を受け入れる必要はない。もし，そうでなければ，デモクラシーとパターナリズムが結合した場合，個人の自由を切り崩して多数者の専制を招くことになる。ミルは個性が発展することを重視していた。それゆえに，仮に個人が自己のこと（利益）をわかっていなくても，否，むしろそれだからこそ，わかったときの幸福が尊いのではないか。このように考えることができるだろう。この点は，リベラリズムも同じであり，ミルの観点からすれば，パターナリズムは基本的に斥けられるのである。

危害原理の盲点

しかし，先ほど見たように，個人の幸福と諸個人の幸福が全体的に増加するときが問題である。だが，危害原理がそういうものであるならば，そこにはそのような心配はないのではないか，そう思われる。しかし，ミルが功利主義を主張する際，利他性を強調していることが，そうした危険性を匂わせるのである。もちろん，彼はそんなことは考えてはいない。おそらく利己主義では説得力がないし，単純に「同胞との一体感を，功利の原理の究極的な強制力と見なしている[4)]」ことが，この利他的な功利主義を主張する主たる理由だろう。では，何ゆえに危険性があるのか。それは，この原理の「空」性にある。空規定については，すでに述べておいたようにケルゼンも注目していたのだった（第9講参照）。政治哲学者のJ. グレイ（John Gray 1948- ）が指摘するように，この原理が危害防止と自由の制限のトレードオフについて何ら語っていないからである[5]。その場合，「極端に不平等な不自由の分配をもたらす自由制限策を認めてしまう」おそれがあり，とりわけ，それがマイノリティの自由に対してなされる可能性が高いことを示唆している[6]。要するに，パターナリズムは民主主義やミルの功利主義的な自由主義とでさえ結び付く可能性があるのである。

フェミニズムと法の二元的世界

次に見ていくのは，フェミニズムである。実は，先ほど言及したミルは，フェミニズムの立場にも大きな影響を及ぼしている。ちなみにミルは，父子の関係と同様，夫婦の関係においても，真に愛情があったとしても自らの性質や能力を発露できずにいる相手を理解することは不可能であり，その一面をある程度知り得るにすぎないとして女性に対するパターナリズムを批判している[7]。自己の性質の発露が可能となる相互に対等な関係こそ自由な関係なのである。

フェミニズムの議論を，有史以来われわれがもつ二元主義的思考にまで遡り，そこから捉え直すというスケールの大きな試みを行っているのがアメリカの法学者F. オルセン（Frances Elisabeth Olsen）である。オルセンによれば，二元主義的世界が性的に構築されており，各要素は上下の関係にあり，それぞれが男性と女性の区別に対応しているという[8]。二元主義的思想においては，法は男性側に位置付けられている。こうした二元的区別は，リベラリズムにおいても基

4）　柘植尚則『イギリスのモラリストたち』（研究社，2009年）179頁参照。

5）　John Gray, *Liberalisms: Essays in Political Philosophy*, paperback edition (London and New York: Routledge, 1991), p. 222（山本貴之訳『自由主義論』（ミネルヴァ書房，2001年）322頁）参照。

6）　Gray, *Liberalisms*（前出注5）, p. 222（『自由主義論』322-323頁）参照。

7）　John Stuart Mill, *The Subjection of Women*, in John Stuart Mill, *Essays on Equality, Law, and Education*, John M. Robson (editor of the text), introduction by Stefan Collini, Collected Works of John Stuart Mill, volume XXI (Toronto and Buffalo: University of Toronto Press, London: Routledge & Kegan Paul, 1984), pp. 278-279（大内兵衛／大内節子訳『女性の解放』（岩波書店，1957年）71-74頁）参照。

8）　F. オルセン（寺尾美子編訳）『法の性別　近代法公私二元論を超えて』（東京大学出版会，2009年）3頁参照。

本的な構造である。リベラリズムは，公私の二元論を基礎として公の領域のみを取り扱ってきたが，フェミニズムは，こうした私の領域を無視する態度を批判してきたといえる。オルセンの主張で重要なのは，従来のように公私を単一的に捉えていないことである。二元論の二重性として公私を捉えている点が特徴的である[9]。二重性とは，国家と市民社会，および市場と家庭（家族）のことである。市場と家庭（家族）は，国家と市民社会という二元論との関係で，相似的な発展の仕方をしてきたという。すなわち，市場と家族におけるリベラルな思想がメンバーの平等を強調し，現実の不平等を黙認ないし正当化してきたということである。この二元論は組み合わさっているので，その構造は相似というよりも，むしろフラクタルなものである。何れにせよ，国家と家庭（家族）のあいだに挟まれた市場というものに注目し，そこに二重の性格が宿っていることを鋭く抉出し，こうした緻密な分析からフェミニズム法学を展開して，リベラリズムを含む従来の法学を批判するのである。家族の中における利他主義を強化する方向が家族内のヒエラルヒーを強化する一方，それが市場原理的＝形式主義的平等と結び付いているがゆえに，個人主義的な観点から改革するに際しても，実質的平等を考慮しなければならないというのがオルセンの主張である。

注目される複数の二元論

これに対し，リベラリズムはどのように答えるのか。家庭内への法的介入や規制の強化においては，プライバシーの保護など複雑な問題が出てくる。したがって，実質的平等の構築においても，市場と同様にはいかない。オルセン自身が認めているように，個人主義的倫理に立脚しようとしても，実質的平等の構築に対しては正と負の両面があり，非常に困難なのである[10]。また，公私二分論が二重的構造をもっていることが指摘されたが，二分論は公私だけではない。白人／非白人，既婚／未婚，中産階級／非中産階級，都市民／非都市民……様々である。したがって，それらすべての二分論からリベラリズムは中立的であるかのように振る舞ってきた点を批判されるだろう。しかし，同時にそれは

9）オルセン『法の性別』（前出注8）27-28頁参照。
10）オルセン『法の性別』（前出注8）168頁参照。

【板書 4】

フェミニズムの多様性

リベラル・フェミニズム……公私の区別（境界線）を前提に，女性の自由や平等の権利確立を目指す

同一派（形式的同一＝平等）⇔差異派（差異の配慮＝平等）

▶M. ミノウ（Martha Minow 1954- ）

ラディカル・フェミニズム……リベラリズムが前提とする公私の境界線を問題視する

▶C. マッキノン（Catharine A. MacKinnon 1946- ）

カルチュラル・フェミニズム……女性特有の規範的「文化」や道徳の存在に着目

▶C. ギリガン（Carol Gilligan 1936- ），R. ウェスト（Robin V. West）

ポストモダン・フェミニズム……一つの視点ではなく複眼的視点の主張により従来のフェミニズムの視点を脱中心化する

▶M. フラッグ（Mary Joe Frug），P. ウィリアムズ（Patricia Williams），D. コーネル（Drucilla Cornell 1950- ）

その他，M. ヌスバウム（Martha Nussbaum 1947- ）ら

各二分論の領域にある人々にとっても，これらすべてを網羅する中立性を要求することになる。あるいは，個人主義的であるフェミニズムとリベラリズムは，国家と家庭のあいだにある共同体の破壊という点では，共同していたと見ることができる。コミュニタリアンからすれば，両者はこの二つのあいだにあった領域を市場だけにしてしまうのである。それゆえにオルセンの指摘したフラクタルな構造になったといえなくもない。もっとも，これはリベラル・フェミニズムの立場がそうしてきたのであって，ラディカル・フェミニズムの立場はそれとは異なるものであるという反論があるかもしれない（**【板書4】**参照）[11)]。では，どうだろう。現代社会においては共同体の崩壊を超えて，さらに資本主義的専制という状況が生まれており，市場の論理が，国家や家庭を支配する可能性を否定できない状況にあるが，そうした状況にどこまで注意を促してきたのかと問われると関心の低さは否定できず，その意味ではこれを容認してきたともい

11)　フェミニズムの多様性については，中山竜一『二十世紀の法思想』（岩波書店，2000年）195頁以下参照。

える。(もちろん，こうなってくると国家と市場，市場と家庭は相似ということにはならない。ということは，この事態は想定を超えているのである。)

二元論のあいだでの相互観察

このように，ある二元論から見れば，別の二元論からのリベラリズム批判が当該二元論とリベラリズムとの緊密性として映ることになる[12)]。(ちなみに，こうした二分法に基づくシステムの複合的世界のイメージはルーマンのシステムを彷彿とさせるし，領域ごとの平等や正義を示唆するウォルツァーの多元主義的な考え方にも繋がると思われる。) つまり，中立性を標榜することにおいて，リベラリズムは複数の二元論的要素間の否定的媒体となっていたのではないのか。ということは，逆説的にリベラリズムの中立性の標榜がある意味で成功していたともいえないか。そうした反論が考えられるのである。

多文化主義とコミュニタリアニズム

さて，次に見ていくのは多文化主義である (**【板書5】**参照)。異なる文化をもつ複数の集団が存在する社会において，多数派と異なる宗教的，文化的あるいは民族的集団の，とりわけ先住民や移民の権利の尊重が主張されるようになった。それぞれの文化や集団を公平に取り扱う考え方が多文化主義である。したがって，多文化主義は複数の二元論的要素に着目しているといえる。実は，こうした複数の二元論的要素は，ウォルツアーもそうであるが，すでに論じたコミュニタリアニズムの立場と結び付きやすい。文化を形成しているのは，共同体だからである。政治思想を研究する菊池理夫は，現代のコミュニタリアニズムをコミュニティにおける人間の繋がりや共通性を基盤として共通の目的の実現を目指す立場であると捉え，これを「アリストテレス哲学に基づく『共通善の政治学』」と呼んでいる[13)]。つまり，国家でも市場でもなく身近な小規模なコ

---

12) それゆえ，中山竜一は「自らの主体性がジェンダーや人種やマイノリティ文化をめぐる様々な力によって引き裂かれている様をありのままに提示する」P. ウィリアムズによる従来のフェミニズムの視点の脱中心化・流動化・多様化に注目している。中山『二十世紀の法思想』(前出注11) 204頁参照。

13) 菊池理夫『日本を甦らせる政治思想　現代コミュニタリアニズム入門』(講談社，2007年) 58頁参照。

【板書5】

多文化主義を主張する代表的な論者たち

▶ マッキンタイア，ウォルツァー，テイラー，W.キムリッカ（Will Kymlicka），ラズ，W.コノリー（William E. Connolly 1938- ）

ミュニティにおける共通性が第一であり，しかもそれは公共性ではなく共通性だということが強調されている。彼は，それをエリートの善＝公共善と区別される「大衆の善」といっている[14)]。そういった身近な小規模なコミュニティにおける共通性を重視するがゆえに，他のコミュニティの善も尊重する姿勢，すなわち多文化主義に繋がるのだという[15)]。ただし，多文化主義の文脈においてコミュニタリアニズムを取り上げる意味は，その共同体が自らの善を他の共同体へと拡張し，一元化や普遍化していくということに禁欲的であるということ，つまりリベラリズムとはそういう点で区別されるということだけではない。そもそも，当該共同体においても，ある特定の善が特別なものとして成り立つかという問題である。ある共同体が，複数のしかも重層した善の構造をもっているのではないかということである。そういう意味では，先に見たフェミニズムもそうであるが，ポストモダンのラディカルな法批判の流れの中にある。

単一でない「平等」とは何か

さて，ウォルツァーであるが，単一なる平等から複合的な平等への視座の切り替えを行ったという点で興味深い正義論を展開する。領域ごとの，いい換えれば，システムごとの世界観に基づく正義である。したがって，分配的正義の問題も次のように理解される。従来の単一平等の発想では，「優越している財はどのようなものであれ，平等に，あるいは少なくともより広く共有されるよう，再配分されるべきである，という主張[16)]」になる。これが分配的正義である。そして，中立的な法が要請され，その法に基づく国家によって配分することが

14）　菊池『日本を甦らせる政治思想』（前出注13）84-85頁参照。

15）　菊池『日本を甦らせる政治思想』（前出注13）89頁参照。

16）　Michael Walzer, *Spheres of Justice: A Defense of Pluralism and Equality* (New York: Basic Books, 1983), p. 13（山口晃訳『正義の領分――多元性と平等の擁護――』（而立書房，1999年）33頁）参照。

目指される。「独占は不正である」として。しかし，その後が問題である。次に優越的な財として来るのは，どのような財か。否，どのような財を優越的なものとして措定するのか。彼は「人々の集団は，他の社会的財の管理を強化するために，国家を独占し，次にそれを使用する道を探るであろう」といっているように，政治権力が最も特殊で最も危険な財となることを洞察している[17)]。優越を措定する主体（システム）への着眼は，（次回でお話しする）審級への着眼でもある。ウォルツァーの見立てでは，近代の配分をめぐる闘争の歴史は貴族制による土地・公職・名誉の独占から始まっており，そうした独占の粉砕や抑制は中立的な，いわば「透明な」法によって支えられた国家が貴族に優越していなければ不可能である。こうした自由主義の原点理解は，何もウォルツァーに特有のものではない。例えば，思想史研究者の関曠野は「自由主義はブルジョワ階級の自己擁護の思想ではなくて，市場を基軸にして初めて社会をつくり直そうとした思想」であり，「法を透明にすることは個人の自由を侵害する公権力への抵抗」であった[18)]と述べ，もともと自由主義が公権力，すなわち土地貴族制に依拠する旧権力・旧勢力からの個人の活動の解放であったことを示している。透明性，「空」性の導出，まずは，こうしたルーツを押さえておかねばならない。

複合的平等の複雑な主体

さて，その上で，ウォルツァーが関心を示すのが「優越は不正である」という主張，すなわち，配分の方法は「すべての社会的財の自律的配分へと開かれているべきである」とする主張である[19)]。こちらは単一的平等ではない新たな「複合的平等」という発想である。これは，「特定の財の転用〔転換〕が可能である範囲を狭め，配分領域の自律性を守る[20)]」ことで，現実の配分における複合性の再形成を目指すものである。それは，ある領域における財を他の領域に転換しないことで，財の一元化・一極化を抑制し，配分的正義の問題，すなわち

17） Walzer, *Spheres of Justice*（前出注16), p. 15（『正義の領分』37頁）参照。

18） 関曠野／長崎浩「自由主義のパラドックス」『現代思想』第22巻第5号（青土社，1994年）64頁参照。

19） Walzer, *Spheres of Justice*（前出注16), p. 13（『正義の領分』33頁）参照。

20） Walzer, *Spheres of Justice*（前出注16), p. 17（『正義の領分』40頁）参照。

単一の中立的基準＝普遍的基準の問題構成を不要とするような戦略である。不平等は転換過程を通じて増殖するものだからである。

『正義の領分』において示された以上のような彼の考えは，主体の内部の考察へと向かい，さらにその立場は深められていく。およそ10年後に出版された『道徳の厚みと広がり』において，彼は自己を内部分化されていると同時に，分化されたもの同士が交差している複合的実体と捉える[21)]。この複合性には社会の複合性が反映しているが，それは人間が複数のアイデンティティをもっていることによる。ある一人の人間は社会の様々な領域ごとに何らかの役割を期待されている。各領域に則したやり方で取り扱われている。そういった方がより精確であろう。領域ごとにアイデンティティを割り振られているのである。そうした複合体であるからこそ，社会が反映しているといわれるのである。そういう人間像を前提にしたとき，コミュニタリアニズムはどう反応するであろうか。複数の，しかも重畳した善というものを考えざるを得ない。ということは，リベラリズムが抽象的な人間像をもっていたのに対し，それを批判していた側も具体的な人間像からの批判ではなかったことになる。具体的な人間，リアルな人間とは，社会における場面ごとにそれに相応しい顔をもち，それゆえに複合的な，そしてある意味で矛盾した存在である。彼らもリベラリズムとの関係で自らの立場を措定しようとして抽象化してしまったのである。だから，ウォルツァーが「結局，わたしはあれかこれか，なのではない。社会の取り決めの完結した組み合わせにフィットさせることができる完結した自己なのではない[22)]」と述べ，そのリアルさと人間の凡夫性に依拠したことは注目に値する転換点といえる。彼はコミュニティだけでなく，主体についてもローカルな，しかも複数的なローカルなかたちに徹しようとしているのである。主体（の内部）と環境の論理はここに一致したのである[23)]。

21）　Michael Walzer, *Thick and Thin: Moral Argument at Home and Abroad* (Notre Dame: University of Notre Dame Press, 1994), p. 85（芦川晋／大川正彦訳『道徳の厚みと広がり　われわれはどこまで他者の声を聴き取ることができるか』（風行社，2004年）147-148頁）参照。

22）　Walzer, *Thick and Thin*（前出注21）, p. 103（『道徳の厚みと広がり』177頁）参照。

23）　ウォルツァーのアイデアは，ルーマン的な発想と非常によく似ている。長くなるが，次の文章はそうした特徴をよく示すものであるから，引いておきたい。「複合的平等はそれが諸領域の自律よりも調和（ハーモニー）の観点から描かれるとき，より確かなものに思えるかもしれない。しかし，社会的な意味と配分が調和的であるのは，次の点においてだけである。すなわち，一つの財がなぜ或

偶然性の価値

次にテイラーを見ておこう。彼もウォルツァーと共にコミュニタリアンと見なされている。また，共通善の一元的理解という方向ではなく，アイデンティティの相対性を踏まえている点でもウォルツァーと割に近いところにある。テイラーによれば，「アイデンティティとは自己理解の方法である」が，これは独力では獲得することも維持することもできないと考えられている[24]。彼はアイデンティティの獲得というのが，自分の生まれた環境によって与えられたという一種の偶然性を重視するところから，他者の文化やアイデンティティを尊重しようとするのである。例えば，「自由の価値を肯定するアイデンティティは，どんな社会にいても獲得できるわけではない[25]」といい，あるいは，「わたしが主張しているのは，西洋の自由な個人というものが現にそうでいられるのはただ，自由な個人をうみだし育てる社会および文化全体の力によってだけだということである[26]」といっているのも，そうした視点によるものであろう。他者のアイデンティティも，このような偶然性を基礎として獲得されたと認識するならば，彼らの存在は自らの存在の可能性であったことになる。つまり，そこにあるのは偶然性が生み出した相対的な違いでしかない。これは，アイデンティティの獲得が自力的ではなく，他力的であることを示唆するものである。いわば，「他力のアイデンティティ」なのである。

る形をとり，なぜ或る仕方で配分されるのかを私たちが知るとき，私たちはまた別の財はなぜ異ならなければならないのかを知る，という点においてだけである。しかしながら，まさにこの相違のゆえに，境界の葛藤はその領域固有のものなのである。それぞれの相異なる領域に適合している原理は，お互いに調和していない。異なる領域が生み出す型と行動も相互に調和していない。福祉の体系と市場，公職と家族，学校と国家は異なる原理にもとづいて営まれている。また，そうであるべきである。〔……〕そして，正義はこれらの部分を識別する教養である。相異なるどのような社会でも，正義がまず分離に寄与する場合にのみ，正義は調和に貢献する。」Walzer, *Spheres of Justice*（前出注16）, pp. 318–319（『正義の領分』479頁）参照（〔　〕は引用者）。これはルーマンのシステムの考え方と合致する。

24） Charles Taylor, ‘Atomism’, in Charles Taylor, *Philosophy and the Human Sciences*, Philosophical Papers, vol. 2 (Cambridge, et al.: Cambridge University Press, 1985), pp. 205, 209（田中智彦訳「アトミズム」『現代思想』第22巻第5号（青土社，1994年）210，214頁）参照。

25） Taylor, ‘Atomism’（前出注24）, p. 205（「アトミズム」210頁）参照。

26） Taylor, ‘Atomism’（前出注24）, p. 206（「アトミズム」211頁）参照。

否定的媒体としてのリベラリズム

メタ物語やリベラル・リーガリズムの批判というポストモダンの脱正当化傾向を示している点で，多文化主義やフェミニズム，ルーマンらは共通する。すなわち，二分法の境界線の曖昧さ，より正確にいえば，その境界線は複数の視点によってその視点が前提とする領域ごとに引かれるものであることを示唆しており，視点の複数性の重畳を認識することの重要性を説いているのである。[27)]したがって，リベラリズムが普遍を志向するならば，こうした前提を踏まえなければならない。裏を返せば，リベラリズムはそうした様々な二元論的要素によって提示された二分法を受け止めるかたちで変容し，進化することで「普遍的なるもの」や「中立性」の価値の重要性を訴え続けることができるのである。[28)]つまり，様々な二分法の否定的媒体となることで，「普遍」的存在を体現するのである。いい換えれば，これこそがリベラリズムにおける中立性主張の可能性である。肯定神学的にではなく，否定神学的にしか中立性は保持できないのが現代社会の特徴である。

前述のように，もともと自由主義が土地貴族制からの解放と，同時にそれを可能にする市場＝「場」の創出を前提としており，法の透明性，中立性が公権力の抵抗と結び付いていたことを想起するのならば，現代におけるリベラリズムにおいても同じことがいえるのではないか。すなわち，自らが否定的媒体と

---

27)　例えば，菊池が，現代のコミュニタリアンがコミュニティと同時に個人の権利の尊重を強調しているとして現代的コミュニタリアニズムを「リベラル・コミュニタリアニズム」と呼び，また，コミュニティや家族を重視しコミュニタリアニズムに親和性のあるフェミニズムの立場にあるJ. B. エルシュタイン（Jean Bethke Elshtain 1941-　）らを「フェミニスト・コミュニタリアン」と表現していることは，こうした傾向を示すものとして象徴的である。菊池『日本を甦らせる政治思想』（前出注13）52, 93頁参照。

28)　この点で，棚瀬孝雄による以下の指摘は示唆的である。棚瀬は，フェミニズム法学など批判理論によって，法の一見中立的な規定の中にある隠れた差別構造が発見され，「法の構成的属性である中立性そのものが正面から否定されている」としながらも，「こうした批判が，法の中立性をいっさい幻想として否定して，中立性なき法を現実として受け入れるという主張になるのか，という点は曖昧である」としている。例えば，ロックナー判決（Lochner v. New York, 198 U. S. 45（1905））に見られるように，法が「資本家の隠れた視線で書かれていて，それを中立性の外観のもとで押し通す」ということがなされてきた点への批判は，フェミニズム法学の主張とパラレルなものとされるが，実際には，その後の法の展開では，抽象的な権利主体としてのみ捉えられていた労働者が具体的な存在において捉え直されながらも，しかし中立性は廃棄されることなく労働法秩序が成立したという点など，「批判そのものが肥やしになって法が成長する事態」に着目しているのである。棚瀬孝雄「ポスト現代の法理論」神奈川大学評論編集専門委員会編集『神奈川大学評論』第34号（神奈川大学広報委員会，1999年）105-107頁参照。

して存在することは，様々な二分法の提示を可能にする場となることであると。対話の共通基盤として存在するといってもよい。であるならば，その根源的意味を喪失したことにはならない。むしろ，重要であり続ける。透明性や中立性は積極的には定義できないが，否定的定義こそ，その透明性を示すには最も適している。ちなみに，ハイエクを論じたところでも，否定の理論が自由の尊重と結び付いていることを述べていたが，覚えているだろうか。否定の論理は負のイメージでのみ捉えてはならず，そこに別の意味を見出さねばならない。すなわち，自由度が高いことの証なのである。ただし，真の意味であらゆる価値から中立的なものなど存在しないのは当然である。自由主義が市場という自由の空間＝「場」を創出したということは，創出する力は自由主義に内在しているということである。したがって，自由主義も固有の価値を帯びていることを払拭することはできない。そうしようとすれば，自由主義でなくなってしまうだろう。つまり，ある立場は自らの根本にある価値に関するような，すなわちルーツに関する諸問題については無力である。これは，すでにルーマンがシステム理論の中で，各システムが盲点をもっていると説明していたことと同様である。リベラリズムがこの部分で盲点をもっていることを認識した上で，それが創出した「場」を利用するのでなければならない。盲点とはその領域の根源性である。したがって，リベラリズムの根源性の忘却に対する警鐘は，多文化主義やフェミニズム，ルーマン[29)]らによっても鳴らされたというべきである。何

29）ルーマンの脱パラドクスは，実は非常に大きな枠組みの中へと位置付けられる。パラドクスの分解には，再参入の概念が用いられているが，これは「形式の中の形式は，形式であると同時に形式でない」ということからである。つまり，再参入された区別は，その区別を問うことからは遁れることができる。これは，ケルゼンの憲法の位置と一致する。最終規範（体系全体の最高規範）である根本規範は根拠付けを問われるが，第二位規範（実定法上の最高規範）である憲法は，根本規範のおかげで根拠付けは，すでになされているからである。さらに，ルーマンは，そもそも，西洋的思考が区別によっていることを示唆している。つまり，西洋的思考においては，（区別が再参入されることによって，）主観と客観の区別や自然と存在の区別を行っている視点そのものが，合理性や客観性の外観の下に隠蔽されていたということを明かして，次のように述べている。「存在と思考の区別の根底には，この区別が，それによって区別されたもの，すなわち思考へと再参入してくるという事態が横たわっていたのである。もしかすると〔再参入の〕この構図が常に，合理性への要求の隠された基礎となっていたのではないだろうか」と。これは，まさにリベラリズムの中立性に対してなされた，ポストモダンによる根本的な批判と通じている。ということは，その脱パラドクスの手法は非常に有効であったということである。それゆえ，システムと環境を考える際に，これを用いることが有効であるならば，用いた方がよいということになる。これによって，すなわち，環境とシステムの区別を再参入することによって，システムは

れにせよ根源性とのあいだで視点の往復が忘却されてはならない。

ところで，中山竜一によれば，批判法学のこうした法の脱構築アプローチは，法の言説分析へと繋がっていく[30)]。言説分析によって，法の境界線のゆらぎや複数性の炙り出し作業，不確定性や偶然性の提示など，法の多元性が明らかにされている。小畑がレトリックを重視し，言語行為としての判決に着目したのも，こうした理由による。また，私がこの法的言語行為のリフレクション機能に注目したのも，それが裁判官による絶えざる境界線の引き直し作業にかかわるからである。さらに判決の現在進行形と現在完了形（あるいは現在形）という二重時制に関心をもち，裁判官を複数の視点を具えた内部観測者として捉えたのもここに関係している（この点は別の機会に論じたことがある）。

この講義はレトリックの話でスタートした。それはなぜだったのか。漸くその答えの部分に辿り着いた。法の言説分析は，法や正義の多元性の認識と他なる可能性に対する不断の探究と結び付いているからである。ここに繋がっていたのである。

自身の規定のために，「包括的なシステムへと手を伸ばす必要はなくなる」のである。このように，再参入の考え方は〈システム／環境〉の区別，さらにいえば西洋的思考と一体の話なのである。Niklas Luhmann, *Die Gesellschaft der Gesellschaft*, Bd. I, 1. Aufl. (Frankfurt am Main: Suhrkamp Verlag, 1997), S. 179-182（馬場靖雄／赤堀三郎／菅原謙／高橋徹訳『社会の社会1』（法政大学出版局，2009年）193-196頁）参照。

30)　中山『二十世紀の法思想』（前出注11）157-158頁参照。

第14講　他者と根源的可能性

本講の目的　法哲学において他者性ということが何を意味しているのかについて理解を深める。

法における他者性と近代における審級

いよいよ，この講義も残すところ僅かとなった。今回は他者性について考えてみたい。これはいうなれば，この講義全体のまとめの意味合いをもつ。法は他者との関係性なくして存在し得ないからである。すでに，われわれは，これまでの講義でレトリック論を検討し，コミュニケーション的合理性やその条件たる真実性の一致などにふれ，他者との関係性については見てきた（特に第5講参照）のであるが，それらは〈法廷〉というコミュニケーション空間を前提としたある程度限定された領域におけるそれであった。しかし，この講義の後半では，自由や平等，正義といった法原理や法的価値にかかわる問題まで論じることになった。したがって，他者についても他者性そのものについて，もう少し掘り下げて論じておかねばならないだろう。そして，これは法と哲学を架橋する重要なテーマでもある。

まずは，前回の内容を少し振り返っておきたい。そこではリベラリズムがもはや中立性や普遍性の旗印を掲げることができず，その立場の捉え直しが必要であることを確認した。その中で，アイデンティティの獲得が他力的であることをテイラーが示唆していたことにふれた。要するに，われわれのアイデンティティは偶然に依拠するものであった。その偶有性ゆえに，他者のアイデンティティや文化も尊重されるのであると。われわれは，たまたま，この社会に生まれただけであって，ひょっとしたら別の社会に生まれていたのかもしれない。われわれは，生まれた環境を選べないのであり，これは意志の及ばない出来事である。偶有性は，「他でもあり得た」ということである。ということは，「他者の位置に自分があったかもしれない……」と，このように思うだろう。そうした他者との交替可能性をリアルに想起することができれば，他者に対する理解可能性は高まることになる。実は交替可能性による普遍化の考え方は，近代的なものである。スミスは，身分や属性を捨象した抽象的・同質的人間像を立てることで，「公平な観察者」の存在を導いた[1]。公平な観察者の立場で，自らのあるいは他者の行動の是非を判断し，また評価するのである。こうした判断の帰属点を創出する上で，他者との交替可能性は不可欠な要素なのである。超越的な他者である公平な観察者は，大澤真幸のいう「第三者の審級」に当たる。あるいは，こういってもよいだろう。普遍化可能な意見とは，公平な観察者や第三者の審級に認められた意見なのである。この概念を打ち出す際，大澤が「審級」[2]という言葉を用いたように，法の領域においては，ある主張が普遍化可能かどうか，すなわち，ある意見の普遍化可能性ということは，根本的なテーマである。本講義でも，ペレルマンのレトリック論との関連で「共通のトポス」や普遍的聴衆の説得に言及しつつ，あるいは，より具体的にはアメリカの判例を検討する中で，これについて論じてきたのだった（第2講，第5講，第11講参照）。「普遍化可能性は，あらゆる道徳的判断に対して適用されうる正義の基準であり，他のすべての正義基準と両立しうるもの」というだけでなく，「法律家の実際の判断において大きな比重をしめている点で，法的思考とかかわりの深い正義観」でもあるとされる[3]。

1） Adam Smith, *The Theory of Moral Sentiments*, with an introduction by E. G. West (Indianapolis: Liberty Classics, 1976), pp. 203-204（高哲男訳『道徳感情論』（講談社，2013年）212-213頁）参照。第12講の注14も参照。なお，ルーマンもリベラリズムは旧来の秩序から効力を奪い去るとの見方を示しており，例えば，「個人」という概念にも「旧来の秩序の解体」ということが表されていると指摘する。Niklas Luhmann, *Einführung in die Systemtheorie*, Herausgegeben von Dirk Baecker, 2. Aufl. (Heidelberg: Carl-Auer-Systeme Verlag, 2004), S. 186（土方透監訳『システム理論入門――ニクラス・ルーマン講義録［1］』（新泉社，2007年）217頁）参照。

2） 大澤真幸『意味と他者性』（勁草書房，1994年）82頁参照。

3） 亀本洋「第3章　法的正義の求めるもの」平野仁彦／亀本洋／服部高宏『法哲学』（有斐閣，2002年）96頁参照。なお，立場の互換性が（形式的正義の意味での）普遍化可能性以上の内容をもつことについて，同書97頁参照。それゆえに，これらが結び付くには，交替のリアリティを喚起する機制が必要とされるのである。超越的な判断の帰属点を導出するためには，抽象性や同質性が準備されなければならなかったのである。

時間性と審級

テイラーもまた，審級という観点から近代の特質としての時空に言及している。彼は，高次の時間から世俗の時間へと時間の観念が時代的に推移したことに注目しつつ，近代の時間観念の特質（「同時性」）を指摘している。重要なのは，人々が抱くそうした時間の観念が空間と共に審級的であると喝破したことである。時間の均質化と空間の脱中心化のイメージが可能となることによって，社会は「同時に起こる複数の出来事」として描かれ，また誰のものでもない空間となるが，こうした時空観においては，人々は皆「中心から等距離に位置」付けられた存在であるとする見方が現われるようになる[4)]。彼は，18世紀に登場したこの「公共圏」が新たな「超場所的な共同空間」であったこと，そして，その性質が従来の（教会や国家のような）超場所的な空間とは異なり，「政治的なものに依存しない独自のアイデンティティ」と「正統性の基準となる力」を有していたことを指摘する[5)]。彼によれば，これはグロティウスやロックの理論構想に淵源する理念であり，この理念は，近代以後の人間の頭の中に「想像上の場所として存在」し得るのである。「政治的なものに依存しない自立した社会生活，つまり経済や公共圏を想像する新しい方法に映し出されている」ものとは，「政体の外部にあって政体の働きぶりを判定するための場所」とされている[6)]。これは審級に他ならない。

テイラーは，「近代の公共圏とは，権力の外部にあることが自覚されている討論空間のことである[7)]」と述べ，こうした外部性をその決定的特徴と見なし，次のようにその審級性を指摘するのである。「政治権力は外部に存在するものによって監督・抑制されねばならないという観念が，近代の公共圏とともに登場することになった，ということである。もちろん，これまでになく新しかった点は，外部からの抑制があるという事態そのものではなく，むしろこの外部の審級の担う性質にこそあった。この審級は神の意志や自然法として説明されるのではない（それらを表わしていると考えることもできたにせよ）。権力や伝統的

4）　Charles Taylor, *Modern Social Imaginaries* (Durham: Duke University Press, 2004), pp. 157-158（上野成利訳『近代　想像された社会の系譜』（岩波書店，2011年）227-228頁）参照。

5）　Taylor, *Modern Social Imaginaries*（前出注4）, p. 86（『近代』124頁）参照。

6）　Taylor, *Modern Social Imaginaries*（前出注4）, p. 87（『近代』125頁）参照。

7）　Taylor, *Modern Social Imaginaries*（前出注4）, p. 89（『近代』129頁）参照。

な権威からではなく，あくまでも理性から発する一種の言説のようなものとして，この審級は説明される[8]」。この審級は，近代社会の同質的性格に基づいているとされる。つまり，近代以前に存在した社会の中心的存在にあった媒介方式が周縁へと追い遣られ，人々が「空」となった中心に直接的にアクセスできる（イメージを構成する）ことになったのである[9]。「アクセスの直接性はわれわれを同質的な存在にする」のであり，テイラーは階層秩序的な帰属関係に混在していた異質な要素を徹底的に破壊したと診断する[10]。つまり，近代は，差異性――それは個性でもある――を抽象的主体像とそれを基盤とする審級とによって駆逐してきたのである。だから，「近代の直接アクセス型の社会は前近代社会よりも同質性な性格が強い[11]」ということがいわれるのである。ということは，ある意味で異質性の顕在化に対して抑圧する傾向が強い社会であったということを意味する。

しかし，無条件的に同質性を想起することがもはや不可能になったのが，現代社会なのであった。大澤は，コミュニタリアニズムの登場が，（規範の普遍性に承認を与える）そうした第三者の審級の退去を示す兆候であることを指摘する[12]。そうした状況で，「他でもあり得る」ということは可能だろうか。そのためには，どういった条件が必要なのだろうか。近代の特質の後退，再反転の傾向は，現代社会を引き裂いているように見える。まずはこうした状況を確認しておこう。

共感の裂開

現代社会をリスク社会と位置付けるドイツの社会学者であるU. ベック（Ulrich Beck 1944-2015）は，近代の視座が〈安全／危険〉から〈安全／リスク〉へと変化したことを指摘した。この視座の転換は，われわれの自然に対する制御の対象が拡大したことと照応するものである。これはルーマン的にいえば，社会が機能分化したということであり，「危険→リスク」と「宗教システム→他の

8） Taylor, *Modern Social Imaginaries*（前出注4），p. 90（『近代』129頁）参照。
9） Taylor, *Modern Social Imaginaries*（前出注4），p. 159（『近代』229-230頁）参照。
10） Taylor, *Modern Social Imaginaries*（前出注4），p. 160（『近代』231頁）参照。
11） Taylor, *Modern Social Imaginaries*（前出注4），pp. 160-161（『近代』232頁）参照。
12） 大澤真幸『〈自由〉の条件』（講談社，2008年）237頁参照。

システム（への分化）」とはパラレルな関係である。しかし，現代社会では，実際にはリスクは危険である。厳密には，われわれはリスクが危険へと再反転している状況に置かれている。なぜなら，決定できない状況での決定が不可避とされており，にもかかわらず，その責めを負うからである。われわれは判断材料がない状況で決定という行為だけが求められる世界にいる。さて，そうすると，ここまで来て何か思わないだろうか。そう，自由意志である。冒頭で述べたように，ある状況が与えられたことにおいて，それが偶然であるのは，自らの意志が及ばない出来事であるからだった。自由意志を欠くがゆえに，「他でもあり得た」が成り立つのだということだった。これは，まさにそうではないか。リスク社会とは，この意味でまさに偶有的な社会である。われわれは，常に，災害，疫病，事故などの被害者となる可能性を漠然と感じてはいないだろうか。それは，つまり，「他でもあり得る」ことが日常的な社会ということではないか。

一方で，同質性が解体し，他者への「共感」は困難になっている。しかし，実際のところ，リスク社会では皆の置かれている状況は非常によく似ている。通常ならば「共感」を喚起するはずであるが，現実には他者には無関心である。これは，他者との交替可能性がリアルではないということを示すものである。ここにギャップがある。「共感」は，それが湧出しようとするベクトルと無関心のベクトルとに引き裂かれているのである。

意志の裂開

先に述べたように，われわれは判断材料がない状況に置かれながら，決定という行為が求められる。主体論を前提とするならば，この主体の自由な意志，自分で状況を判断するという実質的な側面が無視されているにもかかわらず，他方で形式的な側面，すなわち決定という行為にかかわる意志の方は絶対的なものとして読み取られる。これはリスクでなく危険である。意志はその扱いにおいて引き裂かれている。

時間の裂開

ルーマンが指摘した機能分化という時間の流れは，こうした状況を見るに，実際には逆流しているところがあるように思われる。機能分化はむしろ機能集合という逆向きの現象によって，つまり，「現在」は時間の逆方向の流れ（回帰）の中にあって，時間論的に引き裂かれているのではないか。それが端的に現われているのが宗教である。

現代社会では，システムが分化＝増加していくにもかかわらず（増加によって対応しようとしているにもかかわらず），どこにも解決の場はない。乱暴ないい方をすれば，（解決できないという意味では）無駄なものを大量につくり出しているということが，機能分化であり，区別の増加であり，ずらしであり，脱パラドクスなのである。だから，ルーマンは問題の解決が端的に不可能であると達観している。記述の理論でない場合，すなわち実践哲学においては，そういう訳にはいかない。機能分化すればするほど，現実（の要請）との乖離＝ギャップは大きくなる。前近代的社会において，災害，疫病，戦争など，危険の領域に直面する（＝自ら決定にかかわらずに巻き込まれていく）人間（凡夫）を拾い上げていたのは，宗教であった。宗教は危険の側を担っていた。これに対し，現代社会では，危険の領域がリスクの領域へと変化した（と考えられている）。各部分システムによって，危険の領域はリスクの領域へと変貌した。それが加速していった。しかし，危険の領域はなくならなかった。むしろ，前述の乖離という意味では，反転し，増大したといってよい。だから，現在においては，宗教の意義は拡大している。すなわち，機能集合している。したがって，〈リスク／危険〉，〈法システム／宗教システム〉の区別に最も敏感であったのは，近代ではなく，実はそれ以前の人々であったといえる。中世の哲学と神学の調停（あるいは切離・綜合）の試みは，テイラーの言葉を借りるならば，「高次の時間と接触する『臨界点』」[13)]ということであるが，彼らはこの点を掴んでいたのである。凡夫性をしっかりと踏まえていたのである。大局的に見れば，調停（あるいは切離・綜合の反転）は，今後も様々なかたちで行われ続けるに違いない。そして，臨界点は様々な場面で現われることだろう。高次の臨界点とは無関係に社会を想像していた（近代以降の）われわれであるが，宗教の意義の高まりは，再びこの臨界点を想起させるのである。

13） Taylor, *Modern Social Imaginaries*（前出注4），p. 157（『近代』226頁）参照。

人間像の再検討

以上，ごく一部ではあるが，裂開・分裂状況が存在することを確認した。これが現実である。ということは，これに応じて人間像も引き裂かれていくということも頷ける。もはや「強い」人間像だけでは，現実から浮遊してしまう。啓蒙だけでは一面的である。やはり，人間は臨界点に媒介物を求めてしまうように「弱い」存在なのである。それゆえ，二重の時間の中に自らの存在を位置付けようとする。その強さと弱さの理由は，現実に，そして現実を生きているからであり，人間が生命体であること，すなわち矛盾的存在であることによる。その二重の時間の中で凡夫は存在していくであろうし，そうせざるを得ない。この矛盾状態を突破するには覚者となるしかなく，凡夫には到達不可能である。ならば，諦めるのか。否，その必要はない。凡夫でいるということ自体が尊いのである。そう主張してくるのが宗教である。だから，凡夫を馬鹿にできない。（と同様に，またそれに寄り添う宗教も軽んじることはできない。）彼らは，われわれの可能性であるからである。「強い」人間像＝覚者を志向する人間であれ，否，それがゆえに彼の凡夫性は顕著である。もし，はじめから覚者であれば，凡夫の側面はゼロである。人間には，したがって，覚者という「強い」人間像と凡夫という「弱い」人間像の矛盾する二面がある。ここを押さえねばならない。そうでなければ，そのような議論は現実から浮遊した空論となる。

さて，凡夫ゆえの矛盾的人間性を踏まえた上で，「他でもあり得る」ということには，どういった条件が必要なのだろうか。ここでも参考になるのが，やはりルーマンなのである。われわれは，ルーマンが重視した「偶有性」に可能性の観点から着目することにしよう。といっても，この自己言及的な表現は意味不明である。偶有性における可能性とは一体どういうことなのか。それは，以下のことを意味するが，結論からいえば，偶有性のリアリティのことである。

偶有性＝可能性の逓減と審級の一元化の問題

大澤は，〈偶有性〉を「人間の社会性に由来するものと見なし，『絶対の実在』に相当する原理として置」くという提案をしている[14)]。ただし，そのために

14)　大澤真幸『社会学史』（講談社，2019年）628頁参照。このアイデアは，Q. メイヤスー（Quentin Meillassoux 1967- ）の思弁的実在論（偶有性＝実在）における「偶有性」が二重であると理

【板書 1】

条件　偶有性にはリアリティがなくてはならない

↓

リアリティを感じるには他者の存在が必要

は，偶有性が実際に存在していなければならない。この〈偶有性〉とは，いい換えれば，可能性である。もちろん，出来事に可能性が存在することは自明である。（出来事である以上）それがなくなることなどあり得ず，なぜ私がそんなことをいうのか不思議に思われるかもしれない。しかし，だからこそ大澤は，他者と他者による観察を無視できないものとして，つまり，それが自己と自己による観察とセット（二重）になっているがゆえに偶有性の論拠となっているものとして，それを疑いようのない根源的な事態と捉えているのである[15)]。他者が存在する以上，たしかにそれは絶対的である。ゼロになることはない。しかし，ゼロにはならないとしても逓減するものとは考えられないか。もしそうであるならば，（セットになっている以上，自らの可能性を逓減するものとして）それは憂慮すべき事態ではないだろうか。つまり，人々はその頭の中にそうしたリアリティを想像できなければならない。そして，想像するためには，実際に「他」の存在がなければならない[16)]（**【板書1】**参照）。

実は，このことは初回の講義で述べたことと関連する。材料の豊穣が可能性を増大させるという話である。例えば，発明にはそれまでの先人の研究の蓄積が前提となる。そうした材料が与えられることなしに発明や閃きはない。想像するためには材料がなくてはならない。それは自らの外にある。外からやって

解するものであり，そこには，他者の存在が決定的役割を果たしている。

15）　大澤『社会学史』（前出注14）627頁参照。

16）　このことは，すでにロックにおいて示唆されている。ロックのいう単純観念とは，心が受動的に受け取る分割できない観念であるが，それは物体自身に実際に内在している性質から受け取ることになる。人間は，この経験に由来する単純観念を組み合わせて，経験を超えた複雑観念をつくり上げることができるのである。John Locke, *An Essay Concerning Human Understanding*, edited with a foreword by Peter H. Nidditch, paperback edition (Oxford: Clarendon Press, 1979; first published 1975), pp. 134-135, 165（大槻春彦訳『人間知性論（一）』（岩波書店，1972年）186-188頁，同訳『人間知性論（二）』（岩波書店，1974年）10頁）参照。

来る。発明や閃きには，他力的な契機が欠かせないのである。また，予期せぬ副産物も材料を構成する。これらの材料は，決して虚構ではない。具体的なものである。すなわち，実在する。予期せぬもの，偶有的なもの，他者によるもの，他者に与えられたもの，自らの可能性とは，すなわちこういったものによって成り立っている。自己の可能性は，他者によって齎されたものによってリアリティをもつようになるのである。

ルーマンの理論における偶有性

ルーマンの理論は，複雑性の落差を用いたものである。実際にルーマンも複雑性の落差の増大の重要性を説いているが，落差が実際に増大あるいは減少しても，〈A／非A〉という形式においては同じである。環境の側（非A）が1でも100でも理論的には違いがあることにはならない。形式に徹するということは，リアルな非Aと可能性としての非Aを同等に扱っているといえるだろう[17)]。どちらも現実ではなく，フィクションだからである。これに対し，非Aの内実に着目した見方はできないだろうか。〈A／非A〉の非Aがリアルなものでなければならないという見方である。わかりやすくいえば，実質的可能性と形式的可能性の区別ということになろうか。われわれの身の周りにある非Aは，実際には，かなり限定されていると感じることはないだろうか。（われわれは，）理論上の非Aと現実の非Aは違う（と感じる）のであり，このギャップにこそ，人間＝時間的に限定された存在の，すなわち凡夫のリアルがある。要するに，何がいいたいのかというと，「他でもあり得る」という場合の「他」の幅である。

やや視点を変えて，〈A／非A〉の区別に時間論的に注目してみよう。Aが決まることによって非Aが現われる，つまり，〈Aが決まる＝非Aが決まる〉ということは，可能であったAの存在を示唆するものである。Aが現実化した時点（現在）において，同時に可能性としてのAが過去に現われるというわけであるから，時間論的には現在が過去を意味付けている見方となる。一方，通

17）「偶然とは常にフィクションである。なるほど確かにそれはリアリティ（Realität）であるが，リアルに働く仮定にすぎない」のである。Niklas Luhmann, *Die Wissenschaft der Gesellschaft*, 2. Aufl. (Frankfurt am Main: Suhrkamp Verlag, 1991), S. 563-564（徳安彰訳『社会の科学2』（法政大学出版局，2009年）610頁）参照。なお，訳は変更した。

常の見方は，幾つかの選択肢があってその中から選ぶというごく平凡な時間の方向に沿った見方である。しかし，この平凡な見方によって，非Aのリアリティを問題にすることができるのである。どういうことか。前者の場合，そこになかった選択肢も他の選択肢と一緒に選択地点＝過去に現われた。一方，通常の見方の場合，そこにはそれがない。この両方にあるものが，選択時のリアルな選択肢であったということである。では，なぜ選択のとき，前者で出現したその選択肢は可能性としてリアルになかったのか。後の時点の反省において，それが選択時の可能性として顕現させることができたとしても，われわれはそれをリアルに選べないのである。リアルな選択肢として，そこにないのである。凡夫ゆえのこの意味は軽くはない。（例えば，飲み水の供給を断たれた場合，水道水が無くても雨水が飲めるといわれれば確かにそうであるが，これはリアルな選択肢として現われるものなのだろうか。）

〈A ／非A〉の区別がルーマンのようにコミュニケーションの場合には，選択されなかった側はそこに保持されるかもしれないが，そうでない場合であれば，可能性としても消えていくものもあるはずである。もっとも，だからこそルーマンの理論はシステムの理論として構築されている[18]。

究極の他者と普遍的な他者

時間の裂開や宗教の意義の再興，リスクの再危険化など，時空の再反転が出現する二重的状況において露わになった人間像の矛盾性は，こうした空間に嵌め込まれた人間こそ現実を生きる人間であるとする人間理解でなければ，受け止められないのであった。そして，リアルな存在把握には「他」が必要なのであった。つまり，現実の人間理解には，他者の存在が必要なのである。「図」は「地」があって，「図」たり得るのである。ちなみに「他」と「地」の文字には，蛇の象形である「它」＝「也」が含まれているが，ある字書によれば，

18）　人間の諸相を多方面から観察して綜合する場合にも，主体ではなく，コミュニケーションを中心にした理論として構成するのである。もし，人間主体の次元の理論であるならば，（人間の死という）可能性をフィクションとすることはできない。人間は死に近付きながら生きている，いい換えれば，生きていることは死に近付いていく，あるいは，死を実現しつつあることであるから，人間主体の次元の理論の場合には，可能性が実質的なものか形式的なものかどうかは区別されるものとなるし，その区別は重要な意味をもつ。

【板書2】

究極の他者＝普遍的他者

誰もが理解できない他者（絶対的に理解不可能な他者）……究極の他者＝死者

（一切の例外がなく）すべての人間が内に抱えている他者……普遍的な他者＝死者

生……切離不可能な他者性という根源的事態

根源的可能性……切離不可能な他者性としての可能性

偶有性＝他者となるリアルな可能性

「他」は自らが把握できない見知らぬ世界にある存在者を表している。[19)]

このような立場から，どのように他者性を語ることができるだろうか。次にこの点について考えてみることにしよう。人間（生命体）にとっての究極の他者とは誰か。それは死者である。死者の考えは理解できない。そもそも死者は考えないし，考えることもできない（といっても，これも本当のところはわからないのである）。考えることができない存在，もっといえば，（生者として）存在していない者のことがわれわれに理解できるはずはない。したがって，それは「究極的な他者」である。生きている人間にとって死者とは自己の可能性であるが，死んでしまえば死ぬ可能性はなくなっている。すなわち，生者にはこの意味での（他者となる）可能性がある。生きていることは，死者となる可能性を有しているということである。つまり，生の対極である死を自らに内在させていること，これが生である。かかる矛盾的存在が生者＝人間なのである。

すべての生命あるものに共通する死は普遍的なものであるがゆえに，この究極的他者は普遍的他者である（**【板書2】**参照）。死の絶対性・普遍性は，他者ということにおいて，このように考えることができるだろう。われわれは，常にかかる他者と共に生きている。というよりも，それを切り離すことはできない。

19）　鎌田正／米山寅太郎『新漢語林　第二版』（大修館書店，2011年）80，96頁参照。形声文字である「他」は「佗」の俗字であるが，「佗」の音符の「它（タ）」は蛇の象形ゆえに，「佗」は「人類でない，かわったものの意味。見知らない世界の人，他人の意味を表す。」との解説が付されている。なお，白川静（1910-2006）によれば，古代文字における象形は，「おおむね象徴」なのであって，「絵画ではない」。つまり，「具象というよりも，むしろ抽象に近いもの」とされているのである。白川静『漢字百話』（中央公論新社，1978年）27頁参照。

人間は，この異質な究極的な他者と共に生きていくしかない。それを排除することは，自らの生を排除するということを意味する。そして，それは自らがこの異質な他者になるということなのである。だから，どうしても排除できないのである。つまり，これは根源的なのである。ここに普遍性を認めることができるだろう。（法哲学も含め，）普遍を扱うには，この次元を直視しなければ駄目である。この切離不可能な他者性としての可能性を「根源的可能性」[20]と呼ぶことにする。

矛盾的存在と他者性の内在

哲学者である西田幾多郎（1870-1945）の矛盾的自己同一としての人間像も，この点を踏まえている。あるいは，それを引き合いに出すまでもなく，われわれの周りにある生命を見れば，それらが矛盾的な存在であることは容易に看取できる。例えば，光合成と呼吸というその正反対の働きを同時に行っている植物たち，破壊者でありながら，ある一面では守護者でもある[21]ウイルスの存在など，生きているということは，まさにこうした現実である。近年，共生ということが非常に多くの領域で唱えられている。細菌やウイルスについても，根絶という考え方から共生という発想への移行が示唆されているのである。なぜなのか。制御不能ということが最大の理由と考えられるが，単にそれだけではない。こうした発想が出てくるのは，ある一つの見方や記述の仕方――とりわけ客観的とされてきた方法――がリアルでないからである。逆にいえば，その不十分さがリアルだからである。このような感覚は，オルターナティヴの許容の可能性を高める。それは，相対論や価値の多様化に関係した複数性への着目や

20）矛盾的，受動的など，人間が本来的にどういう存在であるかをいう場合に，「根源的○○性」という表現がなされることが少なくないが，ここでも差し当たり，こういう表現を取っておきたい。死の可能性は可能性であるが，しかし，不可避でもある。不可避という点では，たしかに必然性なのであるが，その実現は偶然に左右されるし，前後することもあるという点では偶有的である。ゆえに，それを死の可能性ということもできる。この不可避的な可能性という事態を踏まえて，そのように呼んでおく。なお，他なる審級の可能性としての「根源的可能性」については，別の機会に述べた。そこでは，根源的可能性の保持を審級の条件として提示しておいたように，そういう審級充填物の複数性がリアルにあることが大切であった。したがって，ここで述べている「根源的可能性」とは意味が異なるが，しかし，人間も審級も今とは全く別の存在になることをその存在の基礎としているということからすれば，この言葉において共通するところがある。注24も参照。

21）山内一也『ウイルスの意味論　生命の定義を超えた存在』（みすず書房，2018年）107頁参照。

事物に対する多面的な理解の基礎となる。これは，対象たる事物を理解不可能なものとして捉えることができなければ出てこない[22]。理解不可能なものとして捉えるということは，矛盾的存在として見るということである。しかし，「矛盾的」とは何であろうか。存在そのものが先にあるのではないか。それそのものが，それそのものとして，ただあるのではないか。そのとおりである。観察者がある存在を矛盾と見ているにすぎない。観察者の観察する視点にとって，そうであるにすぎない。そうした前提が受け入れられなければならない。多くの人がそういったことに気付いてきたのではないか。徐々にではあるが，そうした生命の存在とその不思議，ある種の神秘性をそっくりと受け入れるような地点に立とうとしているのではないか。もちろん，これは神秘主義などではない。生（／死）の現実を直視するものである。

ちなみに，生命倫理学者の有馬斉は，人の命や存在それ自体に価値があるとする「人の内在的価値」を主張している[23]。人の命や存在とは，つまり「生」であるから，これは生きていること自体に価値があるということを意味する。したがって，「生の内在的価値」ということもできるが，そうした主張も生命＝矛盾的存在という観点から理解しなくてはならない。倫理学的には内在的価値の提示で議論は終わるかもしれないが，哲学的にはさらに，「なぜ生きていることに価値があるのか」との問いが出てくるはずである。もっとも，われわれはこの世界に生かされている存在なのであるから，理由など見出せるわけはなく，そのように（理由を見出せると考え，）問うことは，自らの凡夫性を見ていないといわれるかもしれない。たしかに，そのとおりである。これで納得するのであれば，それでもよいが，しかし，哲学的には何らかの答えが必要だろう。そのために敢えて述べておくならば，その解答は，「生きていることは根源的

22）　例えば，ウイルス学者の山内一也も，「ウイルスの死は，生物の死の概念を超えている」として，こうした生命の矛盾性こそが生命の本質であることを示唆している。山内『ウイルスの意味論』（前出注21）20頁参照。ということは，人間にとっての死者，すなわち，究極の他者と近い存在であるともいえる。こうした存在がヒトに生息するのであるから，人間は文字どおり究極の他者を内在させている存在といえる。

23）　有馬斉『死ぬ権利はあるか——安楽死、尊厳死、自殺幇助の是非と命の価値』（春風社，2019年）454-455，491頁参照。なお，「内在的価値」の概念はドゥオーキンに由来するもので，「手段的価値」や「主観的価値」に還元されない価値である（同書415頁参照）が，彼自身はドゥオーキンの立場を自己決定至上主義と見ており（同書78頁参照），それには与しない。

に他者性を内在させているからだ」というものになろう[24)]。これは，「理由など見出せない」という立場をいい換えたものである。なぜなら，絶対的に他者は理解不可能なのである。人間はそうした他者性を含んでいるのである。だから矛盾的な存在である。このような考え方は，西田的にいえば，矛盾的存在であるから生には価値があるということになろうか。生の価値とは矛盾そのものである。

自己と他者を媒介するもの

さて，ここまでで，すべての個人の内にある他者（究極的他者＝普遍的他者）について考えてきた。だが，もともと他者は個人の外部的存在である。（理解できないという意味では途轍もなく遠い存在である。それを抱えているがゆえに，人間は矛盾的存在なのであった。）したがって，当然に個人を超えたレヴェルでも，他者性は意味をもっている。老いや病がそうであるように，自己はそうした他者の立場になり得る。今はそうでなくとも，生き続けている限りそうした人と同じ立場となる。それは，（自己の内にあるリアルな）究極の他者の立場ではないが，自己の外に生きているリアルな他者の立場である。この（一般的な）意味でも他者は自己の可能性，自己は他者の可能性なのである。何れの他者であれ，われわれは理解不可能であるのに，その立場になる。これは偶有的事態である。

だからこそ，テイラーの指摘にもあったように，偶然に与えられたアイデンティティや偶有的な存在は，そっくりそのまま尊重されなければならないのであった。世界に自己が存在することに理由が見出せなかったのと同様，世界に自己以外の人間が存在することに理由など見出せない。自分とは別の立場にあ

24）大澤は，必然的な同一性に随伴される「根源的偶有性」に着目し，これに基づいて，「他者は，〈私〉の外に分離して存在しているのではなく，〈私〉に内在している，と言ってもよい。あるいは，むしろ，〈私〉が，既に同時に，他者なのだ，と断ずるべき」と主張している（大澤真幸『自由という牢獄　責任・公共性・資本主義』（岩波書店，2018年）260, 280頁参照）。これは，「根源的可能性」という私の考えとほぼ一致するものである。「根源的可能性」は，他者性の内在が根源的事態であることを示す概念であるから，その保持は，自己＝他者性の保持ということを意味する。もちろん，自己，あるいは，自己の内なる他者＝他者性の保持と他者の保持のあいだには飛躍がある。だから，ここにはリアリティが必要となる。自己の内なる他者＝他者性がリアルであるときに，自己と他者とは媒介されるのである。以上のことは，「究極の他者」，すなわち，死者を自らの可能性として直視し，その内在することを受容し，リアルなものとして考えるところから導出されるのである。

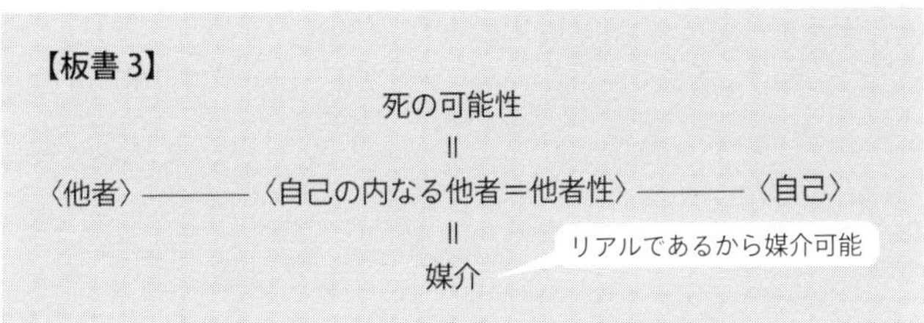

る他者への尊重は，偶有的存在である自己の尊重と同じである。また，他者は理解不可能であるが，自己の内なる他者も理解不可能である。この理解不可能な自己の内なる他者の存在がリアルなとき，他者の存在もリアルに感じ取ることができるだろう。いい換えれば，死をリアルに感じたとき，死を覚悟したとき，他者の存在はリアルになる。そうしたとき，自己の内なる他者によって，自己と他者が媒介されるのである。自己が存在する限り，彼らも常に存在している（**【板書3】**参照）。

生の内在的価値と根源的可能性

　さらにいえば，自己だけでなく，他者も根源的可能性をもつ存在である。つまり，死の可能性を内に抱えている。生きていること自体に価値があるという内在的価値の「内在」の意味は，死を内在するということに他ならない。いい換えれば，これは，根源的可能性を有しているということである。したがって，人間の生には，この根源的可能性があるからこそ価値があるということになる。他者との関係において，絶対に自分はそのような立場にはならないという視座から他者を捉えるならば，それはかかる根源的可能性を無視していることになる。その場合，それは他者を無視していると同時に，自己と自己の可能性も無視しているのである。こうした他者理解，他者把持においては，自己と他者の交替性のリアリティはなく，個人の存在は極めて独我論的となる。また，それは自己＝人間が凡夫であるということを忘却した「思い上がり」でもある。したがって，自らと相容れない考え方をもち，相容れない立場にあり，理解不可能な存在である他者，いい換えれば，交替性がリアルではない他者＝人間に価値を認めることはできない。つまり，こうした立場にある人々に「自らと相容れない立場の人間にも内在的価値があるから尊重しよう」といっても，それはリアルではないのである。だから，響かないのではないか。ということは，そうした言明は，普遍化可能性という点で必ずしも十分ではない。それゆえに，内在的価値によるというよりも，むしろ死者＝他者となる可能性を有しているからであると捉えること，すなわち，根源的可能性によると捉え直すことが重要ではないだろうか。

自己の可能性であるこの究極の他者は，（それ以外の他者と異なり，）それが現実化したときには，自己の〈失－可能性〉となるという特徴をもつ。つまり，この他者は，（自己の可能性であるがゆえに）自己の消滅と同時に消滅する。いわば，可能性としての身分を喪失するのである。自己の可能性であったこの究極の他者は，この世界において現実化したときには，もはや再び潜勢することはできなくなっている。これを敢えて，究極の他者の側からいえば，こういうことである。潜勢力として有していた力を使い切って質的に変化した。こういうイメージである[25)]。このことは，それまでの立場を交替＝反転させたともいえるだろう。

だから，生きていることに価値があると（主張）するならば，その立場は，この次元を見据え，人間の矛盾を受け入れるものでなければならないはずである。われわれは，こうした根源的可能性の観点から，生の内在的価値を根拠付けることができるだろう。なお，華厳哲学やG. W. ライプニッツ（Gottfried Wilhelm Leibniz 1646-1716），あるいはテイラーのように連続性（他者なくして自我はない）を強調し，われわれは相依によっているとする論理から，生の内在的価値を主張することもできる。生きていること，存在していることは他者との相互依存関係にあるというのが，それである。しかし，これだと可能性の話は捨象されてしまい，現実に存在するものだけの話になってしまう。それは，いわば「現在形」的な説明である。それでは，「個体の変化」，否，「変化しつ

25）このイメージは，恰（あたか）もかつての「インペトゥス」のようである。ガリレオ・ガリレイによって放棄される以前には，運動の原因として「インペトゥス」という概念が考えられていた。インペトゥスは「動体の運動の内的原因（cause interne du mouvement du mobile）」であり，「結果として運動を生みだす作動因であり，運動を生みだしながら使い果たされる」ものである。Alexandre Koyré, *Études galiléennes*, Collection Histoire de la Pensée XV（Paris: Hermann, 1966）, pp. 94, 101（菅谷暁訳『ガリレオ研究』（法政大学出版局，1988年）82, 88頁）参照。

つある個体＝生きている個体」が相互に関連しているという動きの面が見えなくなってしまう。それゆえ，変化やゆらぎによる差異性を含意した「個」を表すためには「可能性」ということが大事になってくる。

新たな審級論の構築に向けて

以上，他者との関係性を拡大・深化させ，生者かつ死者可能体である人間存在の根拠を見てきた。これが根源的可能性を踏まえた（人間）存在論である。存在の偶有性がリアルであるためには，存在の終わりである死（消滅）ということを考える，具体的には，死が自己と他者を媒介するということを直視する地点にふれなければならないということを見てきた。この存在論は，明らかにルーマンやリベラリズムの前提としている人間像[26)]とも異なっているが，ここからさらに審級を考える上で，こうした存在論をベースにすればどうなるだろう。どのような審級論が導き出せるだろうか。

この存在論は，これまで述べてきたように，生，すなわち存在そのものをそっくり受け入れるものである。鈴木大拙を踏まえて第13講で確認しておいたように，こうした態度は，自らの働きを自らによるとする自由の観念の根本になっていた。そして，このような自由の観念は，西洋由来のlibertyやfreedomの観念とは異なっているのであった。これらは，一体どこが違うのか。それは，自由が本来的なものなのか，獲得すべきものなのかの違いである。生命論のレヴェルでは，それは本来的なものであるのに対し，社会的レヴェルでは，それは獲得されるべきものである。このことは，同質性に対するC. シュミットとヘラーの理解の仕方と類比的といえる[27)]。彼らの認識の違いは，同質性を所与的なものと見るのか，市民的空間において形成されるものと見るのかという点にあった。生命論のレヴェルでは，（それは生命の働きであるがゆえに）自由を所与的＝本来的と理解することに問題はないだろう。しかし，社会的空間においては，そうはいかない。それゆえに，リベラリズムの苦闘の歴史があった。つまりは，これらの二重性は人間の二重性を示しているのである。人間は，一方で

26）それらの人間像は抽象的・社会的であり，あるいは「現在形」的である。一方で，生命に着目すれば「進行形」的な人間像があり得るのであり，それらの重なりとして，重層的な存在として捉えることができる。

27）第4講の注14参照。

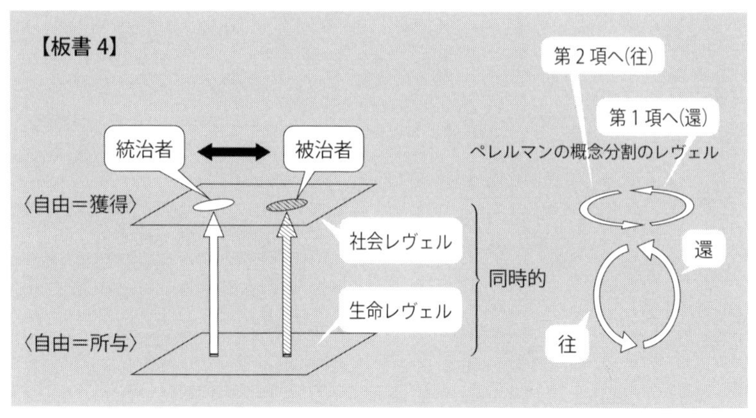

生命をもっている存在であり，同時に社会的存在でもある。つまり，生きている主体なのである。前提の違いは，この点の一方だけを強調するところから来る。だから，ここでもこの両者を同時に扱わねばならない。ということは，異なる前提をもった存在，すなわち矛盾している存在であることを踏まえたものとしなければならない。ここではこの二重性を，生命をもった具体的存在かつ抽象的社会的存在の二層構造として理解しておきたい。もちろん，前者が基底である。この基底層にあった存在が，社会的空間における存在として顕在化するに際しては，何らかの社会的なかたちを取って顕在化してくる，すなわち，一つの立場として分出＝分化してくる（**【板書 4】**参照[28)]）。生命的存在を社会的存在として，そっくりそのまま社会的空間に顕在化させることはできない。（例えば，法の領域では，生身の人間ではなく，法的なかたちに加工された人間として扱われる。あるいは，社会レヴェルにおける統治者＝被治者という矛盾的主体像についても，そういう理解の仕方が可能である。）全体を顕在化させるには，生命的存在というかたちでしかできない。だから，この生命的存在は，社会的空間において複数のかたちで顕在化されるであろう（社会的）意味が貯蔵された「場」的主体なの

28）還の働き（分出つまり自己限定）と往の働き（前提の想定）が同時的であることは，すでにペレルマンの概念分割でも確認したとおりである。この想定される前提を基底層に求めるならば西田の議論に接続可能である。なお，西田の述語論理はコモン・ロー理解にも援用されている。望月礼二郎「コモン・ロー再考」早稲田大学比較法研究所編『比較法と法律学――新世紀を展望して――』（成文堂，2010年）参照。

である。これは，意味的論理[29]の「場」としての主体像である。

ところで，現代社会においてはテイラーの指摘した「同質性」が確保されるのは困難であるがゆえに，審級の充填物が無条件的に措定されなくなったのであった。つまり，充填物を共に模索する必要が出てきたのであった。そこで，コミュニケーションの話になるわけだが，価値相対主義の中では，あらゆる立場は否定されるのであった[30]。それゆえに，充填物を共に模索するだけではなく，充填物がない（＝両否）ゆえに相互に認め合う立場（＝両是）への着目が重要となる。ここに第三値性[31]という，いわば意味の可能性が貯蔵された「場」の境位が開かれる。意味的論理の「場」としての主体像とは，これを含意した主体像である。

リベラリズムとジャコバン主義

この点に関して，スロヴェニアの哲学者S. ジジェク（Slavoj Žižek 1949-　）が，政治哲学者であるC. ルフォール（Claude Lefort 1924-2010）の「民主的発明」テーゼに着目している点が参考になる。これは，「『民主的発明』の到来とともに大文字の権力の位置が空虚な場所になる[32]」というテーゼであるが，民主的社会

29）山内得立『随眠の哲学』（燈影舎，2002年）265頁参照。

30）ちなみに，否定の論理の典型は，大乗の経典『中論』の「八不（不生・不滅・不断・不常・不一・不異・不去・不来）」であろう。中村元『広説佛教語大辞典〔縮刷版〕』（東京書籍，2010年）1365頁参照。その「八不」にあるような，対象を否定し尽くす論理は，脱構築的な論理と一脈通ずるものがあるから，その主体像においても接近したものとなる。（自己を否定していく中に）生の積極性を見出すような人間主体，つまり，それは人間が相対性の視座の中に立つことができる存在であるとするものである。ここに積極性への反転の契機があるがゆえに，ポストモダン法学と接続可能であるが，しかし，ポストモダン法学の否定の先に見出されたものは何であったのか。相対主義を超える地点とは一体どこであるのか。結局，コミュニケーションの空間という「場」や手続という「形式」を依代とする地点に戻ってくるのではないか。つまり，「空」を暫定的に充填し続けなければならない地点に戻っている。普遍を共に模索する「場」やそのための「手続」の問題に回帰している。われわれは，こうした「空」の外には超出できない。充填物を議論によって創出し続けなければならない事態は，いわば自己組織的な事態である。

31）ルーマンがあるシステムの第三値性として，別のシステムへと逸らしたのは，あるシステムの肯定と否定という区別から零れ落ちる部分なのであった。だから，彼は個々の部分システムとしてではなく，社会システム全体として第三値性を受け止めている。ただし，これは生命のある人間の次元ではなく，システムの次元として構成されているがゆえに，そうしたことが可能な社会学の特権を活かした手法なのである。

32）Slavoj Žižek, *For they know not what they do: Enjoyment as a political factor* (London and New York: Verso, 1991), p. 267（鈴木一策訳『為すところを知らざればなり』（みすず書房，1996年）448頁）参照。

の到来以前の社会では，王座の空白[33]は速やかに克服されるべき状態であったのに対し，到来以後の社会では，空白こそが唯一の正常な状態であると捉えられるようになったというものである[34]。ジジェクが着目するのは，民主的以前／以後であるが，われわれが着目するのは，リベラリズムである。前回講義で確認したように，リベラリズム（の中立性）に対する攻撃は，まさにこの論点にかかわるからである。ジジェクは，「ジャコバン主義の民主主義的恐怖政治の基礎的操作もまた大文字の権力の場所の空疎化[35]」なのであるとして，I. カント（Immanuel Kant 1724-1804）とジャコバンの構造的等質性を指摘したが，リベラリズムとジャコバンの位置もまた，構造的に等質となる可能性が指摘できるのである。むしろ，ジャコバンと同じ位置に座すことこそ，リベラリズムが中立性の主張を放棄しない道なのである。一体どういうことか。ジャコバンが遂行したのは，自らが「**大文字の権力の空虚な場の擁護者**」となって，「この場所を占めると称する偽の主張者に抗する護衛兵として自らを任じていた」というこ

33） なお，ヘーゲル（Georg Wilhelm Friedrich Hegel 1770-1831）やケルゼン，穂積八束なども，この「空」性の意味を真に理解していた。何れも動乱期を体験している。つまり，彼らにとってそれはリアルなのである。動乱を体験した者が，なぜ揃って皆，「空」に着目して，その充填の重要性を示唆するのか。それは，彼らがそこで多くの人の死に直面したからである。おそらく，われわれも，多くの人の死によって媒介されれば，つまり，彼らと同じような立場になれば，彼らのような主張を行うことになるだろう。「空」を擁護する者，「空」状態を保全するものは，古よりある「君側の奸」という言葉でも示すことができる。ジジェクのいうように，君側の奸を除く，つまり「君側の奸を払ふ」，「君側を清む」には，君主が自ら「空」を充填するしかない。それは，誰にも代替できないからである。だから，例えば，幕末から明治期の動乱・内戦状態を体験している穂積は，そのことをわかっていないはずはない。むしろ，身を以て知っている。さらには，留学先においても，極端な個人主義の結果引き起こされた貧富の格差とそれに応じるために，立法府が急激な社会本位の政策を行おうとしていた混乱した状況を目の当たりにしているのである。だからこそ，慎重に言葉を選びながらそれを強調して，君主による充填状態で以て，社会を安定させようとしているのである。それが，リアリストである彼にとって優先すべき課題なのである。「個人ノ生存ト社會ノ存在トノ牴觸軋轢ヲ排除スルコト」こそ法の社会的効用なのである。穂積八束「法ノ社會的効用」上杉愼吉編輯・出版『穂積八束博士論文集』（1913年）339頁参照。こうした観点は，現代的権利論における展開（帰結主義的な目標基底的権利論）とも関連する。若松良樹「第3章　権利と人権」田中成明編『現代理論法学入門』（法律文化社，1993年）314-315頁参照。

34） ルフォールは，権力が一方で人民に発するものでありながら，他方で誰のものでもないという，一種の矛盾によって民主主義が生きていると指摘し，この矛盾の解消が民主主義の崩壊に繋がるとしている。Claude Lefort, *L'invention démocratique: les limites de la domination totalitaire* (Paris: Fayard, 1994), p. 92（渡名喜庸哲／太田悠介／平田周／赤羽悠訳『民主主義の発明　全体主義の限界』（勁草書房，2017年）57頁）参照。

35） Žižek, *For they know not what they do*（前出注32），p. 261（『為すところを知らざればなり』437頁）参照。

とである[36]。リベラリズムが，これと同じように自らを位置付けるならば，他の立場に対し，特権的地位となることができるのである。しかも，（ジャコバンと違って）中立性の標榜ということは，もともとのリベラリズムの淵源にある本来的な主張なのであるから，その説得力は極めて強いものとなるだろう。さらに，これまで中立性を体現してきたという事実――そうした認識にあるからこそ，批判者たちは一斉に攻撃したのである――が，そうした主張を補強することになる。

ただし，ここが逆説的なのであるが，ジャコバンと同じようにはいかないのである。なぜなら，こうした特権的位置を自任しようとすれば，他でもあり得るという契機が消えてしまう。自己否定がリアルでなくなってしまうのである。逆にいえば，他でもあり得るという契機をリアルなものとする考え方が重視されるならば，リベラリズムにジャコバンと同じことをさせないということになる。リベラリズム以外の立場は，そうしたことを考えなければならないのである。

生命体と残余のリアル

以上の内容を踏まえて，大澤の指摘を見てみよう。大澤は『自由の条件』（2008年）の結論部分において，次のように述べる。

> 〈公共性〉は，誰もが〈他者〉でありうるということの普遍性に基づいてのみ可能だ，と。この場合，〈他者〉とは，その度に暫定的に構成される「普遍性」において，包摂されることなく見棄てられている者のことである。〔……〕〈私〉が〈他者〉であるということは，「普遍性」の中に包摂できない〈他者〉であるということのみが，〈公共性〉を基礎づける〈普遍的〉な規定性となりうるということであり，その排除された〈他者〉の位置から既存の暫定的な「普遍的な公共性」の妥当性を問い直すことである[37]。

36） Žižek, *For they know not what they do*（前出注32）, p. 268（『為すところを知らざればなり』449頁）参照。

37） 大澤『〈自由〉の条件』（前出注12）424-425頁参照（〔　〕および傍点は引用者）。

ここには，重要な示唆が二つある。一つは，最初の一文である。大澤は，審級がすべての人間の同質性を要求していることを認め，その要求に対し，（他者となる）可能性というかたちでそれを示している。つまり，審級充填物は，何らかの同質性に依拠しなければ，その資格としては十分とはいえないものなのである。とするならば，その場合，今日では，もはや社会的には価値多元的であるゆえに同質性は望めず，人間＝生命をもつ存在としての同質性に依拠するより外ないのである。先ほど，二層となっている主体像において，生命的存在が基底層になっているといったのは，そういうことでもある。

もう一つは，問い直しに関する部分である。この問い直しは，残余＝オルタナティヴの存在によるものであることを示したものである。ルーマンは『社会の宗教』において，「規範はつねにそれが排除するものによって同時に規定されており，その定式が一般化されればされるほど，最終的には，それがなおも排除しているものの効果においてのみ認識可能になる[38]」と述べているが，大澤の提示したものの前提にある認識は，このルーマンの指摘と全く照応する。彼は，その後の著書『自由という牢獄』（2018年，初出2015年）で，「それゆえ，〈普遍的公共性〉を実現するための鍵は，われわれの行為と体験に規準を与える超越的な他者——第三者の審級——を，言わば，空無として所有することにこそある[39]」として，「空無としての第三者の審級」という考え方を示しているが，まさにこれこそ，審級の座としての「空」という形式の保持を唱えるケルゼンの根本規範に対応するのである。あらゆるイデオロギーを排するがゆえに，あらゆるイデオロギーを入れ込むことができる。いい換えれば，この位置は，あらゆるイデオロギーから等距離にある「中心」なのである。（リベラリズムが）中立性を標榜するならば，こうした「中心」にならなければならない[40]。その際，「コミュニタリアニズムは，リベラリズムの普遍的な正義への希求を，そのあからさまな否定によって——善の通約されえない多元性を肯定すること

38） Niklas Luhmann, *Die Religion der Gesellschaft*, Herausgegeben von André Kieserling, 1. Aufl. (Frankfurt am Main: Suhrkamp Verlag, 2000), S. 154（土方透／森川剛光／渡會知子／畠中茉莉子訳『社会の宗教』（法政大学出版局，2016年）178頁）参照。

39） 大澤『自由という牢獄』（前出注24）293頁参照。

40） 厳密には，中心の擁護者にならなければならないが，しかし，これはジャコバン派と同じ手法である。

によって――かえって保存することになる[41]」との指摘がヒントとなる。コミュニタリアニズムをはじめ，フェミニズム法学などリベラリズムの非中立性を暴露し，その普遍的地位を批判したポストモダンの法学が示したのは，彼らの主張の他者性なのである。この意味については，すでに第13講で明らかにしている。彼らの主張は，リベラリズムの非中心性を示すと同時に自らの主張が非中心的＝傍系であることを示すような仕方なのである。この仕方は相対主義的なものである。つまり，彼らは，相対主義的主張を行うことで，絶対的な存在の位置，すなわち審級の座そのものを認めていることになるのである。これは，自らの立場を傍系的なものと宣言すると共に，中心系的な存在の「空」性をいうものでもある。ここに見出されるのは，ある一つの審級によってわれわれの可能性が消尽されることへの抗いの姿勢である。これを「根源的傍系主義」と呼んでおくが，彼らは，この根源的傍系主義の立場から審級の座の存在を措定する。ここを暫定的なるものだけを認めて本質を「空」としたままにしておくのか，（君主などの）然るべき充填物によって「充」としておくのか，究極的にはこの二者択一しかない。何れが適当であるかは，時代や場所によって違ってくるだろう。ここでも，根源的可能性の保持という私の考えは，一貫して同じである。すなわち，その審級の座の充填物の可能性が，真に保持されなければならないというものである[42]。それは〈他者〉によるもの，〈他者〉によって示されるものであるから，〈他者性〉および〈他者〉がリアルに存在しなければならないということである。

他者性こそが，根源的可能性なのであり，それは保持されねばならない。ということは，その淵源たる他者を保持せねばならない。以上のことは，究極の他者，すなわち死者を考えるところから導出されるのである。ケルゼンが純粋

---

41)　大澤『〈自由〉の条件』（前出注12）236頁参照。

42)　ある（法的な）主張の普遍化可能性を判断する存在である裁判官は，文字どおり第三者の審級であるから，これが内部観測者だとすると，われわれは超越的な第三者に行為者と観察者の両側面を見出すことになる。つまり，「普遍化された他者」，すなわち，「超越的な他者」である第三者の審級の内実に着目できる。抽象的「空」的存在の内実に行為者と観察者を見出すならば，どうなるか。第三者の審級の観察者的側面はわかるとして，行為者的側面とは何であろうか。これこそリフレクションにかかわる問題なのである。その際，テイラーも着目した臨界に立つ特権的な人格・行為主体としての王・聖職者の存在（および，ジャコバンの存在）は，非常に示唆的なものとなる。裁判官は，他者性を保持することによって他者を保持せねばならない地位にあるのである。そして，その地位は彼らにとって本来的なものと認められている。すなわち，彼らは，ジャコバン的＝本来あるべき者の代理者としてその地位にあるのではない。

法学の立場において示唆し，大澤が社会学の立場から詳細に論じているこの審級の「空」性について，法哲学としては規範論として扱わねばならないが，その場合，その根底にあって根拠とされるべきものは，矛盾的＝社会的な人間の存在である。そして，それはここで検討したように死者からの反転として導かれるものと考えられるのである。

第15講　まとめ

この講義をとおして，われわれが考えてきたのは法的コミュニケーションということだった。前半では，法的なコミュニケーションが行われる特殊な空間（〈法廷〉）に着目し，コミュニケーションが成立するための条件（コミュニケーション的合理性）について考えた。後半では，コミュニケーション的合理性が確保されない状態に着目し，そこで現われてくる原理や価値の対立を確認した。また，様々な価値をもつ人間主体，場合によっては対立する価値をもつ人間主体の共生について考えた。具体的には，リベラリズムとコミュニタリアニズムが前提とする人間像を検討し，そこに「強い」人間像と「弱い」人間像のモデルを見出した。われわれの生きている世界において，「強い」人間像と「弱い」人間像が共立するためには，何が必要なのか。すなわち，自分と全く価値の異なる他者（話さなくてもわかり合える人間ではなく，話し合わないとわからない，さらには話してもわからない人間）とどのように共生していくのかを考えた。そのために「究極的な他者」ということにも言及した。他者の立場を理解するためのヒントは，例えば，ペレルマンのAEAP原則の応用も考えられるだろう。その場合，話す者が聴く者へと変化する（逆の場合も含む）ように，自己の立場と他者の立場の交替性が要求される。したがって，他者との共生には，「強い」人間像と「弱い」人間像の交替性を前提とすることが重要になってくる。そして，そういった交替性を前提とするためには，交替の可能性がリアリティをもたなければならないのである。

実際，一人の人間の中にも様々な価値観がある。それはときには矛盾する。自由と平等，自由と共同体のどちらを優先するかは，同じ人間でもその状況によって変化するものである。したがって，現時点の自分の価値観は，別の場面では（例えば，将来において）自分自身が否定することになるかもしれない。あるいは，現時点においても対立する価値に優先順位を付けることなどできない

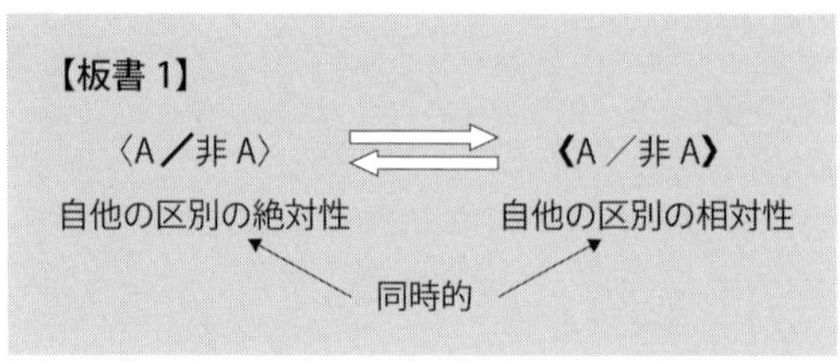

かもしれないだろう（しっかりと自分の考えをもっている状態も，迷いの中にある状態も，「今，ここ」にある自己である）。自己がこうした対立する価値観を抱えている，すなわち矛盾した存在であるということを直視し，受け止めることによって，はじめて他者への理解は開かれるのである。若者は老人に変化する，経済的な貧富は反転する可能性がある，健康状態の良し悪しは変化するというように，常に変動していく。それに伴って価値観も変化することだろう。全く恒常不変な人間など存在しないのである。ということは，他者こそ自らの変化の可能性を示しているといえる。他者を受け入れることは，自らの可能性を受け入れることなのである。

他者との相互の依存関係は，「縁起」という言葉でいわれたりもする。これは自他の区別を超える次元であるが，しかし，その意味は単に自他の境界を無化するものではない。区別が絶対的であるからこそ，それは相対的なのである。だから，むしろ自他の違い（の時間性と空間性）を意識しないといけない。この区別は，「今，ここ」という時間・空間に限定されたものであるがゆえに，次の瞬間には，自は他になっているということである。「今，ここ」の絶対性は同時に，「今，ここ」の相対性なのである。これは，まさに同時的である（**【板書1】**参照）。絶対的かつ相対的であることを矛盾と呼ぶこともできるが，この場合，むしろ同時的であるといった方がよい。ケルゼンの相対主義やルーマンの区別の形式の根底に見出さねばならないのも，この同時性である。だから，自他の区別をなくそうとしても駄目である。これは，それとは逆の方向において現われるものなのである。自他の境界（／）を暈(ぼか)すのではなく，逆にこれをはっきりさせることによって，相対性（〈　〉）を顕現させる方向である。だから，ここでもリアリティが大切である。リアリティがその区別を明確にする基になる。この絶対的な区別（／）を重視することが，区別の相対性（〈　〉）として現われる。区別が絶対的であるからこそ，他者がいるのであり，他者の位置というものがある。そして，この位置は自己の変化の可能性となる。／の消去は〈　〉の強調ではない。逆である。区別の強調を自他の相対性の高まりとしても理解する。それぞれの個の絶対性（「今，ここ」の限定性）を解消するならば，関係性＝縁起ということにはならないだろう。人間が時空内存在であるということを意識するならば，絶対的かつ相対的な存在であることに思い至るはずである。そして，何より絶対性（／）と相対性（〈　〉）からなるこの形式にリアリティを齎すものが，多様な可能性が保持されるという実質であることをあらためて強調しておこう。もちろん，これは審級の場合にもいえることである。こうした次元を展開していくことは，未来人を考える上でも重要となる。環境倫理など世代間倫理の問題にも繋がっていく。もはやここでは論じることはできないが，究極的な他者という点では死者と未来人における共通性，あるいは個体の限界を超える「系」という考え方など，興味深い論点も沢山ある。このような観点は，これまで以上に基礎法学における重要なテーマとなっていくように思われる。

以上，法的コミュニケーションを軸として，最終的には社会における他者とのコミュニケーションの条件まで眺望することとなった。自己の可能性は，他者や他者によって齎されたものによってリアリティをもつ。ということは，それは大いに他者に依拠している。初回の講義でもふれたが，まずは現在のリアルな自己の存在を支えてくれている他者の存在やその思いをリアルなものであると受け止めてこそ，自己の可能性にリアリティが出てくるだろう。人は，そうした他者の存在や思いによっても生かされているからである。

参考文献

第1講

Hazard, Paul (1946). *La Pensée européenne au XVIIIe siècle, de Montesquieu à Lessing*, Tome Ⅱ (Paris: Boivin & Cie). 全3巻で第1巻に第1部と第2部, 第2巻に第3部, 第3巻に注釈と参考文献。小笠原弘親／小野紀明／川合清隆／山本周次／米原謙訳『十八世紀ヨーロッパ思想　モンテスキューからレッシングへ』(行人社, 1987年)。

Hume, David (1964). 'Of Refinement in the Arts', in David Hume, *Essays, Moral, Political, and Literary*, The Philosophical Works, edited by Thomas Hill Green and Thomas Hodge Grose, vol. 3 (Aalen: Scientia Verlag). 全4巻からなる同集の同巻と第4巻が*Essays, Moral, Political, and Literary* (reprint of the new edition London 1882)である。田中敏弘訳「技芸における洗練について」『ヒューム　道徳・政治・文学論集〔完訳版〕』(第2刷) (名古屋大学出版会, 2012年)。なお, 第2刷である同書に訳文を改めた旨の記載がある。

Montesquieu (1973). *De l'Esprit des Lois*, Tome Ⅱ (Paris: Éditions Garnier Frères). 全2巻で第2巻に第4部以下。野田良之／稲本洋之助／上原行雄／田中治男／三辺博之／横田地弘訳『法の精神　下巻』(岩波書店, 1988年)。

赤木昭三／赤木富美子 (2003). 『サロンの思想史　デカルトから啓蒙思想へ』(名古屋大学出版会)。

川出良枝 (2007). 「モンテスキュー」『哲学の歴史　第6巻【18世紀】知識・経験・啓蒙　人間の科学に向かって』(中央公論新社)。

小稲義男編集代表 (1980). 『研究社　新英和大辞典〔第5版〕』(研究社)。

今義博 (2008). 「偽ディオニュシオス・アレオパギテス」『哲学の歴史　第3巻【中世】神との対話　信仰と知の調和』(中央公論新社)。

シロニス, R. L. (1992). 『エリウゲナの思想と中世の新プラトン主義』(創文社)。

中山竜一 (2019). 「第10章　戦後の法理論」中山竜一／浅野有紀／松島裕一／近藤圭介『法思想史』(有斐閣)。

吉田健一 (1994). 『ヨオロッパの世紀末』(岩波書店)。

第2講

Perelman, Chaïm (1977). *L'empire rhétorique: rhétorique et argumentation* (Paris: J. Vrin). 三輪正訳『説得の論理学　新しいレトリック』(理想社, 1980年)。

Perelman, Chaïm (1979). *Logique juridique: Nouvelle rhétorique*, 2e éd. (Paris: Dalloz). 江口三角訳『法律家の論理――新しいレトリック――』(木鐸社, 1986年)。

Perelman, Chaïm / Olbrechts-Tyteca, Lucie (1983). *Traité de l'argumentation: la nouvelle rhétorique*, 4e éd. (Bruxelles: Editions de l'Université de Bruxelles).

Vico, Giambattista (1953). *Opere*, a cura di Fausto Nicolini, La letteratura italiana storia e testi, vol. 43 (Milano e Napoli: Riccardo Ricciardi Editore). 上村忠男／佐々木力訳

『学問の方法』(岩波書店，1987年)，上村忠男訳『自伝』(平凡社，2012年)，上村忠男訳『イタリア人の太古の知恵』(法政大学出版局，1988年)，上村忠男訳『新しい学(上)』，同訳『新しい学(下)』(中央公論新社，2018年)。

Vico, Giambattista (1968). *La Scienza nuova prima con la polemica contro gli《Atti degli eruditi》di Lipsia,* a cura di Fausto Nicolini, Scrittori d'italia, G. B. VICO Opere Ⅲ (Bari: Gius. Laterza & figli). なお，同書はristampa anastatica dell'edizione 1931。上村忠男訳『新しい学の諸原理[一七二五年版]』(京都大学学術出版会，2018年)。

上村忠男 (2017). 「ヴィーコ――学問の起源へ」『ヴィーコ論集成』(みすず書房)。

上村忠男 (2017). 「数学と医学のあいだで――ヴィーコとナポリの自然探求者たち」『ヴィーコ論集成』(みすず書房)。

小畑清剛 (1997). 『魂のゆくえ――〈人間〉を取り戻すための法哲学入門――』(ナカニシヤ出版)。

栗原裕次 (2020). 「第7章　ソクラテスとギリシア文化」伊藤邦武／山内志朗／中島隆博／納富信留責任編集『世界哲学史1――古代Ⅰ　知恵から愛知へ』(筑摩書房)。

納富信留 (2020). 「第1章　哲学の世界化と制度・伝統」伊藤邦武／山内志朗／中島隆博／納富信留責任編集『世界哲学史2――古代Ⅱ　世界哲学の成立と展開』(筑摩書房)。

廣松渉／子安宣邦／三島憲一／宮本久雄／佐々木力／野家啓一／末木文美士編集 (1998). 『岩波　哲学・思想事典』(岩波書店)。

リーゼンフーバー，K. (2000). 矢玉俊彦訳『西洋古代・中世哲学史』(平凡社)。

第3講

Wacks, Raymond (2006). *Philosophy of Law: A Very Short Introduction* (Oxford and New York: Oxford University Press). 中山竜一／橋本祐子／松島裕一訳『法哲学』(岩波書店，2011年)。

井上達夫 (1992). 「第一章　天皇制を問う視角――民主主義の限界とリベラリズム」井上達夫／名和田是彦／桂木隆夫『共生への冒険』(毎日新聞社)。

井上達夫 (2001). 『現代の貧困』(岩波書店)。

小畑清剛 (1994). 『レトリックの相剋――合意の強制から不合意の共生へ――』(昭和堂)。

小畑清剛 (1997). 『魂のゆくえ――〈人間〉を取り戻すための法哲学入門――』(ナカニシヤ出版)。

小幡清剛 (2017). 『丸山眞男と清水幾太郎　自然・作為・逆説の政治哲学』(萌書房)。

中村雄二郎 (1979). 『共通感覚論　知の組みかえのために』(岩波書店)。

中山竜一 (2000). 『二十世紀の法思想』(岩波書店)。

中山竜一 (2019). 「第9章　Ⅲ　ワイマール期の法思想」中山竜一／浅野有紀／松島裕一／近藤圭介『法思想史』(有斐閣)。

檜垣立哉 (2011). 『西田幾多郎の生命哲学』(講談社)。

三木清 (1967). 「解釋學と修辭學」『三木清全集　第五巻』(岩波書店)。

渡辺康行 (1993). 「第6章　多数だけでは決めない仕組み」樋口陽一編『ホーンブック　憲法』(北樹出版)。

第4講

Habermas, Jürgen (1985). *Theorie des kommunikativen Handelns*, 3. durchgesehene Aufl., Bd. 1 (Frankfurt am Main: Suhrkamp Verlag). 全2巻で第2巻に第5章以下。河上倫逸／M. フーブリヒト／平井俊彦訳『コミュニケイション的行為の理論（上）』（未來社，1985年）。

Radbruch, Gustav (1961). 'Gesetzliches Unrecht und übergesetzliches Recht', in Gustav Radbruch, *Der Mensch im Recht: Ausgewählte Vorträge und Aufsätze über Grundfragen des Rechts*, 2. unveränderte Aufl., Kleine Vandenhoeck-Reihe 51/52 (Göttingen: Vandenhoeck & Ruprecht). 小林直樹訳「実定法の不法と実定法を超える法」『ラートブルフ著作集　第4巻　実定法と自然法』（東京大学出版会，1961年）。

Radbruch, Gustav (1973). *Rechtsphilosophie*, 8. Aufl., Herausgegeben von Erik Wolf und Hans-Peter Schneider (Stuttgart: K. F. Koehler Verlag). 田中耕太郎訳『ラートブルフ著作集　第1巻　法哲学』（東京大学出版会，1961年）。

Rawls, John (2001). *Justice as Fairness: A Restatement*, edited by Erin Kelly (Cambridge, Mass. and London: The Belknap Press of Harvard University Press). 田中成明／亀本洋／平井亮輔訳『公正としての正義　再説』（岩波書店，2020年）。

足立英彦 (2015). 「再生自然法論とラートブルフ」深田三徳／濱真一郎編著『よくわかる法哲学・法思想〔第2版〕』（ミネルヴァ書房）。

今井弘道 (1991). 「反省・主体・権利――現代法哲学の課題と法思想史――」ホセ・ヨンパルト／三島淑臣編集『法の理論11』（成文堂）。

小畑清剛 (1984). 「第4章　裁判のレトリック論的位相――関係論的地平から――」竹下賢編『実践地平の法理論』（昭和堂）。

小畑清剛 (1997). 『魂のゆくえ――〈人間〉を取り戻すための法哲学入門――』（ナカニシヤ出版）。

戒能通弘 (2015). 「近代自然法論の特徴と機能」深田三徳／濱真一郎編著『よくわかる法哲学・法思想〔第2版〕』（ミネルヴァ書房）。

亀本洋 (2002). 「第3章　法的正義の求めるもの」平野仁彦／亀本洋／服部高宏『法哲学』（有斐閣）。

佐藤慶幸 (1986). 『ウェーバーからハバーマスへ――アソシエーションの地平』（世界書院）。

田中成明 (1983). 「法哲学・法律学・法実務――法的議論と裁判手続の理解をめぐって」長尾龍一／田中成明編『現代法哲学3　実定法の基礎理論』（東京大学出版会）。

田中成明 (1994). 『法理学講義』（有斐閣）。

田中成明 (2011). 『現代法理学』（有斐閣）。

中村浩爾 (1999). 「第5章　個人の尊厳の法思想史的定位」竹下賢／角田猛之編『恒藤恭の学問風景――その法思想の全体像――』（法律文化社）。

中山竜一 (2000). 『二十世紀の法思想』（岩波書店）。

濱真一郎 (2015). 「平等主義的リベラリズム (1)：ロールズの正義論」深田三徳／濱真一郎編著『よくわかる法哲学・法思想〔第2版〕』（ミネルヴァ書房）。

濱真一郎 (2015). 「正義観念の多様性 (2)：手続的正義と実質的正義の適切な関係」深田三徳／濱真一郎編著『よくわかる法哲学・法思想〔第2版〕』（ミネルヴァ書房）。

樋口陽一（1999）．『憲法と国家――同時代を問う――』（岩波書店）。
樋口陽一（2007）．『国法学　人権原論［補訂］』（有斐閣）。
日比野勤（2000）．「神道式地鎮祭と政教分離の原則――津地鎮祭事件」芦部信喜／高橋和之／長谷部恭男編『別冊ジュリスト　憲法判例百選Ⅰ〔第4版〕』（有斐閣）。
深田三徳（2015）．「悪法も法か：法と正義の関係」深田三徳／濱真一郎編著『よくわかる法哲学・法思想〔第2版〕』（ミネルヴァ書房）。
毛利康俊（2015）．「法的思考と司法的裁定」深田三徳／濱真一郎編著『よくわかる法哲学・法思想〔第2版〕』（ミネルヴァ書房）。

第5講

Fuller, Lon L. (1941). 'Consideration and Form', in *Columbia Law Review*, vol. 41.
Fuller, Lon L. (1969). *The Morality of Law*, revised edition (New Haven and London: Yale University Press). 稲垣良典訳『法と道徳』（有斐閣，1968年）。
Fuller, Lon L. (1981). 'The Forms and Limits of Adjudication', in Lon L. Fuller, *The Principles of Social Order: selected essays of Lon L. Fuller*, edited, with an introduction by Kenneth I. Winston (Durham, N. C.: Duke University Press).
Perelman, Chaïm (1976). *Droit, morale et philosophie*, 2e éd. revue et augm (Paris: Librairie générale de droit et de jurisprudence).
Perelman, Chaïm (1979). *Logique juridique: Nouvelle rhétorique*, 2e éd. (Paris: Dalloz). 江口三角訳『法律家の論理――新しいレトリック――』（木鐸社，1986年）。
Perelman, Chaïm / Olbrechts-Tyteca, Lucie (1983). *Traité de l'argumentation: la nouvelle rhétorique*, 4e éd. (Bruxelles: Editions de l'Université de Bruxelles).
大澤真幸（2015）．『社会システムの生成』（弘文堂）。
大澤真幸（2018）．『自由という牢獄　責任・公共性・資本主義』（岩波書店）。
太田知行（1983）．「契約の成立」長尾龍一／田中成明編『現代法哲学3　実定法の基礎理論』（東京大学出版会）。
小畑清剛（1984）．「第4章　裁判のレトリック論的位相――関係論的地平から――」竹下賢編『実践地平の法理論』（昭和堂）。
小畑清剛（1997）．『魂のゆくえ――〈人間〉を取り戻すための法哲学入門――』（ナカニシヤ出版）。
戒能通孝（1952）．『法廷技術』（岩波書店）。
佐藤雄基（2018）．「第1部第3章　中世の法典――御成敗式目と分国法」高谷知佳／小石川裕介編著『日本法史から何がみえるか　法と秩序の歴史を学ぶ』（有斐閣）。
神保文夫（2010）．「第1部第4編　幕藩法　第7章　裁判制度」浅古弘／伊藤孝夫／植田信廣／神保文夫編『日本法制史』（青林書院）。
谷口眞子（2018）．「第2部第2章　法と礼の整備と可視化される秩序」高谷知佳／小石川裕介編著『日本法史から何がみえるか　法と秩序の歴史を学ぶ』（有斐閣）。
中山竜一（2019）．「第10章　戦後の法理論」中山竜一／浅野有紀／松島裕一／近藤圭介『法思想史』（有斐閣）。
西村安博（2010）．「第1部第2編　鎌倉・室町期の法　第5章　裁判制度」浅古弘／伊藤孝夫／植田信廣／神保文夫編『日本法制史』(青林書院)。
服部高宏 (2002).　「第2章　法システム」平野仁彦／亀本洋／服部高宏『法哲学』(有斐閣)。
丸本由美子 (2018).　「第2部第3章　近世社会と法」高谷知佳／小石川裕介編著『日本法史から何がみえるか　法と秩序の歴史を学ぶ』(有斐閣)。
山内進 (2004).　「プロローグ　ヨーロッパ法の時空」勝田有恒／森征一／山内進編著『概説　西洋法制史』(ミネルヴァ書房)。
山内進 (2004).　「第7章　中世法の理念と現実」勝田有恒／森征一／山内進編著『概説　西洋法制史』(ミネルヴァ書房)。

第6講

Rawls, John (2005).　*A Theory of Justice*, original edition (Cambridge, Mass. and London: The Belknap Press of Harvard University Press; originally published 1971). 矢島鈞次監訳『正義論』(紀伊國屋書店, 1979年), 川本隆史／福間聡／神島裕子訳『正義論　改訂版』(紀伊國屋書店, 2010年)。
芦部信喜 (1983).　「司法の積極主義と消極主義」『司法のあり方と人権』(東京大学出版会)。
上杉忍 (2000).　『二次大戦下の「アメリカ民主主義」　総力戦の中の自由』(講談社)。
内田力藏 (1952).　「(外国法制通信) アメリカの兵役法　普通軍事訓練制と選抜徴兵制」我妻栄／宮沢俊義編集『ジュリスト』第7号 (有斐閣)。
エマスン, T. I.／木下毅 (1978).　『現代アメリカ憲法』(東京大学出版会)。
小畑清剛 (1997).　『魂のゆくえ――〈人間〉を取り戻すための法哲学入門――』(ナカニシヤ出版)。
カラマンドレーイ, P. (1976).　小島武司／森征一訳『訴訟と民主主義』(中央大学出版部)。
服部高宏 (2002).　「第2章　法システム」平野仁彦／亀本洋／服部高宏『法哲学』(有斐閣)。
原野翹 (2004).　「第4章　従軍兵士の良心的兵役拒否――アメリカ法の場合」佐々木陽子編著『兵役拒否』(青弓社)。
樋口範雄 (2021).　『アメリカ法ベーシックス10　アメリカ憲法〔第2版〕』(弘文堂)。
樋口陽一 (1978).　「違憲審査における積極主義と消極主義――衆議院議員定数配分の違憲判決に即して――」『司法の積極性と消極性――日本国憲法と裁判――』(勁草書房)。
平野仁彦 (2002).　「第4章　法と正義の基本問題」平野仁彦／亀本洋／服部高宏『法哲学』(有斐閣)。
松井茂記 (2018).　『アメリカ憲法入門〔第8版〕』(有斐閣)。
宮脇岑生 (2009).　「第Ⅱ部　第7章　軍事思想・制度の歴史的変遷」有賀夏紀／紀平英作／油井大三郎編『アメリカ史研究入門』(山川出版社)。
森英樹 (2000).　「自衛権・戦力・駐留軍――砂川事件」芦部信喜／高橋和之／長谷部恭男編『別冊ジュリスト　憲法判例百選Ⅱ〔第4版〕』(有斐閣)。
横濱竜也 (2009).　「テーマ3　法と道徳――遵法責務問題を手掛かりにして」井上達夫編『現代法哲学講義』(信山社)。

第7講

Cox, Archibald (1976).　*The Role of the Supreme Court in American Government* (Ox-

ford: Clarendon Press). 芦部信喜監訳『最高裁判所の役割』(東京大学出版会，1979年)。
Poundstone, William (1993). *Prisoner's Dilemma —— John von Neumann, Game Theory, and the Puzzle of the Bomb*, paperback edition (Oxford: Oxford University Press). 松浦俊輔他訳『囚人のジレンマ　フォン・ノイマンとゲームの理論』(青土社，1995年)。
芦部信喜 (1973). 『憲法訴訟の理論』(有斐閣)。
芦部信喜 (2000). 「法律解釈による憲法判断の回避——恵庭事件」芦部信喜／高橋和之／長谷部恭男編『別冊ジュリスト　憲法判例百選Ⅱ〔第4版〕』(有斐閣)。
小畑清剛 (1997). 『魂のゆくえ——〈人間〉を取り戻すための法哲学入門——』(ナカニシヤ出版)。
亀本洋 (2002). 「第5章　法的思考」平野仁彦／亀本洋／服部高宏『法哲学』(有斐閣)。
酒匂一郎 (2019). 『法哲学講義』(成文堂)。
田中成明 (2011). 『現代法理学』(有斐閣)。
宮沢俊義 (1967). 「恵庭判決について」『憲法と裁判』(有斐閣)。

第8講

Berlin, Isaiah (1969). 'Two Concepts of Liberty', in Isaiah Berlin, *Four Essays on Liberty*, paperback edition (Oxford and New York: Oxford University Press). 生松敬三訳「二つの自由概念」小川晃一／小池銈／福田歓一／生松敬三共訳『自由論〔新装版〕』(みすず書房，2000年)。
Hayek, Friedrich August von (1960). *The Constitution of Liberty* (London: Routledge & Kegan Paul). 気賀健三／古賀勝次郎訳『自由の価値——自由の条件Ⅰ——〈新装版ハイエク全集第5巻〉』(春秋社，1997年)，同訳『自由と法——自由の条件Ⅱ——〈新装版ハイエク全集第6巻〉』(春秋社，1997年)。
Kelsen, Hans (1962). 'Naturrechtslehre und Rechtspositivismus', in *Politische Vierteljahresschrift*, 3. Jahrgang, Heft 4. 長尾龍一訳「自然法論と法実証主義」『ハンス・ケルゼン著作集Ⅲ　自然法論と法実証主義』黒田覚／宮崎繁樹／上原行雄／長尾龍一訳 (慈学社，2010年)。
Kelsen, Hans (1964). 'Die platonische Gerechtigkeit', in Hans Kelsen, *Aufsätze zur Ideologiekritik*, mit einer Einleitung herausgegeben von Ernst Topitsch, Soziologische Texte Band 16, Herausgegeben von Heinz Maus und Friedrich Fürstenberg (Neuwied am Rhein und Berlin: Hermann Luchterhand Verlag GmbH). 長尾龍一訳「プラトンの正義論」『ハンス・ケルゼン著作集Ⅴ　ギリシャ思想集』(慈学社，2009年)。
Kelsen, Hans (1964). 'Die hellenisch-makedonische Politik und die »Politik« des Aristoteles', in Hans Kelsen, *Aufsätze zur Ideologiekritik*, mit einer Einleitung herausgegeben von Ernst Topitsch, Soziologische Texte Band 16, Herausgegeben von Heinz Maus und Friedrich Fürstenberg (Neuwied am Rhein und Berlin: Hermann Luchterhand Verlag GmbH). 長尾龍一訳「アリストテレス政治学の政治的背景——ギリシャ＝マケドニア対立の狭間で——」『ハンス・ケルゼン著作集Ⅴ　ギリシャ思想集』(慈学社，2009年)。
Kelsen, Hans (1975). *Was ist Gerechtigkeit?*, 2. Aufl. (Wien: Franz Deuticke). 宮崎繁樹

訳「正義とは何か」『ハンス・ケルゼン著作集Ⅲ　自然法論と法実証主義』黒田覚／宮崎繁樹／上原行雄／長尾龍一訳（慈学社，2010年）。

Kelsen, Hans (1981).　*Vom Wesen und Wert der Demokratie* (Aalen: Scientia Verlag). 同書は 2. Neudruck der 2. Aufl., Tübingen 1929, J. C. B. Mohr (Paul Siebeck) のlizenzausgabeである。長尾龍一訳「民主制の本質と価値（初版）」『ハンス・ケルゼン著作集Ⅰ　民主主義論』上原行雄／長尾龍一／布田勉／森田寛二訳（慈学社，2009年）。

Locke, John (1952).　*A Letter Concerning Toleration* (translated by William Popple), in *A Letter Concerning Toleration; Concerning Civil Government, Second Essay; An Essay Concerning Human Understanding/ by John Locke. The Principles of Human Knowledge/ by George Berkeley. An Enquiry Concerning Human Understanding/ by David Hume*, Robert Maynard Hutchins (editor in chief), Great Books of the Western World, vol. 35 (Chicago: Encyclopædia Britannica, Inc.). 加藤節／李静和訳『寛容についての手紙』（岩波書店，2018年）。

Locke, John (1979).　*An Essay Concerning Human Understanding*, edited with a foreword by Peter H. Nidditch, paperback edition (Oxford: Clarendon Press; first published 1975). 大槻春彦訳『人間知性論（一）』（岩波書店，1972年），同訳『人間知性論（二）』（岩波書店，1974年），同訳『人間知性論（三）』（岩波書店，1976年），同訳『人間知性論（四）』（岩波書店，1977年）。

井上達夫（2017).　『自由の秩序　リベラリズムの法哲学講義』（岩波書店）。

大木雅夫（1990).　「寛容について」ホセ・ヨンパルト／三島淑臣編集『法の理論10』（成文堂）。

大庭健（1994).　「共生の強制、もしくは寛容と市場と所有　自由主義をめぐる一断想」『現代思想』第22巻第5号（青土社）。

桜井徹（2008).　「第11章　ザームエル・プーフェンドルフ」勝田有恒／山内進編著『近世・近代ヨーロッパの法学者たち――グラーティアヌスからカール・シュミットまで――』（ミネルヴァ書房）。

下川潔（2007).　「ロック」『哲学の歴史　第6巻【18世紀】知識・経験・啓蒙　人間の科学に向かって』（中央公論新社）。

中山竜一（2019).　「第10章　戦後の法理論」中山竜一／浅野有紀／松島裕一／近藤圭介『法思想史』（有斐閣）。

ネル，K. W.（1999).　村上淳一訳『ヨーロッパ法史入門　権利保護の歴史』（東京大学出版会）。

橋場弦（2006).　「第1章第2節　ギリシア・ポリス世界の繁栄」服部良久／南川高志／山辺規子編著『大学で学ぶ西洋史［古代・中世］』（ミネルヴァ書房）。

濱真一郎（2007).　「自由主義（リベラリズム）」の項目　日本イギリス哲学会編『イギリス哲学・思想事典』（研究社）。

濱真一郎（2008).　『バーリンの自由論　多元論的リベラリズムの系譜』（勁草書房）。

的射場敬一（2007).　「デモクラシー」の項目　日本イギリス哲学会編『イギリス哲学・思想事典』（研究社）。

山下重一（2016).　『J. S. ミルとI. バーリンの政治思想』（御茶の水書房）。

吉田健一（1994）．『ヨオロッパの世紀末』（岩波書店）。

第9講

Kelsen, Hans (1975). *Was ist Gerechtigkeit?*, 2. Aufl. (Wien: Franz Deuticke). 宮崎繁樹訳「正義とは何か」『ハンス・ケルゼン著作集Ⅲ　自然法論と法実証主義』黒田覚／宮崎繁樹／上原行雄／長尾龍一訳（慈学社，2010年）。

Perry, Michael J. (1982). *The Constitution, the Courts, and Human Rights: An Inquiry into the Legitimacy of Constitutional Policymaking by the Judiciary* (New Haven: Yale University Press). 芦部信喜監訳『憲法・裁判所・人権』（東京大学出版会，1987年）。

Rawls, John (2005). *A Theory of Justice*, original edition (Cambridge, Mass. and London: The Belknap Press of Harvard University Press; originally published 1971). 矢島鈞次監訳『正義論』（紀伊國屋書店，1979年），川本隆史／福間聡／神島裕子訳『正義論　改訂版』（紀伊國屋書店，2010年）。

芦部信喜（1981）．『憲法訴訟の現代的展開』（有斐閣）。

井上達夫（1992）．「第一章　天皇制を問う視角――民主主義の限界とリベラリズム」井上達夫／名和田是彦／桂木隆夫『共生への冒険』（毎日新聞社）。

井上達夫（2019）．『立憲主義という企て』（東京大学出版会）。

上田勝美（2000）．「生存権の性格――朝日訴訟」芦部信喜／高橋和之／長谷部恭男編『別冊ジュリスト　憲法判例百選Ⅱ〔第4版〕』（有斐閣）。

小畑清剛（1997）．『魂のゆくえ――〈人間〉を取り戻すための法哲学入門――』（ナカニシヤ出版）。

小幡清剛（2013）．『コモンズとしての裁判員裁判　法・裁判・判決の言語哲学』（萌書房）。

深田三徳（2015）．「司法改革の理念としての「法の支配」」深田三徳／濱真一郎編著『よくわかる法哲学・法思想〔第2版〕』（ミネルヴァ書房）。

宮沢俊義（1967）．『憲法講話』（岩波書店）。

森村進（2001）．『自由はどこまで可能か　リバタリアニズム入門』（講談社）。

第10講

Freund, Paul Abraham (1959). 'The Supreme Court and American Economic Policy', in *The Juridical Review. New Series: The Law Journal of the Scottish Universities*, vol. 4.

Heller, Hermann (1971). 'Genie und Funktionär in der Politik', in Hermann Heller, *Gesammelte Schriften, Zweiter Band: Recht, Staat, Macht* (Leiden: A. W. Sijthoff). 今井弘道／大野達司訳「政治における天才宗教と大衆自生主義」『北大法学論集』第40巻第1号（北海道大学法学部，1989年）。

MacDonald, William (ed. with notes) (1968). *Select Documents Illustrative of the History of the United States, 1776-1861* (New York: Burt Franklin; originally published 1898).

芦部信喜（1973）．『憲法訴訟の理論』（有斐閣）。

エマスン，T. I.／木下毅（1978）．『現代アメリカ憲法』（東京大学出版会）。

大沢秀介（1988）．『現代型訴訟の日米比較』（弘文堂）。

岡山裕 (2022).　「第2章　大陸規模の民主主義の成立と展開」久保文明／岡山裕『アメリカ政治史講義』(東京大学出版会)。

長内了 (1996).　「Dred Scott Case〔Scott v. Sandford〕, 60 U. S. (19 How.) 393, 15 L. Ed. 691 (1857)　奴隷制と合衆国最高裁」藤倉皓一郎／木下毅／髙橋一修／樋口範雄編『別冊ジュリスト　英米判例百選〔第3版〕』(有斐閣)。

小畑清剛 (1997).　『魂のゆくえ――〈人間〉を取り戻すための法哲学入門――』(ナカニシヤ出版)。

斎藤真 (1957).　「9　独立宣言」(解説・訳)　高木八尺／末延三次／宮沢俊義編『人権宣言集』(岩波書店)。

斎藤眞 (1992).　『アメリカ革命史研究　自由と統合』(東京大学出版会)。

田中和夫 (1981).　『英米法概説〔再訂版〕』(有斐閣)。

田中成明 (2011).　『現代法理学』(有斐閣)。

田中英夫 (1980).　『英米法総論　上』(東京大学出版会)。

田中英夫編集代表 (1991).　『英米法辞典』(東京大学出版会)。

中屋健一 (1985).　『新アメリカ史』(三省堂)。

樋口範雄 (2021).　『アメリカ法ベーシックス10　アメリカ憲法〔第2版〕』(弘文堂)。

藤倉皓一郎 (1977).　「四　平等条項と連邦最高裁判所」川又良也編『総合研究アメリカ　第4巻　平等と正義』(研究社)。

藤倉皓一郎 (1996).　「The Civil Rights Cases, 109 U. S. 3, 3 S. Ct. 18, 27 L. Ed. 835 (1883)　私人による差別と州の行為」藤倉皓一郎／木下毅／髙橋一修／樋口範雄編『別冊ジュリスト　英米判例百選〔第3版〕』(有斐閣)。

松井茂記 (2018).　『アメリカ憲法入門〔第8版〕』(有斐閣)。

見平典 (2018).　「第3部第4章　近現代における司法と政治」高谷知佳／小石川裕介編著『日本法史から何がみえるか　法と秩序の歴史を学ぶ』(有斐閣)。

宮川成雄 (1996).　「Muller v. Oregon, 208 U. S. 412, 28 S. Ct. 324, 52 L. Ed. 551 (1908)　経済的自由とデュー・プロセス条項 (2)」藤倉皓一郎／木下毅／髙橋一修／樋口範雄編『別冊ジュリスト　英米判例百選〔第3版〕』(有斐閣)。

村山眞維／濱野亮 (2019).　『法社会学〔第3版〕』(有斐閣)。

毛利康俊 (2015).　「憲法判断の方法」深田三徳／濱真一郎編著『よくわかる法哲学・法思想〔第2版〕』(ミネルヴァ書房)。

第11講

Bridges, John Henry (ed., with introduction and analytical table) (1964).　*The 'Opus Majus' of Roger Bacon*, vol. 1 (Frankfurt/Main: Minerva GmbH).　同書はUnveränderter Nachdruck全3巻中の第1巻。『大著作』(Fratris Rogeri Bacon Ordinis Minorum, Opus Majus.) は第1巻に第1部から第4部，第2巻に第5部以下。第3巻は別巻。高橋憲一訳『大著作』上智大学中世思想研究所編訳監修『中世思想原典集成　精選5　大学の世紀1』(平凡社，2019年)。

Ely, John Hart (1980).　*Democracy and Distrust: A Theory of Judicial Review* (Cambridge, Mass.: Harvard University Press). 佐藤幸治／松井茂記訳『民主主義と司法審

査』(成文堂，1990年)。

Hayek, Friedrich August von (1982). *Law, Legislation and Liberty, A new statement of the liberal principles of justice and political economy,* complete edition in new one-volume paperback (London, et al.: Routledge & Kegan Paul). 矢島鈞次／水吉俊彦訳『ルールと秩序――法と立法と自由Ⅰ――〈新装版ハイエク全集第8巻〉』(春秋社，1998年)，篠塚慎吾訳『社会正義の幻想――法と立法と自由Ⅱ――〈新装版ハイエク全集第9巻〉』(春秋社，1998年)，渡部茂訳『自由人の政治的秩序――法と立法と自由Ⅲ――〈新装版ハイエク全集第10巻〉』(春秋社，1998年)。

Perry, Michael J. (1982). *The Constitution, the Courts, and Human Rights: An Inquiry into the Legitimacy of Constitutional Policymaking by the Judiciary* (New Haven: Yale University Press). 芦部信喜監訳『憲法・裁判所・人権』(東京大学出版会，1987年)。

芦部信喜 (1973). 『憲法訴訟の理論』(有斐閣)。

大沢秀介 (1987). 『現代アメリカ社会と司法――公共訴訟をめぐって――』(慶應通信)。

大沢秀介 (1988). 『現代型訴訟の日米比較』(弘文堂)。

小畑清剛 (1991). 『言語行為としての判決――法的自己組織性理論――』(昭和堂)。

小畑清剛 (1997). 『魂のゆくえ――〈人間〉を取り戻すための法哲学入門――』(ナカニシヤ出版)。

紙谷雅子 (1996). 「Plessy v. Ferguson, 163 U. S. 537, 16 S. Ct. 1138, 41 L. Ed. 256(1896) 分離すれども平等の理論」藤倉皓一郎／木下毅／髙橋一修／樋口範雄編『別冊ジュリスト 英米判例百選〔第3版〕』(有斐閣)。

酒匂一郎 (2019). 『法哲学講義』(成文堂)。

田中成明 (2011). 『現代法理学』(有斐閣)。

塚本重頼 (1989). 『アメリカ憲法研究――違憲性の審査基準――』(再版)(酒井書店)。

長谷部恭男 (2015). 『法とは何か　法思想史入門【増補新版】』(河出書房新社)。

樋口範雄 (2021). 『アメリカ法ベーシックス10　アメリカ憲法〔第2版〕』(弘文堂)。

深田三徳 (2015). 「ドゥオーキンの法実証主義批判：統合性としての法」深田三徳／濱真一郎編著『よくわかる法哲学・法思想〔第2版〕』(ミネルヴァ書房)。

藤倉皓一郎 (1977). 「四　平等条項と連邦最高裁判所」川又良也編『総合研究アメリカ　第4巻　平等と正義』(研究社)。

藤倉皓一郎 (1995). 「アメリカにおける裁判所の現代型訴訟への対応――法のなかのエクイティなるもの」石井紫郎／樋口範雄編『外から見た日本法』(東京大学出版会)。

藤倉皓一郎 (1996). 「Brown v. Board of Education of Topeka (Brown Ⅰ), 347 U. S. 483, 74 S. Ct. 686, 98 L. Ed. 873 (1954) ／ Brown v. Board of Education of Topeka (Brown II), 349 U. S. 294, 75 S. Ct. 753, 99 L. Ed. 1083 (1955)　公立学校における人種別学制度の違憲性」藤倉皓一郎／木下毅／髙橋一修／樋口範雄編『別冊ジュリスト　英米判例百選〔第3版〕』(有斐閣)。

藤倉皓一郎 (1996). 「Missouri v. Jenkins, ――U. S.――, 115 S. Ct. 2038, 132 L. Ed. 2d 63 (1995)　裁判所による人種別学解消措置の限界」藤倉皓一郎／木下毅／髙橋一修／樋口範雄編『別冊ジュリスト　英米判例百選〔第3版〕』(有斐閣)。

毛利透 (1997). 「最近の判例　Missouri v. Jenkins, 115 S. Ct. 2038 (1995)」『アメリカ法

[1996-2]』(日米法学会)。
毛利透 (1998).　「30　公立学校における人種分離撤廃訴訟の部分的終了　Freeman v. Pitts, 503 U. S. 467 (1992)」憲法訴訟研究会／芦部信喜編『アメリカ憲法判例』(有斐閣)。
森村進 (2001).　『自由はどこまで可能か　リバタリアニズム入門』(講談社)。

第12講

Hayek, Friedrich August von (1960).　*The Constitution of Liberty* (London: Routledge & Kegan Paul). 気賀健三／古賀勝次郎訳『自由の価値——自由の条件Ⅰ——〈新装版ハイエク全集第5巻〉』(春秋社, 1997年), 同訳『自由と法——自由の条件Ⅱ——〈新装版ハイエク全集第6巻〉』(春秋社, 1997年)。
Locke, John (1823).　*Two Treatises of Government*, in John Locke, *The Works of John Locke*, a new edition, corrected, in ten volumes, vol. 5 (London: Thomas Tegg etc.). 加藤節訳『完訳　統治二論』(岩波書店, 2010年)。
Locke, John (1997).　'Politica', in John Locke, *Political Essays*, edited by Mark Goldie, Cambridge Texts in the History of Political Thought (New York: Cambridge University Press). 山田園子／吉村伸夫訳「20　政治　Politica」マーク・ゴルディ編『ロック政治論集』(法政大学出版局, 2007年)。
MacIntyre, Alasdair (1984).　*After Virtue: A Study in Moral Theory*, second edition (Notre Dame, Ind.: University of Notre Dame Press). 篠﨑榮訳『美徳なき時代』(みすず書房, 1993年)。
Nozick, Robert (1974).　*Anarchy, State, and Utopia* (New York: Basic Books). 嶋津格訳『アナーキー・国家・ユートピア——国家の正当性とその限界』(木鐸社, 1992年)。
Sandel, Michael J. (1998).　*Liberalism and the Limits of Justice*, second edition (Cambridge: Cambridge University Press). 菊池理夫訳『自由主義と正義の限界〔第2版〕』(三嶺書房, 1999年)。
Smith, Adam (1976).　*The Theory of Moral Sentiments*, with an introduction by E. G. West (Indianapolis: Liberty Classics). 水田洋訳『道徳感情論 (上)』(岩波書店, 2003年), 同訳『道徳感情論 (下)』(岩波書店, 2003年), 高哲男訳『道徳感情論』(講談社, 2013年)。
オルセン, F. (2009).　寺尾美子編訳『法の性別　近代法公私二元論を超えて』(東京大学出版会)。
樫沢秀木 (1990).　「介入主義法の限界とその手続化——「法化」研究序説——」ホセ・ヨンパルト／三島淑臣編集『法の理論10』(成文堂)。
加藤節 (2018).　『ジョン・ロック——神と人間との間』(岩波書店)。
菊池理夫 (2007).　『日本を甦らせる政治思想　現代コミュニタリアニズム入門』(講談社)。
下川潔 (2007).　「ロック」『哲学の歴史　第6巻【18世紀】知識・経験・啓蒙　人間の科学に向かって』(中央公論新社)。
鈴木大拙 (1997).　「明治の精神と自由」鈴木大拙著・上田閑照編『新編　東洋的な見方』(岩波書店)。
田中成明 (2011).　『現代法理学』(有斐閣)。
田中秀夫 (2014).　『スコットランド啓蒙とは何か——近代社会の原理——』(ミネルヴァ書

房）。

柘植尚則（2009）．『イギリスのモラリストたち』（研究社）。

中才敏郎（2016）．『ヒュームの人と思想　宗教と哲学の間で』（和泉書院）。

濱真一郎（2015）．「最小国家論：ノージック」深田三徳／濱真一郎編著『よくわかる法哲学・法思想〔第2版〕』（ミネルヴァ書房）。

濱真一郎（2015）．「古典的自由主義：ハイエク」深田三徳／濱真一郎編著『よくわかる法哲学・法思想〔第2版〕』（ミネルヴァ書房）。

濱真一郎（2015）．「共同体論のリベラリズム批判」深田三徳／濱真一郎編著『よくわかる法哲学・法思想〔第2版〕』（ミネルヴァ書房）。

濱真一郎（2015）．「正義問題への消極的アプローチ」深田三徳／濱真一郎編著『よくわかる法哲学・法思想〔第2版〕』（ミネルヴァ書房）。

平野仁彦（2002）．「第4章　法と正義の基本問題」平野仁彦／亀本洋／服部高宏『法哲学』（有斐閣）。

望田幸男／野村達朗／藤本和貴夫／川北稔／若尾祐司／阿河雄二郎編（2006）．『西洋近現代史研究入門〔第3版〕』（名古屋大学出版会）。

森村進（2001）．『自由はどこまで可能か　リバタリアニズム入門』（講談社）。

渡辺恵一（2007）．「産業革命」の項目　日本イギリス哲学会編『イギリス哲学・思想事典』（研究社）。

第13講

Gray, John (1991). *Liberalisms: Essays in Political Philosophy*, paperback edition (London and New York: Routledge). 山本貴之訳『自由主義論』（ミネルヴァ書房，2001年）。

Luhmann, Niklas (1997). *Die Gesellschaft der Gesellschaft*, Bd. I & II, 1. Aufl. (Frankfurt am Main: Suhrkamp Verlag). 馬場靖雄／赤堀三郎／菅原謙／高橋徹訳『社会の社会1』（法政大学出版局，2009年），同訳『社会の社会2』（新装版）（法政大学出版局，2017年）。

Mill, John Stuart (1984). *The Subjection of Women*, in John Stuart Mill, *Essays on Equality, Law, and Education*, John M. Robson (editor of the text), introduction by Stefan Collini, Collected Works of John Stuart Mill, volume XXI (Toronto and Buffalo: University of Toronto Press, London: Routledge & Kegan Paul). 大内兵衛／大内節子訳『女性の解放』（岩波書店，1957年）。

Taylor, Charles (1985). 'Atomism', in Charles Taylor, *Philosophy and the Human Sciences*, Philosophical Papers, vol. 2 (Cambridge, et al.: Cambridge University Press). 田中智彦訳「アトミズム」『現代思想』第22巻第5号（青土社，1994年）。

Walzer, Michael (1983). *Spheres of Justice: A Defense of Pluralism and Equality* (New York: Basic Books). 山口晃訳『正義の領分――多元性と平等の擁護――』（而立書房，1999年）。

Walzer, Michael (1994). *Thick and Thin: Moral Argument at Home and Abroad* (Notre Dame: University of Notre Dame Press). 芦川晋／大川正彦訳『道徳の厚みと広がり　われわれはどこまで他者の声を聴き取ることができるか』（風行社，2004年）。

オルセン，F.（2009）．寺尾美子編訳『法の性別　近代法公私二元論を超えて』（東京大学出版会)。
菊池理夫(2007).　『日本を甦らせる政治思想　現代コミュニタリアニズム入門』(講談社)。
菅富美枝(2015).　「法的パターナリズム」深田三徳/濱真一郎編著『よくわかる法哲学・法思想〔第2版〕』(ミネルヴァ書房)。
鈴木大拙(1997).　「自由・空・只今」鈴木大拙著・上田閑照編『新編　東洋的な見方』(岩波書店)。
鈴木大拙(1997).　「時間と永遠」鈴木大拙著・上田閑照編『新編　東洋的な見方』(岩波書店)。
関曠野/長崎浩(1994).　「自由主義のパラドックス」『現代思想』第22巻第5号(青土社)。
田中成明(2011).　『現代法理学』(有斐閣)。
棚瀬孝雄(1999).　「ポスト現代の法理論」神奈川大学評論編集専門委員会編集『神奈川大学評論』第34号(神奈川大学広報委員会)。
柘植尚則(2009).　『イギリスのモラリストたち』(研究社)。
中山竜一(2000).　『二十世紀の法思想』(岩波書店)。
服部高宏(2002).　「第2章　法システム」平野仁彦/亀本洋/服部高宏『法哲学』(有斐閣)。

第14講

Beck, Ulrich (1986).　*Risikogesellschaft Auf dem Weg in eine andere Moderne*, 1. Aufl. (Frankfurt am Main: Suhrkamp). 東廉/伊藤美登里訳『危険社会　新しい近代への道』(法政大学出版局, 1998年)。
Heller, Hermann (1971).　'Politische Demokratie und soziale Homogenität', in Hermann Heller, *Gesammelte Schriften, Zweiter Band: Recht, Staat, Macht* (Leiden: A. W. Sijthoff). 大野達司/今井弘道訳「政治的民主制と社会的同質性」『北大法学論集』第40巻第2号(北海道大学法学部, 1989年)。
Koyré, Alexandre (1966).　*Études galiléennes*, Collection Histoire de la Pensée XV (Paris: Hermann). 菅谷暁訳『ガリレオ研究』(法政大学出版局, 1988年)。
Lefort, Claude (1994).　*L'invention démocratique: les limites de la domination totalitaire* (Paris: Fayard). 渡名喜庸哲/太田悠介/平田周/赤羽悠訳『民主主義の発明　全体主義の限界』(勁草書房, 2017年)。
Locke, John (1979).　*An Essay Concerning Human Understanding*, edited with a foreword by Peter H. Nidditch, paperback edition (Oxford: Clarendon Press; first published 1975). 大槻春彦訳『人間知性論(一)』(岩波書店, 1972年), 同訳『人間知性論(二)』(岩波書店, 1974年), 同訳『人間知性論(三)』(岩波書店, 1976年), 同訳『人間知性論(四)』(岩波書店, 1977年)。
Luhmann, Niklas (1991).　*Die Wissenschaft der Gesellschaft*, 2. Aufl. (Frankfurt am Main: Suhrkamp Verlag). 徳安彰訳『社会の科学1』(法政大学出版局, 2009年), 同訳『社会の科学2』(法政大学出版局, 2009年)。
Luhmann, Niklas (2000).　*Die Religion der Gesellschaft*, Herausgegeben von André Kieserling, 1. Aufl. (Frankfurt am Main: Suhrkamp Verlag). 土方透/森川剛光/渡會知子/畠中茉莉子訳『社会の宗教』(法政大学出版局, 2016年)。

Luhmann, Niklas (2004). *Einführung in die Systemtheorie*, Herausgegeben von Dirk Baecker, 2. Aufl. (Heidelberg: Carl-Auer-Systeme Verlag). 土方透監訳『システム理論入門——ニクラス・ルーマン講義録[1]』(新泉社, 2007年)。

Smith, Adam (1976). *The Theory of Moral Sentiments*, with an introduction by E. G. West (Indianapolis: Liberty Classics). 水田洋訳『道徳感情論(上)』(岩波書店, 2003年), 同訳『道徳感情論(下)』(岩波書店, 2003年), 高哲男訳『道徳感情論』(講談社, 2013年)。

Taylor, Charles (1989). *Sources of the Self: The Making of the Modern Identity* (Cambridge, Mass.: Harvard University Press). 下川潔／桜井徹／田中智彦訳『自我の源泉　近代的アイデンティティの形成』(名古屋大学出版会, 2010年)。

Taylor, Charles (2004). *Modern Social Imaginaries* (Durham: Duke University Press). 上野成利訳『近代　想像された社会の系譜』(岩波書店, 2011年)。

Žižek, Slavoj (1991). *For they know not what they do: Enjoyment as a political factor* (London and New York: Verso). 鈴木一策訳『為すところを知らざればなり』(みすず書房, 1996年)。

有馬斉 (2019). 『死ぬ権利はあるか——安楽死、尊厳死、自殺幇助の是非と命の価値』(春風社)。

大澤真幸 (1994). 『意味と他者性』(勁草書房)。

大澤真幸 (2008). 『〈自由〉の条件』(講談社)。

大澤真幸 (2018). 『自由という牢獄　責任・公共性・資本主義』(岩波書店)。

大澤真幸 (2019). 『社会学史』(講談社)。

鎌田正／米山寅太郎 (2011). 『新漢語林　第二版』(大修館書店)。

亀本洋 (2002). 「第3章　法的正義の求めるもの」平野仁彦／亀本洋／服部高宏『法哲学』(有斐閣)。

白川静 (1978). 『漢字百話』(中央公論新社)。

中村元 (2010). 『広説佛教語大辞典〔縮刷版〕』(東京書籍)。

穂積八束 (1913). 「法ノ社會的效用」上杉愼吉編輯・出版『穂積八束博士論文集』。

松岡伸樹 (2016). 『審級大意』(六甲出版販売)。

望月礼二郎 (2010). 「コモン・ロー再考」早稲田大学比較法研究所編『比較法と法律学——新世紀を展望して——』(成文堂)。

山内一也 (2018). 『ウイルスの意味論　生命の定義を超えた存在』(みすず書房)。

山内得立 (2002). 『随眠の哲学』(燈影舎)。

若松良樹 (1993). 「第3章　権利と人権」田中成明編『現代理論法学入門』(法律文化社)。

判例索引

(日本)　＊裁判所別・年月日順に配列

(外国)　＊アルファベット順に配列

人名索引

ア　行

カ　行

サ　行

タ　行

ナ　行

ハ　行

マ　行

ヤ　行

ラ　行

ワ　行

事項索引

ア　行

カ　行

サ　行

タ　行

ナ　行

ハ　行

マ　行

ヤ　行

ラ　行

■著者
松岡伸樹（まつおか　のぶき）
現在，姫路獨協大学准教授。専攻は法哲学，法社会学。

縁起の基礎法学入門

2022年12月2日　初版第1刷発行

著　者　松岡伸樹
発行者　白石徳浩
発行所　有限会社　萌（きざす）書房
〒630-1242　奈良市大柳生町3619-1
TEL（0742）93-2234 / FAX 93-2235
［URL］http://www3.kcn.ne.jp/~kizasu-s
振替　00940-7-53629

印刷・製本　共同印刷工業㈱・新生製本㈱

ISBN978-4-86065-159-6